U0596412

中國佛教典籍選刊

大唐西域求法高僧傳校注

〔唐〕義浄 著
王邦維 校注

中華書局

圖書在版編目(CIP)數據

大唐西域求法高僧傳校注/(唐)義浄著;王邦維校注.
—北京:中華書局,2020.3
(中國佛教典籍選刊)
ISBN 978-7-101-14365-2

Ⅰ.大…　Ⅱ.①義…②王…　Ⅲ.①僧侶-列傳-亞洲-唐代②《大唐西域求法高僧傳校注》-注釋　Ⅳ.B949.93

中國版本圖書館 CIP 數據核字(2020)第 012216 號

責任編輯:孫文穎

中國佛教典籍選刊

大唐西域求法高僧傳校注

〔唐〕義　浄　著
王邦維　校注

*

中　華　書　局　出　版　發　行
(北京市豐臺區太平橋西里 38 號　100073)
http://www.zhbc.com.cn
E-mail:zhbc@zhbc.com.cn
北京瑞古冠中印刷廠印刷

*

850×1168 毫米 1/32・13¼印張・2 插頁・275 千字
2020 年 3 月北京第 1 版　　2020 年 3 月北京第 1 次印刷
印數:1-2000 册　　定價:48.00 元

ISBN 978-7-101-14365-2

中國佛教典籍選刊編輯緣起

佛教是世界三大宗教之一，約自東漢明帝時開始傳入中國，但在當時並没有產生多大影響。到魏晉南北朝時期，佛教和玄學結合起來，有了廣泛而深入的傳播。隋唐時期，中國佛教走上了獨立發展的道路，形成了衆多的宗派，在社會、政治、文化等許多方面特别是哲學思想領域産生了深刻的影響。這時佛教已經中國化，完全具備了中國自己的特點。而且，隨着印度佛教的衰落，中國成了當時世界佛教的中心。宋以後，隨着理學的興起，佛教被宣布爲異端而逐漸走向衰微。但是，佛教的部分理論同時也被理學所吸收，構成了理學思想體系中的有機組成部分。直到近代，佛教的思想影響還在某些著名思想家的身上時有表現。總之，研究中國歷史和哲學史，特别是魏晉南北朝隋唐時期的哲學史，佛教是一項重要内容。佛學作爲一種宗教哲學，在人類的理論思維的歷史上留下了豐富的知識經驗。因此，應當重視佛學的研究。

佛教典籍有其獨特的術語概念以及細密繁瑣的思辨邏輯，研讀時要克服一些特殊的困難，不少人視爲畏途。解放以後，由於國家出版社基本上没有開展佛教典籍的整理出版工作，因此，對於系統地開展佛學研究來説，急需解决基本資料缺乏的問題。目前對佛學有較深研究的專家、學者，不少人年事已高，如果不抓緊組織他們整理和注釋佛教典籍，將來再開展這項工作就會遇到更多困難，也不利於中青年研究工作者的成長。爲此，我們在廣泛徵求各方面意見的基礎上，初步擬訂了中國佛教典籍選刊的整理出版計劃。其中，有重要的佛教史籍，有中國佛教幾個主要宗派（天台宗、三論宗、唯識宗、華嚴宗、禪宗）的代表性著作，也有少數與中國佛學淵源關係較深的佛教譯籍。所有項目都要選擇較好的版本作爲底本，經過校勘和標點，整理出一個便於研讀的定本。對於其中的佛教哲學著作，還要在此基礎上，充分吸取現有研究成果，寫出深入淺出、簡明扼要的注釋來。

由於整理注釋中國佛教典籍困難較多，我們又缺乏經驗，因此，懇切希望能够得到各方面的大力支持和協助，使這項工作得以順利完成。

中華書局編輯部

一九八二年六月

再版説明

本書第一次印刷出版，是在一九八八年，其後三次重印。第三次重印時，增加了一篇德國學者撰寫的書評，同時在不影響版面的前提下還訂正了一些誤排的地方。每次重印，數量不過兩三千册，现今在書店裹已經很難找到。

去年，中華書局方面跟我講，書局願意在數字化的基礎上再次重印，同時建議改作直排，作爲《中國佛教典籍選刊》之一種。同時以同樣形式重印的還有拙著《南海寄歸内法傳校注》。作爲作者，我跟中華書局的交往，已經有三十多近四十年，中華書局多年來一直以服務學術爲最高目標，讓我十分敬重。現在書局仍然願意重印這兩種實際上相當冷僻的書，再次説明了這一點，也讓我生出更多的敬意。

與以前一樣，這次重印，从最初鉛字排版的紙型，改爲了電子排版，頁碼也就重新編排。只是拙著中引用到的外文比較多，直排方式讀起來顯得有些不方便。另外，書末的索引，此前是依首字的筆劃數排列，這次重印，改爲依照音序排列，希望由此能够更加方便讀者。

還有一點，也需要説明一下：本書書稿的完成和出版，已經是在三十多年前，著中涉及的一些國名、地名，如今很多有所變化，但如果都重新做改動，並不方便，因此仍然保留原狀。

書末的兩幅圖，一幅是「求法僧路綫圖」，是我當年自己用手工繪製的，現在看來，頗显粗糙，但那時只有這樣的條件，只能説是一幅示意圖而已。另一幅「那爛陀寺遺址發掘平面圖」，則采自印度考古局大半個世紀前的一份英文的考古報告。

關於本書其他的一些情況，我在《二〇〇九年重印後記》中做過交待。拙著是我一九八二年在中國社會科學院和北京大學合辦的南亞研究所完成的碩士論文，导師是北京大學的季羡林先生，爲論文做評閲和最後出席論文答辯的有黄盛璋、耿引曾、蔣忠新、謝方幾位先生，其中的謝方先生後來又是拙著出版時的責任編輯。諸位先生當年對我在拙著撰寫過程中給予的指導和幫助，我永遠感激不盡。

當然，我還要感謝幾次重印時負責編輯工作的孫文穎女士，她工作認真而且細心，也讓我非常敬佩。

王邦維

二〇一九年十二月二十六日於北京大學燕北園

目録

附録

義浄和《大唐西域求法高僧傳》

——代校注前言

一

《大唐西域求法高僧傳》，釋義浄撰。義浄本姓張，字文明，唐代齊州（治所在歷城，今山東濟南市）山莊人。生于太宗貞觀九年（六三五），卒于玄宗先天二年（七一三）。張氏祖籍范陽（今河北涿縣），義浄的高祖曾做過東齊郡守，大概因此後代遂居齊州。義浄自幼出家。高宗咸亨二年（六七一），他三十七歲時，從廣州取海路赴印度求法。咸亨四年（六七三）二月到達東印度耽摩立底國。其後在印度周遊佛教聖迹，在那爛陀學習十年。武后垂拱元年（六八五）離開那爛陀，仍取海路東歸，又在南海一帶滯留將近十年，於證聖元年（六九五）五月抵達洛陽。從此在洛陽與長安兩地翻譯佛經，直到去世。

唐代是我國封建社會的極盛時期。義浄活動的時期，正當初唐。唐王朝這時在政治和經濟上都極爲强大，文化事業極一代之盛。由於統治階級的支持和提倡，佛教也得到很大的發展。有唐一代，到印度求法的中國僧徒不絶于路，形成一個高潮。人數之多，周遊地區之廣，歷史上空前絶後。造成這種現象的原因是多方面的。一方面與中國佛教發展的狀況有關，另一方面又是由于新的大一統王朝建立，封建社會經濟繁榮，貿易發展，唐王朝政治勢力及影響遠布，中外通使頻繁，因此爲這種大規模的求法運動提供了物質的基礎和交通上前所未有的便利，促成了它的實現。而這個時候在印度，佛教也正好達到了它發展的頂峯，後來就漸趨衰微。法顯、玄奘、義浄，是中國歷史上西行求法的佛教徒中三位最杰出者，前一位出現在東晉，後兩位却都出現在唐初，赴印的時間前後相距不過四十餘年，差不多算是同時代人，看來並非偶然。而且，玄奘、義浄從印度回來以後，都是蜚聲朝野，備受最高統治者的優渥，這與法顯也有所不同。義浄這部《大唐西域求法高僧傳》，記述的唐初到印度求法的五六十位中國僧人的事迹，就是在這樣的歷史條件下發生的。

從義浄個人方面來看，他赴印求法的動機，應該説也和當時中國佛教的發展狀況有關。佛教在西漢末、東漢初時傳入中國，歷經魏晉南北朝，到了隋唐，不僅站住了脚跟，成爲一大宗教，與儒、道鼎足而立，而且在中國的社會條件下，形成了具有中國特點的中國佛教，出現了真正的中國式的宗派。這是佛教的勝利。但是，佛教在唐初雖稱極盛，它作爲一種被統治階級所利用的宗教，除了自身的局限性、弱點以外，教義混亂，戒律弛壞，又常常受到來自正統儒家和道教的攻擊，這些問題同樣還是没有得到解決。玄奘西行，是因爲佛教東漸以來，中國佛教徒對教義理解不明，歧異紛紜，發生混亂，所以決定到印度求取「真經」，以求解決中國佛教存在的問題。①義浄西行，也有些相似。義浄是虔誠的佛教徒，他年滿進具時，他的軌範師慧智禪師告訴他：「大聖久已涅槃，法教訛替，人多樂受，少有持者。」②他西行求法，在思想動機上似乎很受此影響。當時佛教中藏垢納污，穢聞層出，不僅一般世俗羣衆不滿，佛教徒中有識之士也深有所感。比如幫助玄奘撰寫《大唐西域記》，又參加玄奘譯經，頗有點名氣的僧人辯機，與唐太宗的女兒高陽公主私通，被唐太宗殺掉，就是一時的醜聞。稍晚一點的武則天，表面上極端佞佛，實際上是想借佛教的影響來實現她做女皇帝的願望。於是僧懷義等就進上所謂《大雲經》，抬出釋迦牟尼來幫這位女皇進行「則天革命」，懷義等人又仗勢横行，無惡不作。各地也多有欺凌百姓、爲所欲爲的惡僧。佛教中有的人，也就想通過整飭戒律，來矯治時弊，力挽頹風。玄奘到印度求法，特别重視佛教的宗教哲學理論，回國後通過翻譯和教授弟子，把印度佛教的瑜伽宗移植到中國來，創立了中國佛教的法相宗。而義浄在印度和南海等地，則特别注意觀察和記録佛教的僧團制度、戒律規定。他從印度攜回和他一生翻譯的佛經，律最多，以卷數論，占總數的四分之三，「遍翻三藏，而偏功律部」，其意似乎即在於此。這與玄奘有所不同，却和法顯一樣。③但是，佛教教門的腐朽敗壞，並未因此而止，因爲這不單祇是一個守持戒律的問題。「病根」不在此，義浄從印度借回的「藥」，當然無能爲力。所以他自己臨終前還是念念不忘教誨弟子們持律守戒，言語之間，對那些不遵佛家戒律的僧徒，仍然是痛心疾首。

二

《大唐西域求法高僧傳》一書，是義浄的主要著作之一。書成於武后天授二年（六九一）。當時義浄從印度東歸，尚停留在南海室利佛逝國。它以僧傳的形式，記述了唐初從太宗貞觀十五年（六四一）以後到武后天授二年共四十餘年間五十七位僧人（包括義浄本人，也包括今屬朝鮮的新羅、高麗，今屬越南的交州、愛州，今屬阿富汗的覩貨羅，今屬蘇聯的康國等地的僧人）到南海和印度遊歷、求法的事迹。後附《重歸南海傳》，又記載武后永昌元年（六八九）隨義浄重往室利佛逝的四位中國僧人的事迹。書成以後，從室利佛逝寄歸長安。一起寄歸的還有他同時寫成的《南海寄歸内法傳》及翻譯的其它一些經論。

在現存的宋以前記述海外交通與印度及東南亞情況的著作中，義浄的著作是值得重視的。由於文化傳統不同的關係，古代印度没有這方面的專門著作，南海方面除了近代發現的一些碑銘可供間接參考外，幾乎没有留下什麽成文的歷史資料。這種情形，在阿拉伯人來到印度和南海一帶以後才有所改變。但阿拉伯人大量地出現在印度和南海一帶，時間已是在公元八、九世紀以後。阿拉伯人的歷史地理著作則出現得更晚一些。在此以前，要瞭解當時中印之間以及南海一帶的交通，還有歷史、文化、宗教、地理方面的情況，主要仍得依靠中國方面的資料。在中國方面，除了正史中的《外國傳》與《地理志》一類的著作，及一些大多已經散佚了的筆記性質的專著外，更應該引起重視的就是佛教徒的著作。當時的佛教徒們出於宗教的熱忱，舍生忘死，投身絶域，到印度求法，携回了大量的佛教經典。這對豐富中國的文化，對各國人民之間的友好往來，都作出了有益的貢獻。尤爲可貴的是有的佛教徒留下了記述求法時所見所聞的著作。這些著作，比起正史或筆記一類的著作，敍述往往更詳細，材料一般更可靠。因爲前者是史官或文人學士所作，或録自官方檔案，或綜括所見各書，或得於他人傳聞，精粗雜揉，常有想像之辭，而後者則是求法僧們身所經歷，親聞目見後所寫成。雖然由於宗教迷信的原因，其中常常也記載了一些神異傳説，但倘若剔除掉這些内容，其餘部分的可信程度仍是相當高的。這已經被事實所證明。義浄的《大唐西域求法高僧傳》就是現存的這些著作中的一種。而且，這部書裏幾乎没有什麽有關神異的東西。

在義浄之前，到印度求法的中國僧人，最著名的是東晉時的法顯和唐初的玄奘，他們分别留下了兩部重要著作：《法顯傳》和《大唐西域記》。義浄赴印在唐咸亨二年，比玄奘衹晚四十多年。他在印度十餘年，來去俱遵海路，又在南海一帶先後停留十餘年。實際上，義浄在國外停留的時間是相當長的。唐代在他以後到印度去的中國僧人，比較著名的有悟空。他在天寶十載（七五一）出發，貞元六年（七九〇）返國，來去俱遵陸路。至今在圓照撰《十力經序》裏還保留着他的行記。另外還有新羅僧慧超，去時時間無考，回到中國時間是開元十五年（七二七），去時遵海路，回來循陸路。清末在敦煌發現了他寫的《往五天竺國傳》的殘卷。其後有宋一代，赴印求法的運動已成强弩之末，近于尾聲，留下的著作極少。保存在范成大《吴船録》中的《繼業行程》和敦煌文書中的《西天路竟》，④相對來説都寫得非常簡略。因此，義浄的著作承上接下，就成爲研究初唐時期中印關係，包括印度及南海地區歷史、文化、宗教的重要資料之一。法顯、玄奘、義浄是中國歷史上到印度求法最著名的三位僧人，他們成就最大，留下的著作價值最高，保存得也最好。近代西方以及日本研究東方學的學者們很重視他們的著作。他們以《大唐西域記》《法顯傳》等爲研究課題，翻譯、註釋，結合進行攷古發掘，取得了很大的成績。他們也注意到了義浄的著作。這部《大唐西域求法高僧傳》先後被翻成法文、英文、日文，並且被作爲重要史料在各種著作中不斷地引用。可以説，在當今所有研究七世紀後半期印度佛教、東南亞歷史的著作中，幾乎没有一本不提到義浄和他的著作。

三

和玄奘的《大唐西域記》比較起來，《大唐西域求法高僧傳》有自己的特點。《大唐西域記》記載的是當時稱爲「西域」（印度、中亞及今我國新疆）的一百二十多個國家的情況，是一部地理志類型的著作，範圍廣，内容細，確實是一部傑作。後者因人立傳，祇是一部傳記著作，而且所記人物較多，有的就記述得比較簡略，後者的價值似乎比不上前者。但是仔細比較，義浄赴印和著作的時間既略晚於玄奘，所聞所記，好多地方正可與《大唐西域記》相補充。比如一些晚於玄奘時期的人名，一些《大唐西域記》未記的地名，在義浄的書中間有出現。對著名的那爛陀寺的建築情況、寺院管理制度，玄奘所記比較空泛，義浄則所記甚詳。而且，篇題《大唐西域求法高僧傳》，本身就是研究中印關係史、交通史、宗教人物傳記史的重要資料。義浄大概見過玄奘。因爲玄奘在世時，他正是一位青年僧人，遊學兩京，那時玄奘的聲譽正隆。正是玄奘的榜樣，激勵他把赴印求法的願望付諸實現。他也讀過《大唐西域記》，這從他寫的《南海寄歸内法傳》和本書中隱約可以看得出來。這大概是他没寫下和《大唐西域記》相似的著作，而把重點放在其它的方面的原因之一。

僅僅衹從中印交通歷史的發展情況來看，《大唐西域求法高僧傳》就有好多值得注意的地方。比如從唐代的長安，經過今甘肅、新疆、中亞等地前往印度的道路，是自漢以來中印之間陸上最主要的交通路綫，《大唐西域記》和以記述玄奘個人經歷爲内容的《大慈恩寺三藏法師傳》有關的記載是比較詳細的，《大唐西域求法高僧傳》於此所記極少，但却記載了唐初新開通的經過今西藏、尼泊爾到印度的道路，又比較詳細地記載了從南海往印度的交通情況，由此反映出唐初以及以後中印交通發展的新趨勢和新情況。

照義浄自己的説法，《大唐西域求法高僧傳》所記求法的僧人，「其中次第多以去時年代近遠存亡而比先後」。上卷起自玄照，時間是貞觀年中（確切地説是貞觀十五年以後)。第一至第七人俱從陸路往返(其中第四、第五兩人語焉不詳,但揣其文意,仍是取陸路)。從第八、第九兩人開始,有從海路赴印的記載。但在第二十人以前,也僅有第十三、第十四兩人是從海路赴印的。從第二十一人開始,就方向大變,幾乎全是取海路的記載了。僅有第三十人、第三十三人、第三十八人、第三十九人、第四十人共五人是從陸路往印度,而且後三人也祇是得之傳説。第四十一人慧輪雖是從陸路往印度,但他在麟德二年奉敕隨玄照西行,時間甚早。上卷共記四十一人。至於下卷所記十六人以及《重歸南海傳》所記四人,則都是取海路往返的了,時間迄至義净返國的長壽三年或證聖元年。(其中祇有道琳、智弘、無行擬取北道返國,但道琳、智弘「聞爲途賊斯擁,還乃復向北天。」無行卒於路途。)祇要按時間順序排列一個表,這種交通路綫轉變的趨勢便很容易看出來。從義净文中對年代時間的記載推斷,這種轉變大致發生在高宗麟德年以後。再有,即使是從陸路西行的僧人(包括國家使節),取傳統的新疆、中亞道往印度的也不多,而多取新開闢的更爲便捷的西藏、尼泊爾道。這是值得注意的新情況。祇是因爲政治上的原因,這一條道路並未能長期維持暢通。這與海路又有所不同。

四

義淨以前，南海海路已通。《漢書》卷二八下《地理志》最早記載了中國到印度的航程：

自日南障塞、徐聞、合浦船行可五月，有都元國。又船行可四月，有邑盧没國。又船行可二十餘日，有諶離國。步行可十餘日，有夫甘都盧國。自夫甘都盧國船行可二月餘，有黄支國，其俗略與珠厓相類。其州廣大，户口多，多異物，自武帝以來皆獻見。……自黄支船行可八月，到皮宗。船行可二月，到日南、象林界云。黄之之南，有已程不國，漢之譯使自此還矣。

日南地在今越南中部，徐聞、合浦在今廣東、廣西，其餘地名近代各家的考證衆説紛紜，但説黄支一名指的是今印度的某一個地方，則基本上没有什麽分歧。⑤《漢書》所記，是公元前及公元初的情況。在兩漢以後，中國出使南海的使人、泛海貿易的中外商人、傳教與求法的僧人，頻繁往來，史不絶書。法顯從陸路去，海路還。玄奘從陸路去，印度鳩摩羅王一度也建議他從海路返國，説：「師取南海去者，當發使相送。」⑥可見中印之間海路的交通從來没有中斷。而到了唐代，顯然更有了新的發展。杜佑在《通典》卷一八八中對此有一段很好的總結：

> 日南郡其徼外諸國，自武帝以來皆獻見。後漢桓帝時大秦天竺皆由此道遣使貢獻。及吴孫權遣宣化從事朱應、中郎康泰使諸國，其所經及傳聞，則有百數十國，因立記傳。晉代通中國者蓋尠。及宋齊，至者有十餘國。自梁武隋煬，諸國使至，踰於前代。大唐貞觀以後，聲教遠被，自古未通者，重譯而至，又多於梁隋焉。

杜佑所言，本來是講中外之間的通使，其實古代外國來「貢獻」的使節，多半帶有到中國來貿易的目的，或有商人隨行，或者自己本身就是商人。

從義浄的記載看，南海交通的路綫並非一道。或從廣州登舶，或從交阯，或從占波登舶，或經佛逝，或經訶陵，或經郎迦戍，或經裸人國而抵東印度耽摩立底，或從羯荼西南行到南印度那伽鉢亶那，再轉赴師子國，或復從師子國泛舶北上到東印度諸國，或轉赴西印度。道途衆多，不一定限定爲某一條固定的路綫。《新唐書》卷四三下《地理志》中賈耽所記的路綫，不過衹是其中一條比較主要的路綫而已。⑦足見當時海上交通的頻繁與範圍的廣大。

義浄所記載的到印度求法的中國僧人，取海路的人數最多，這並非偶然。在義浄以前，中印之間海上的聯繫固然存在，但通過今新疆、中亞而來往的陸路是主要的通道，這就是著名的陸上「絲綢之路」。而從義浄這個時期開始，海路就逐漸成爲主要的通道。陸路雖然仍然存在，但是時通時阻，重要性顯然就不如以前，漸漸讓位於海路了。不僅中國僧人多取海路往返，印度僧人，比如永徽六年（六五五）到長安的那提，開元七年（七一九）到廣州的金剛智、不空，也都經海路來到中國。那提後又返回南海。不空在開元二十九年（七四一）從海路返回印度，復從海路再來中國。海路在這一時期成爲重要通道，有兩個原因，一方面是由於政治形勢的變化，一方面還是社會經濟發展的結果。唐初平定西突厥後，西域的通道曾一度極爲暢通，從太宗後期到高宗前期，唐王朝在西域設州置府，統治穩定，聲威極盛。這時吐蕃興起，開始時與唐王朝關係很好，但後來關係又惡化。咸亨元年（六七〇）吐蕃陷安西四鎮，其後長壽元年（六九二）雖然重新奪回，安史亂後却又没於吐蕃。也是在這個時候，阿拉伯人的軍事勢力也到達了中亞地區，開始與唐王朝發生直接的衝突。天寶十載（七五一），唐將高仙芝在怛邏斯城下與大食兵遭遇，唐軍大敗，被俘者甚衆。這些都使西域的道路不再如以前一樣通行無阻。義浄在這部書裏就記載了一位中國僧人玄照因此而未能歸國的事，從側面反映了這一形勢的變化。在另一方面，中國的經濟重心自東晉開始大規模南移以後，南方的經濟發展逐漸超過北方，經南北朝、隋朝，到了唐代，更是如此。唐代社會經濟繁榮，生産發展，隨之而來的是商業貿易的發達，南方的都市不僅成爲國内貿易的中心，有的還成爲國際貿易的商港。廣州就是當時最大的對外貿易的城市，商船雲集，蕃胡衆多。北方進行的陸路對外貿易的規模顯然再也比不上南方海路對外貿易的規模。這種對比，在唐及宋代非常明顯。當然，與海路交通直接有關的造船技術和航海技術在這時有了新的提高和發展，也是促使這種形勢出現的一個重要因素。船舶載物既多，獲利亦大。南海交通暢達，成了聯繫中外各國、中印兩國之間的「新幹綫」，求法與布教的僧人所以多取海路往返了。

西藏尼泊爾道的開通，與當時吐蕃的興起和吐蕃政權與唐王朝的友好關係有關。這當然大大地促進了中國内地與西藏地區，中國與尼泊爾、印度之間經濟文化的交流，其意義和影響在這裏就不多談了。義浄所記中國僧人經過這條道路赴印求法的情況，也反映了這一歷史事實。

《大唐西域求法高僧傳》裏還提到一條從今雲南到印度的道路。這條通道因爲路途艱難，經行不易，往來的人不多，有關的記載也很少。但在西漢武帝以前，它就已經存在，而且實際上一直没有中斷過。中印文化在這一個方向所進行的接觸和相互的影響，過去研究得比較少，現在還值得進一步深入地研究。

僧人們求法和布教的路綫，其實就是商業貿易的路綫。佛教從一開始似乎就和商業與商人結下了不解之緣。從義浄的記載中也可以看到，僧人們泛海，多是附商船，與商人結伴而行。陸行也同樣如此。當然，在交通極不便利的古代，除了奉命銜節的使人，也祇有商人和僧人肯背井離鄉，忍受辛苦，冒着生命危險，往來跋涉於中外之間。

五

義淨一生，著譯甚多。過去一般都根據《宋高僧傳》卷一的説法，説他譯經五十六部，共二百三十卷，又撰《大唐西域求法高僧傳》等五部九卷。《宋高僧傳》的説法來自《開元録》卷九。《開元録》並且把這一共六十一部二百三十九卷翻譯的經名和撰述的著作名都一一載入經録。但是倘若根據現存的資料仔細地進行校核，則不止此數。《開元録》所録五十六部經和五部撰著，除《法華論》《集量論》兩部九卷外，現在全部存在。但現存義淨所譯的佛經，還有根本説一切有部律七部五十卷，是《開元録》没有收録的，智昇似乎當時就没有見到。這七部經是：

《根本説一切有部毗奈耶藥事》二十卷（今《大正藏》本作十八卷）；

《根本説一切有部毗奈耶破僧事》二十卷（《貞元録》注：「内欠二卷。」但今《大正藏》本實作二十卷）；

《根本説一切有部毗奈耶出家事》五卷(《貞元録》注:「内欠一卷。」今《大正藏》本作四卷);

《根本説一切有部毗奈耶安居事》一卷;

《根本説一切有部毗奈耶隨意事》一卷;

《根本説一切有部毗奈耶皮革事》二卷;

《根本説一切有部毗奈耶羯恥那事》一卷(《大正藏》本題作《根本説一切有部毗奈耶羯恥那衣事》)。

它們中有的梵文原本已在近代被發現,因此譯本和原本都具有重要的研究價值。另外,在現存的各種《大藏經》中,還有一些零散的題爲義浄譯著的作品(其中有些可能是重出)。先天二年義浄去世時,盧璨爲他撰寫《塔銘》,稱他「前後所翻經一百七部,都四百二十八卷,並敕編入一切經目」⑧。《開元録》所記及現存所能見到的總數,都和這個數目相差甚遠。大概義浄在世時,一部分作品翻譯以後没有完全整理定稿,死後很快就散佚了。《開元録》説他「又出説一切有部跋窣堵約七八十卷,但出其本,未遑删綴,遽入泥洹,其文遂寢」⑨。前面説的那七部律,可能就是這其中的一部分。有的作品,比如《集量論》,是陳那很有名很重要的講因明的著作,開元十八年智昇編定經録時,時距義净去世不過十多年，就已經「失本」，看不到了，而且以後就再也没有出現過（梵本亦不存，現尚存藏譯本，有現代新漢譯本⑩）。有的後來却又重新出現，比如那七部「有部律」，六七十年後，圓照却看到了，在貞元十六年（八〇〇）把它們補充進了經録。在早期經録未載的義净著譯的作品中，有《梵語千字文》。它是否真是義净所著，曾有争論，但却是一部有用而又顯得有點特别的書。國外進行研究的人不少。印度學者師覺月有專門的著作。⑪此外，在《全唐文》卷九一四中，尚收有義净《少林寺戒壇銘并序》一文（亦收入《金石萃編》卷七十）。《貞元録》卷十三中録有義净臨終時所寫的《遺書》。宋法雲編的《翻譯名義集》卷七有《題取經詩》一首。再有就是義净自己提到的《南海録》、《西方記》、《西方十德傳》、《中方録》四部書，很像是義净自己的著作，但除了義净自己提到以外，不見於任何其它書中，看來也是很早就佚失了。也許以後還能有發現的機會。從書名看，倒是研究古代印度和南海的好材料。

這裏順便還應該提一下義净的另一部重要著作《南海寄歸内法傳》。這部著作與《大唐西域求法高僧傳》同時寫成。它記述了當時印度和南海方面許多情況，雖然是以佛教爲主要内容，但除了爲研究古代這些地區的宗教歷史提供材料外，我們也可以從中發現好些有關社會經濟生活、文化發展狀況、甚至醫藥衛生方面的資料。因此很早就引起了西方及日本學者們的注意。

六

《大唐西域求法高僧傳》一書，過去在國内還没有人作過全面的整理工作，但西文的譯本很早就出現了。一八九四年，法國人沙畹（Ed.Chavannes）曾把它譯爲法文，在巴黎出版，題爲：

Mémoire composé à l'époque de la grande dyna-stie T'ang sur les religieux éminents qui allèrent chercher la loi dans les pays d'Occident

沙畹的譯本並附有他的注解。一九一一年，英國人比爾（S.Beal）在翻譯《慈恩傳》時，也把它節譯爲英文，與《慈恩傳》的英譯本一起出版，題爲：

The Life of Hiuen Tsiang by the Shaman Hwui Li, with an introduction containing an account of the works of I-Tsing

兩個西文譯本，沙畹的較好。比爾的譯本雖然祇是節譯，但錯誤很多。比如義浄年三十七歲赴印，不知爲什麽譯爲與三十七位僧人一起赴印。義浄記述自己赴印的經過，却張冠李戴，置於玄逵（比爾譯爲Hiuen-Ta，玄達？）名下。沙畹的譯本也有一些錯誤，但他在注釋上下了較大的功夫，工作態度是認真的，也比較謹慎仔細。他的一個最明顯的錯誤是把書中原有的注一概認爲是後人所加，而且認爲是後周（九五五—九六〇）時人所加，不知傳本義浄著作中的「周」，概指武周，並非後周。因爲他翻譯注釋的時間很早，所以有一些後來的研究成果，包括考古發掘的材料，他没有能够利用上。這是當時客觀條件的限制。另外，他的任務衹是譯注，衹能根據手邊的漢文本進行，不可能對原文進行全面的比勘。後來的使用西文的外國學者，引用義浄此書，一般就以沙畹和比爾的這兩個譯本爲根據。

日本昭和十七年（一九四二），日本人足立喜六出版了一個日文的譯注本，同時有中文的原文，仍題爲《大唐西域求法高僧傳》。據足立喜六在序中所稱，他所採用的底本是日本宫内省圖書寮所藏的南宋紹興戊辰年（即紹興十八年，一一四八）福州開元禪寺的刻本，即後世所稱的《毘盧藏》本。他似乎以此與《高麗藏》本、《黄檗藏》本及其它刻本進行過對校。但足立喜六刊行的本子，錯誤也相當多。句讀違失，改字往往指是爲非，以非爲是，而且未附校記。他的注釋，側重於文字的解釋，有的地方比沙畹注得更細，但不知爲什麽有些重要的地名、史實却漏而未注。注釋中解釋常常十分牽强，引文也不大準確。足立喜六本出版時間比較晚，照理説應該盡量利用近現代的研究成果，但這方面却使人感到失望，因此有些地方實際上還比不上沙畹的譯注本。

另外，日本昭和三十六年(一九六一)出版的一部佛教大叢書《國譯一切經》中，收有高田修翻譯的另一個日譯本。但據書中介紹，高田修翻譯原書的時間是在昭和十五年(一九四〇)。

一九六二年，在英國倫敦出版的一本書，名叫 Buddhist Monks and Monasteries of India，其中把本書重新進行節譯，作爲一個附録專門附在書後。

這次注釋，參考過沙畹和足立喜六的譯注本，舊人之説，有重要的不同者往往列出，但一般的問題就不一一指出了。

七

最後談談校勘方面的情況。

《大唐西域求法高僧傳》二卷成書後，最早著録它的是《開元録》，其後歷代經録俱著録。《舊唐書》卷四六《經籍志》《新唐書》卷五九《藝文志》也著録，唯《舊唐書》題爲

《西域求法高僧傳》無「大唐」二字。經録中還有題爲《求法高僧傳》或《西域求法傳》者。⑫《通志》卷六七、《文獻通考》卷二二六有著録。南宋晁公武《郡齋讀書志》著録爲《求法高僧傳》。宋非濁集《三寶感應要略録》中稱爲《求法記》。還有稱爲《大周行人傳》者。義浄原書《大津傳》中是稱爲《西域求法高僧傳》的。大概此書原名在宋以前稍有混亂，多半是全稱和畧稱之差，但宋以後即以此名流行了。在卷帙上，祇有元代脱脱等編撰的《宋史》卷二〇五《藝文志》録爲「三卷」。但這顯然是錯誤的。

此書在義浄去世後就入藏，以後歷代傳抄翻刻，多在藏經中，但也有單本流行。其他書籍中，僅見清代編定的《全唐詩》卷八〇八選録了義浄詩七首，是從本書中抄出。《全唐文》卷九一四載義浄文三篇，其中一篇是本書原序，不知是否也是從藏經中抄出。

這次校勘，採用的底本是《影印宋磧砂藏經》本。簡稱《磧》本。據《影印宋磧砂藏經》首册的補頁表説明，卷下部分系用宋《思溪藏》和明《永樂藏》（實即明《南藏》）補齊。對照的刻本有：

一、《趙城金藏》本，現藏北京圖書館，僅存卷下。簡稱「《金》本」。刻於金代。刊刻源流可參見蔣唯心《金藏雕印始末考》一文。

二、《高麗藏》本，載臺灣印《景印高麗大藏經》卷三十二。原千字文編號爲廣字函。

高麗（今朝鮮）高宗丙午歲，即三十三年（一二四六）刻。簡稱「《麗》本」。

三、明《洪武南藏》本。刻于明初洪武年間，現藏四川省圖書館。簡稱「《洪》本」。

四、明《南藏》本。刻于明初永樂年間，現藏中國佛教圖書文物館。簡稱「《南》本」。

五、明《北藏》本，藏重慶圖書館。明正統五年（一四四〇）刻。簡稱「《北》本」。

六、明《徑山藏》本。《徑山藏》又稱《嘉興藏》。藏重慶圖書館。明萬曆三十九年辛亥（一六一一）刻。簡稱「《徑》本」。

七、清《龍藏》本，藏中國佛教圖書文物館。簡稱「清本」。

八、《大正藏》本，載《大正藏》卷五一。簡稱「《大》本」。

九、天津刻經處本。收入天津刻經處刻《南海寄歸法要》中。民國十三年，即一九二四年刻。簡稱「天本」。

十、支那内學院本，簽題《求法高僧傳》。民國二十一年，即一九三二年刻。簡稱「内本」。

十一、足立喜六本。一九四二年日本岩波書店出版。簡稱「足本」。

同時參考了「《磧》本」所附《音釋》及唐慧琳《一切經音義》卷八一（簡稱《音義》）、《南海寄歸内法傳》《宋高僧傳》《全唐文》《全唐詩》等書中與本書有關的部分。

在文字上，「《金》本」「《麗》本」「《大》本」「天本」較接近。「《麗》本」「《大》本」

「天本」幾乎相同。其餘各本較接近，大約都屬於南宋刻本的系統。其中「《北》本」「《徑》本」「清本」基本上就是前後復刻。國内（除臺灣省外）所有的古本，僅就目前所知的而言，即盡於此。

校勘中對照各本文字異同，擇善而從。校記中主要的異文都已録出，但少數不太重要的，如同字異寫或語尾詞就從略了。

最後，需要説明一下，本書的校注工作，自始至終都是在北京大學季羨林先生的指導和幫助下完成的。他是我念研究生時的導師。原稿本是我申請碩士學位的論文，承他審閲和修改。導師教誨指導之恩，深銘心感。初稿完成後，又承黄盛璋、謝方、耿引曾、蔣忠新等先生提出一些寶貴意見。另外，在校閲古本時，曾得到中國佛教圖書文物館周紹良、四川省圖書館沙銘璞、重慶市圖書館張拱卿等先生的大力協助。謹此深致謝意。

校注中一定有不少錯誤，這當然應由我個人負責，並深望各方面專家批評指正。

王邦維

一九八二年八月初稿

一九八四年十月改畢

①《慈恩傳》卷一：「（玄奘）法師既遍謁衆師，備飡其説，詳考其理，各擅宗塗（途），驗之聖典，亦隱顯有異，莫知適從，乃誓遊西方，以問所惑，並取《十七地論》，以釋衆疑，即今之《瑜伽師地論》也。」後玄奘到達那爛陀，又這樣回答戒賢。（大50/222c；236c）

②《寄歸傳》卷四（大54/233a）。

③《法顯傳》：「法顯昔在長安，慨律藏殘缺，於是遂以弘始二年（按應作「一年」），歲在己亥，與慧景、道整、慧應、慧嵬等，同契至天竺，尋求戒律。」（大51/857a）。

④黄盛璋《敦煌寫本〈西天路竟〉歷史地理研究》一文考證，《西天路竟》是北宋初求法僧人的著作。黄文載《歷史地理》創刊號，一九八一年。

⑤近代有人考證，認爲黄支即《西域記》中達羅毗荼國都城建志補羅（梵文 Kāñcīpura）。但也有其它不同説法。

⑥《慈恩傳》卷五（大50/249a）。

⑦賈耽稱爲「廣州通海夷道」，自廣州始，經佛逝等地到師子國、南天竺、西天竺，直到「茂門王所都縛達城」，即今伊拉克巴格達等地。賈耽所提到的地名和路綫，有的與義浄所記相同，有的相類，有的又不相同。兩種記載正可以互相比較、印證。

⑧《貞元録》卷十三（大55/871c）。

⑨《開元録》卷九（大55/569a）。

⑩ 法尊法師從藏文譯出《集量論頌》，載《世界宗教研究》一九八一年第二期。

⑪ P.C.Bagchi: *Deux Lexiques Sanskrit-Chinois.*

⑫《日本高山寺唐本一切經目録》（昭2/141c）及另一種《唐本一切經目録》（昭3/707b）。

引用書縮語表

因下列書引用較繁，故以縮語標出：

一　中文書籍

大　指《大正新脩大藏經》，後阿拉伯數字及拉丁字指卷、頁及欄數。

續　指《大日本續藏經》，後中國數字指某編，阿拉伯數字及拉丁字指套、册、頁及頁之第一或第二面。

弘　指日本東京弘教書院印《大日本校訂縮刷大藏經》，又稱《弘教藏》。後中國字指千字文函號，阿拉伯數字及拉丁字指册、頁及頁之第一或第二面。

昭　指《昭和法寶總目録》，後阿拉伯數字及拉丁字指卷、頁及欄數。

二十四史及《通鑑》等俱使用中華書局出版點校本。阿拉伯數字指册及頁數。

二 外文書籍

AGI.—*The Ancient Geography of India*, A.Cunningham, reprinted, Delhi, 1979.

AHI.—*An Advanccd History of India*, Part I, Ancient India, R.C.Majumdar, London, 1951.

DCBT.—*A Dictionary of Chinese Buddhist Terms*, W.E.Soothill, reprinted, Delhi, 1977.

GDAMI.—*The Geographical Dictionary of Ancient and Mediaeval India*, N.L.Dey, 3rd ed., New Delhi, 1971.

GK.—*The Golden Khersonese*, P.Wheatley, Kuala Lumpur, 1966.

HCIP.—*The History and Culture of the Indian People*, Vol.III, The Classical Age, ed.by R.C.Majumdar, Bombay, 1954.

HGAI.—*Historical Geography of Ancient India*, B.C.Law, reprinted, New Delhi, 1976.

ISSA.—*The Indianized States of Southeast Asia*, G.Coedès, English ed., Canberra,1975.

RBR. —*A Record of the Buddhist Religion as Practised in India and the Malay Archipelago*, trans. by Takakusu, Oxford, 1896.

SED. —*A Sanskrit-English Dictionary*, M.Monier-Williams, New ed., Oxford, 1979.

其餘書籍版本及卷頁次一般均在注釋中説明。

大唐西域求法高僧傳卷上①

沙門義淨從西國還在南海室利佛逝撰寄歸并那爛陀寺圖②

觀夫自古神州之地，輕生徇③法之賓，顯法師〔一〕則創闢荒途，奘法師〔二〕乃中開王路④。其間或西越⑤紫塞〔三〕而孤征，或南渡滄溟以單逝。莫不咸思聖跡，罄五體而歸禮；俱懷旋踵，報四恩〔四〕以流望。然而勝途多難，寶處〔五〕彌長，苗秀盈十而蓋多，結實罕一而全少〔六〕。寔由茫茫象磧，長川吐赫日之光；浩浩鯨波，巨壑起滔天之浪。獨步鐵門〔七〕之外，亘萬嶺而投身；孤漂⑥銅柱〔八〕之前，跨千江而遺命。跋南國有千江口⑦〔九〕。或亡飡幾日，輟飲數晨，可謂思慮銷精神，憂勞排正色。致使去者數盈半百，留者僅有幾人。設令得到西國者，以大唐無寺，飄寄棲⑧然，爲客遑遑，停託無所，遂使流離萍轉⑨，罕⑩居一處。身既不安，道寧隆矣！嗚呼！實可嘉其美誠，冀傳芳於來葉。粗據聞見，撰題行狀云爾。其中次第，多以去時年代近遠存亡而比先後〔一〇〕。

質多跋摩師

土蕃⑮公主嬭母息二人

隆法師

益州明遠法師

益州義朗律師并弟一人⑯

益州智岸法師

益州會寧律師

交州運期法師

交州木叉提婆師

交州窺沖法師

交州慧琰法師

信胄法師

愛州智行法師

愛州大乘燈禪師

康國⑰僧伽跋摩師

高昌彼岸智岸二人⑱
洛陽曇閏⑲法師
洛陽義輝論師
又大唐三人⑳
新羅慧輪法師
荆州道琳法師
荆州曇光律師㉑
又大唐一人㉒
荆州慧命禪師
潤州玄逵㉓律師
晉州善行法師
襄陽靈運法師
澧州僧哲禪師弟子一人㉔
洛陽智弘律師
荆州無行禪師

荆州法振禪師

荆州乘悟禪師㉕

梁州乘如律師㉖

澧州大津㉗法師

右總五十六人，先多零落，浄來日有無行師、道琳師、慧輪㉘師、僧哲師、智弘師五人見在。計當垂拱元年（六八五），與無行師㉙執别西國，不委今者何處存亡耳。

【校記】

①《麗》本、《大》本、天本「卷上」後有「并序」二字。

②《磧》本原作「三藏法師義浄奉詔譯」；《南》本作「三藏法師義浄奉詔撰」；《北》本、《徑》本、清本作「唐三藏法師義浄奉詔撰」；内本作「唐沙門義浄撰從西國還在南海室利佛逝寄歸」；《音義》作「義浄三藏撰」；今從《麗》本、《大》本、天本改。

③徇　《麗》本、《大》本、天本、内本、足本、《音義》作「殉」；《全唐文》作「循」。徇殉通。

④王路　《南》本作「五路」；《北》本、《徑》本、清本、《全唐文》作「正路」。

⑤越　《全唐文》作「域」。

⑥漂　《麗》本作「標」；足本作「摽」。

⑦千江口　足本作「千江□」。

⑧棲　内本作「悽」。

⑨萍轉　《麗》本、《大》本、天本、内本作「蓬轉」。

⑩罕　《麗》本、《大》本作「牢」。

⑪慧業法師　《麗》本、《大》本在此後加「新羅求本法師」六字。

⑫復有二人　《麗》本、《大》本、天本作「復有法師二人」；内本作「僧二人」。

⑬達摩　《磧》本原作「跋摩」，本傳、内本、足本作「達摩」，今據改。

⑭常慜師弟子一人　《大》本、天本、足本無「師」字；《北》本、《徑》本、清本、内本在「常慜禪師」後作小字注「弟子一人」。

⑮土蕃　《麗》本、《大》本、天本、内本、足本作「吐蕃」。下同。

⑯義朗律師　《磧》本原作「義朗法師」，今從各本及本傳改。「并弟一人」，《麗》本、《大》本作大字正文：「朗律師弟子一人」；天本作小字注：「智岸并弟一人」；《北》本、《徑》本、清本作小字注：「智岸并弟」；内本作小字注：「智岸義玄」；足本大字正文作：「義朗律（法）師并弟，同州智岸法師」。

⑰康國　《麗》本、《大》本、天本作「唐國」。

⑱二人　内本作「二師」。

⑲曇閏 《麗》本、《大》本、天本、内本作「曇潤」。

⑳又大唐三人 内本、足本作「大唐僧三人」。

㉑律師 《磧》本原作「法師」；今據《北》本、《徑》本、内本及本傳改；足本僅有「師」字。

㉒又大唐一人 内本作「大唐僧一人」；《北》本、《徑》本、清本在「曇光律師」後作小字注：「大唐一人」。

㉓玄逵 《磧》本原作「玄達」，今從《麗》本、《大》本、《北》本、《徑》本、清本、天本、内本、足本及本傳及《磧》本所附《音釋》改。

㉔弟子一人 《麗》本作大字正文：「哲禪師弟子一人」；《大》本、天本作小字注：「哲禪師弟子二人」；内本亦作小字注：「弟子玄遊」；足本在「僧哲禪師」後作大字：「弟子」。

㉕荆州乘悟禪師 《北》本、《徑》本、清本、内本在「荆州法振禪師」後作小字注：「乘悟乘如」；足本作大字：「同州乘悟禪師」。

㉖律師 足本作「禪師」。對照本傳，應作「律師」。

㉗大津 《磧》本原作「大律」；各本俱作「大津」，今從各本及本傳改。

㉘慧輪 《磧》本原作「慧輸」；今從《麗》本、《大》本、《北》本、《徑》本、清本、内本、足本、天本及本傳改。

㉙無行師《麗》本、《大》本、天本、内本作「無行禪師」。

【注釋】

〔一〕顯法師　法顯法師。法顯於東晉隆安三年（三九九）發自長安，經今甘肅、新疆、中亞等地，取陸路到印度。後自師子國（今斯里蘭卡）附舶，於東晉義熙八年（四一二）返回中國。見《法顯傳》及《高僧傳》卷三《法顯傳》。

〔二〕奘法師　玄奘法師。玄奘於唐貞觀元年（六二七，一説貞觀三年）出發，經陸路西行求法，遍遊五印度。貞觀十九年（六四五）返回長安。見《慈恩傳》及《續高僧傳》卷四《玄奘傳》等。

〔三〕紫塞　崔豹《古今注》卷上《都邑》條：「秦所築長城，土色皆紫。漢亦然。故云紫塞也。塞者，塞也，所以擁塞夷狄也。」（《四部叢刊》本卷上，頁10b）鮑照《蕪城賦》：「南馳蒼梧漲海，北走紫塞雁門。」（中華書局影印清胡刻本《文選》卷十一，頁166b）古代赴印求法的中國僧人，在唐以前和唐初，多取道今河西走廊入新疆西行，必經玉門關或陽關。此處紫塞即指玉門關與陽關一帶關塞，爲漢代所築，後代又稱漢長城，在今甘肅敦煌縣西。《法顯傳》：「復進到燉煌，有塞東西可八十里，南北四十里。」（大51/857a）

〔四〕四恩　《釋氏要覽》卷中：「恩有四焉：一父母恩，二師長恩，三國王恩，四施主恩。」同

書又引《大乘本生心地觀經》云：「佛言世間恩有四種：一父母恩，二衆生恩，三國主恩，四三寶恩。」（大54/289c）

〔五〕寶處《法華經》卷三《化城喻品》：「譬如五百由旬險難惡道，曠絶無人，怖畏之處。若有多衆，欲過此道，至珍寶處。」（大9/25c）寶處即珍寶處，比喻求得勝法之處。此處比喻印度。

〔六〕苗秀盈十而蓋多結實罕一而全少《論語·子罕》：「子曰：苗而不秀者，有矣夫。秀而不實者，有矣夫。」何晏集解：「言萬物有生而不育成者，喻人亦然。」（《諸子集成》本《論語正義》，頁190）

〔七〕鐵門《西域記》卷一：「從此（羯霜那國）西南行二百餘里，入山。……東南行三百餘里，入鐵門。鐵門者，左右帶山，山極峭峻，雖有狹徑，加之險阻，兩傍石壁，其色如鐵，既設門扉，又以鐵鋦，多有鐵鈴，懸諸户扇，因其險固，遂以爲名。」（章巽校本，頁14，上海人民出版社一九七七年版，下同）古代爲羯霜那（又稱史國）與覩貨羅之間的分界，又是中亞南北交通之要道。鐵門一名亦見于《新唐書》。《新唐書》卷二二一下《西域傳》：「（史國）有鐵門山，左右巉峭，石色如鐵，爲關以限二國，以金錮闔。」（20/6248）唐初設安西都護府，鐵門亦在其轄境内。《釋迦方志》卷上稱爲「漢塞之西門」。（大51/953a）《續高僧傳》卷四《玄奘傳》稱爲「漢之西屏」。（大50/447c）元代仍稱「鐵門關」。故址在今蘇聯烏兹别克南部沙赫里夏勃兹（Shahri Sabz）南約九十公里處。

〔八〕銅柱 東漢馬援征交阯，在象林縣南界立銅柱。《後漢書》卷二四《馬援傳》：「嶠南悉平。」章懷太子注云：「《廣州記》曰：援到交趾，立銅柱，爲漢之極界也。」（3/840）《舊唐書》卷四一《地理志》：「後漢遣馬援討林邑蠻。援自交趾循海隅，開側道以避海，從蕩昌縣至九真郡，自九真至其國。開陸路，至日南郡。又行四百餘里，至林邑。又南行二千餘里，有西屠夷國。鑄二銅柱於象林南界，與西屠夷分境，以紀漢德之盛。其時有不能還者數十人，留於銅柱之下。至隋乃有三百餘家，南蠻呼爲『馬留人』。其水路，自安南府南海行三千餘里至林邑，計交趾至銅柱五千里。」（5/1755）唐代愛州境内有銅柱，傳爲馬援所鑄。《嶺表録異》卷上：「韋公幹爲愛州刺史，聞有漢伏波將軍銅柱以表封疆，在其境。公幹利其財，欲摧鎔貨之於賈胡。土人不知援之所鑄，且謂神物，哭曰：『使者果壞是，吾屬爲海人所殺矣！』公幹不聽，百姓奔走訴于都督。韓約移書辱之，公幹乃止。」（武英殿聚珍版，頁4b）韋公幹、韓約，中唐以後人。韓約，《新唐書》卷一七九有傳（17/5324）。林邑又有銅柱山，或説銅柱有五。《通典》卷一八八引各書云：「《林邑國記》：馬援樹兩銅柱於象林南界，與西屠國分漢之南境。又云：銅柱山周十里，形如倚蓋，西跨重巖，東臨大海。屈璆《道里記》又云：林邑大浦口有五銅柱焉」。（《萬有文庫》本，頁1007b）

〔九〕跋南國有千江口　跋南國即扶南國。《寄歸傳》卷一：「驩州正南步行可餘半月，乘船纔五六朝（按「朝」一本作「潮」），即到匕景。南至占波，即是臨邑（按「臨邑」與「林邑」通）。……西南一月至跋南國，舊云扶南。」（大54/205b）扶南國是公元一世紀到七世紀初印度支那半島上有名的古國。扶南一詞，今多認爲爲古代孟—高棉語bnam的音譯，意爲「山」，在中國古籍中用爲國名。始見於《三國志》卷六十《吕岱傳》（5/1385）。《晉書》卷九七（8/2547）、《南齊書》卷五八（3/1014）、《梁書》卷五四（3/787）、《新唐書》卷二二二下（20/6301）俱有專條記述。據中國史籍記載，扶南國唐初爲其屬國真臘所併。扶南古國的地域在今柬埔寨和越南南部，大致包括今洞里薩湖周圍，湄公河下游及三角洲一帶。但千江口未詳爲扶南國何地。足本「口」印作「囗」，足立喜六注謂如果把「口」看成是「國」之古寫，千江口則可能是《隋書》卷八二中的「朱江國」之訛，「千」字系「朱」字之誤，「口」字系「國」字之異寫，千江口即朱江國，立説似過于臆測。義淨原書明言：「跋南國有千江口」，謂千江口爲扶南國之一地。《隋書》原文亦言：「真臘在林邑西南，本扶南之屬國也，去日南郡舟行六十日，而南接車渠國，西有朱江國。」（6/1835）朱江國更在真臘之西，豈可遽爾與千江口合而爲一？疑千江口指今湄公河下游入海口一帶，時地屬扶南國。《梁書》卷五四《諸夷傳》：「（扶南）有大江廣十里，西北流，東入於海。」（3/787）古代取海路赴印，須先循今印度支那半島東部海岸南行，經過湄公河河口。河口三角洲地區水道甚多，水流量極豐，今猶分九條汊道入南海。亦有先陸行至半島中部或南部，登船更南行者。所以此處稱：「孤漂銅柱之前，跨千江而遺命。」沙畹注引《海國圖志》卷九謂扶南在今泰國，亦不確。

〔一〇〕其中次第多以去時年代近遠存亡而比先後　義浄所記五十七人（包括義浄本人），起自玄照，迄于大津。玄照赴印爲貞觀年（六二七—六四九）中事，傳中謂「蒙文成公主送往北天」，則當在文成公主入藏之後，即貞觀十五年（六四一）後事。大津由室利佛逝附舶而向長安事在天授二年（六九一）。則本書所記俱爲六四一年後，六九一年前四十余年間事。義浄本人西行在咸亨二年（六七一），時在曇光、慧命等之後，靈運、僧哲等之前。

〔一一〕垂拱元年　垂拱，武則天年號。垂拱元年，公元六八五年。

沙門〔一〕玄照法師者，太州仙掌〔二〕人也。梵名般伽舍末底〔三〕。唐云昭慧①。乃祖乃父，冠冕相承。而鬉髻之秋，抽簪出俗。成人之歲，思禮聖蹤。遂適京師，尋聽經論。以貞觀年中，乃於大興善寺②玄證師〔四〕處初學梵語。於是杖錫③〔五〕西邁，掛想祇園〔六〕。背金府〔七〕而出流沙〔八〕，踐鐵門〔九〕而登雪嶺〔一〇〕。漱香池〔一一〕以結念，畢契四弘〔一二〕；陟葱阜〔一三〕而翹心，誓度三有〔一四〕。途經速利〔一五〕，過覩貨羅〔一六〕，遠跨胡彊④〔一七〕，到土蕃國〔一八〕。蒙文成公主〔一九〕送往北天〔二〇〕，漸向闍闌陀國〔二一〕。未至之間，長途險隘⑤，爲賊見拘。既而商旅計窮，控告無所，遂乃援神寫契，仗聖⑥明衷，夢而感徵⑦，覺見群賊皆睡，私引出圍，遂便免難。住闍闌陀國，經于四載。蒙國王欽重，留之供養。學經律，習梵文。既得少通，漸次南上。到莫訶菩提〔二二〕，復經四夏。自恨生不遇聖，幸覩遺蹤。仰慈氏所制真容⑧〔二三〕，著精誠而無替。爰以翹敬之餘，沉情《俱舍》〔二四〕。既解《對法》〔二五〕，清想律儀，兩教斯明〔二六〕。後之那爛陀寺〔二七〕，留住三年。就勝光法師〔二八〕學《中》《百》等論⑨〔二九〕，復就寶師子大德〔三〇〕受《瑜伽十七地》〔三一〕。禪門定激，亟覩⑩關涯。既盡宏綱，遂往弶巨亮反。伽河〔三二〕北，受國王苫部〔三三〕供養。住信者等寺〔三四〕，復歷三年。後因唐使王玄策〔三五〕歸鄉，表奏言其實德，遂蒙降敕旨⑪，重詣⑫西天，追玄照入京〔三六〕。路次泥波羅國〔三七〕，蒙國王⑬發遣〔三八〕，送至土蕃。重見文成公主，深致禮遇，資給歸唐。於是巡涉西蕃，而至東夏〔三九〕。以九月而辭苫部，正月便到洛陽，五月之間，途經萬里。于時麟德年中，駕幸東洛〔四〇〕。奉謁闕庭，遂蒙⑭敕旨⑮，令往羯濕彌囉國〔四一〕，取長年婆羅門盧迦溢多〔四二〕。既與洛陽諸德相見，略論佛法綱紀，敬愛寺導律師、觀法師〔四三〕等請譯《薩婆多部律攝》〔四四〕。既而敕令促去，不遂本懷，所將梵本悉留京下。於是重涉流沙，還經磧石〔四五〕。崎嶇棧道之側，曳半影而斜通；摇泊繩橋之下，没全軀以傍渡〔四六〕。遭土蕃賊，脱首得全；遇兇奴⑯寇，僅存餘命。行至北印度界，見唐使人引盧迦溢多於路相遇。盧迦溢多復令玄照及使傔數人〔四七〕向西印度羅荼國⑰〔四八〕取長年藥。路過縛渴羅〔四九〕，到納婆毗訶羅〔五〇〕，唐云新寺。覩如來澡盆⑱及諸聖跡。漸至迦畢試國〔五一〕，禮如來頂骨〔五二〕，香花具設，取其印文，觀來生善惡。復過信度國〔五三〕，方達羅荼矣。蒙王禮敬，安居四載，轉歷南天。將諸雜藥，望歸東夏。到金剛座〔五四〕，旋之那爛陀寺，浄與相見〔五五〕。盡平生之志願，契總會於龍花⑲〔五六〕。但以泥波羅道土蕃擁塞不通〔五七〕，迦畢試途多氏捉⑳而難度〔五八〕，遂且棲志鷲峯〔五九〕，沉情竹苑〔六〇〕。雖每有傳燈之望，而未諧落葉之心。嗟乎！苦行標誠㉑，利生不遂。思攀雲駕，墜翼中天！在中印度菴摩羅跛㉒國〔六一〕遘疾而卒，春秋六十餘矣。言多氏者，即大食國也。傷曰：

卓矣壯志，穎秀生田。頻經細柳〔六二〕，幾步祁連。祥河〔六三〕濯流㉓，竹苑摇芊。翹心念念，渴想玄玄。專希演法，志託提生。嗚呼不遂，愴矣無成。兩河〔六四〕沉骨，八水〔六五〕揚名。善乎守死，哲人利貞。兩河即在西國㉔，八水乃屬京都㉕。

【校記】

①唐云昭慧　《大》本、天本作「唐言照慧」；《麗》本、内本、足本作「唐云照慧」；《北》

本、《徑》本、清本作「此云昭慧」。下文中所有「唐云」處，《北》本、《徑》本、清本俱作「此云」。

②大興善寺　《磧》本原作「大興聖寺」；今據《麗》本、《大》本、天本改。説見本條注。

③杖錫　《麗》本、《大》本作「仗錫」。

④胡壃　《大》本、天本、内本、足本作「胡疆」。壃疆通。

⑤險隘　足本作「險阻」。

⑥仗聖　《磧》本原作「伏聖」；今從《麗》本、《大》本、天本、内本改。

⑦感徵　《大》本、天本作「咸徵」。

⑧所制真容　《麗》本、《大》本、天本作「所制之真容」。

⑨學中百等論　《大》本作「中百學等論」。

⑩亟覩　《磧》本原作「亟覩」；今從《麗》本、《大》本、《北》本、《徑》本、清本、天本、内本、足本改。

⑪敕旨　《麗》本、《大》本、天本、足本無「旨」字。

⑫重詣　足本作「重指」。

⑬蒙國王　《麗》本、《大》本、天本無「國」字。

⑭遂蒙　《麗》本、《大》本、天本、内本作「還蒙」。

⑮ 敕旨　足本無「敕」字。

⑯ 兇奴　足本作「匈奴」。

⑰ 羅荼國　《磧》本「荼」字原作「茶」。按荼始見於中唐以後，今從《麗》本、《大》本、天本、内本、足本改作「羅荼國」。下同。

⑱ 澡盆　《麗》本、《大》本、天本作「澡盥」；足本作「澡鑵」。

⑲ 龍花　《大》本、天本、《北》本、《徑》本、清本、内本作「龍華」。花華通。下同。

⑳ 捉　足本作「投」。

㉑ 標誠　《麗》本、足本作「摽誠」。足本「標」俱印作「摽」。

㉒ 菴摩羅跛　《麗》本、《大》本、天本作「菴摩羅跛」。下同。

㉓ 流　《洪》本作「沉」。

㉔ 西國　《麗》本作「西河」。

㉕ 京都　《磧》本原作「東郡」；今從《麗》本、《大》本、天本改。

【注釋】

〔一〕沙門　吐火羅文 śāmaṃ 的音譯。梵文作 śramaṇa，又譯桑門、沙門那等。意譯「息心」或「勤息」。在古代印度本指非婆羅門教的各種教派的出家修行者，後佛教專指依照戒律出家修行之人。中國就指出家的佛教僧人。

〔二〕太州仙掌　太州，即華州。《新唐書》卷三七《地理志》：「華州華陰郡，上輔。義寧元年析京兆郡之鄭、華陰置，垂拱二年避武氏諱曰太州，神龍元年復故名。」唐屬關内道，領鄭、華陰、下邽、櫟陽等縣。仙掌即華陰縣。同書華陰縣條原注：「華陰，望，垂拱元年更名仙掌。……神龍元年，復爲華陰。」（4/964）《舊唐書》卷三八《地理志》所記稍異，稱：「垂拱二年，改爲仙掌縣。」（5/1399）今陝西華陰縣。

〔三〕般迦舍末底　梵文Prakāśamati音譯。prakāśa意譯昭，mati意譯慧。

〔四〕大興善寺玄證師　《磧》本「大興善寺」原作「大興聖寺」，今從《麗》本、《大》本、天本改「聖」爲「善」。大興聖寺在唐代爲尼寺。足注節引宋敏求《長安志》與《廣弘明集》兩段文字俱無「尼」字，不知所據原本俱如此或是因疏忽所致。《長安志》卷九原文：「（通義坊）西南隅興聖尼寺。」原注：「高祖龍潛舊宅，武德元年以爲通義官（「官」爲「宮」之誤），貞觀元年建爲寺。」（《經訓堂叢書》本，頁9a）《廣弘明集》卷二八載貞觀三年《造興聖寺詔》：「通義宮皇家舊宅……宜捨爲尼寺。」（大52/329c）《唐會要》卷四八所記亦同（中華書局一九五五年版，中/845）。大興善寺則爲唐代長安名寺。《長安志》卷七：「（靖善坊）大興善寺，盡一坊之地。」原注：「初曰遵善寺，隋文承周武之後，大崇釋氏，以收人望，移都，先置此寺，以其本封名焉。神龍中韋庶人追贈父貞爲酆王，改此寺爲酆國寺。景雲元年復舊。《西陽雜俎》曰：寺取大興城兩字，坊名一字爲名。」又云：「寺殿崇廣，爲京城之最，總章二年火焚之，更營建，又廣前，居二十畝之地。」（頁8a—b）段成式在唐武宗會昌三年（八四三）曾游此寺。見《西陽雜俎》續集卷五《寺塔記上》（中華書局一九八一年版，頁245）。寺在今西安大南門外五里處。玄證師事不詳。

〔五〕杖錫　即錫杖。梵文khakkhara的意譯，亦譯聲仗、鳴仗等。《寄歸傳》卷四：「言錫仗者，梵云喫棄羅，即是鳴聲之意，古人譯爲錫者，意取錫錫作聲。鳴仗錫仗，任情稱説。」（大54/230b）杖高與眉齊，頭有鐵環。僧人常持，乞食時振環作聲，以代扣門，又兼防牛犬。

〔六〕祇園　梵文Jetavana，又譯祇陀園、祇樹園、祇樹給孤獨園、祇林、逝多林、勝林等。傳説釋迦牟尼成道後，憍薩羅國給孤獨長者用黄金布地，買下舍衛城南祇陀太子的園林，修建精舍，獻給釋迦牟尼，祇陀太子亦奉獻了園中的林木，此園因此以兩人的名字命名。釋迦牟尼後常在此説法，遂成佛教有名聖地。事見《西域記》卷六、《法顯傳》及《根本説一切有部毗奈耶破僧事》卷八（大24/137b）、《賢愚經》卷十（大4/418b）等。園在古印度Śrāvastī城，玄奘譯爲室羅伐悉底國，義净譯室羅伐，即法顯所稱拘薩羅國舍衛城。故城遺址在今北方邦Gonda縣與Bahraich縣交界處的Sāheṭh-Māheṭh。見B.C.Law: *HGAI*.

p.124。

〔七〕金府　此指蘭州，今甘肅蘭州市。漢始元六年（公元前八一）置金城郡。晉遷治榆中（今蘭州市東），十六國前涼遷治金城（今蘭州市西北）。隋代仍置金城郡，治金城縣（今蘭州市）。隋末薛舉割據於此。唐武德二年（六一九）平薛舉，改稱蘭州，仍治金城縣，北有金城關，屬隴右道。天寶時又曾改稱金城郡。武德八年置都督府，因此此處稱爲金府，如揚府、廣府、益府之類。見《舊唐書》卷四十、《新唐書》卷四十。河西走廊自古爲從長安赴西域之要道，法顯、玄奘等均從此經過。沙畹謂金府即金州，并注在今陝西安康。唐時確有金州一地，轄境在今陝西漢水一帶，治所在今安康。但此處金府絶非指金州，因金州不在長安之西，而在長安之南，并不在赴西域之道上。而且原文也説得很清楚：「背金府而出流沙。」沙注誤。

〔八〕流沙　古代稱出河西走廊後我國新疆的大沙漠爲流沙。《尚書·禹貢》：「導弱水，至于合黎，餘波入于流沙。」《高僧傳》卷三《法顯傳》：「發自長安，西渡流沙。」（大50/237b）

〔九〕鐵門　見本書《序》及注。

〔一〇〕雪嶺　又稱雪山、大雪山。指今阿富汗境内的興都庫什山脉。《慈恩傳》卷二記載玄奘出鐵門，到覩貨羅國故地，又東南入大雪山，「雪山中塗路艱危，倍於凌磧之地，凝雲飛雪，曾不暫霽，或逢尤甚之處，則平途數丈……法師今涉雪嶺求經，亦可謂如來真子矣。」

（大50/228c）《玄奘法師行狀》：「中間所經，葱山雪嶺，熱海鐵門。」（大50/215b）《西域記》卷二稱爲「大雪山」。（頁12）

〔一一〕香池　即傳説中的無熱惱池，梵文Anavatapta，音譯阿耨達池，玄奘譯作阿那婆荅多池。《西域記》序：「贍部洲之中地者，阿那婆答多池也。在香山之南，大雪山之北，周八百里矣。」又謂殑伽河（恒河）、信度河（印度河）、縛芻河（阿姆河）、徙多河（柴達木河）皆從池中分流。（頁2）道宣《釋迦方志》卷上稱小香山阿耨達池。（大51/949a）又有以爲阿耨達池在香山頂上者。《慧琳音義》卷二一：「香山頂上有阿耨達池。」（大54/446c）香池一名大約即因此而得來。其位置所在説法不一。沙畹認爲即Issikkul（伊塞克）湖。但伊塞克湖《西域記》中稱作大清池，有專條記述。足立喜六認爲應是今印度河上游與雅魯藏布江（下遊入印度，稱Brahmaputra河）上遊之間的Manasarowar等湖。Manasarowar即瑪法木錯，藏名Ma pham mtsho。但實際上香池可能只是古代對喀喇崑崙山一帶某個較大的高山湖泊的不準確的傳説。其地此種高山湖泊大大小小甚多。

〔一二〕四弘　所謂四弘誓願。據《往生要集》卷上是：一、衆生無邊誓願度；二、煩惱無數誓願斷；三、法門無盡誓願知；四、無上菩提誓願證。（大84/48c）

〔一三〕葱阜　即葱嶺。《西域記》卷十二：「葱嶺者，據贍部洲中，南接大雪山，北至熱海、千泉，西至活國，東至烏鎩國，東西南北各數千里，崖嶺數百重，幽谷險峻，恒積冰雪，寒風勁烈。

地多出葱，故謂葱嶺，又以山崖青翠，遂以名焉。」（頁283）即今帕米爾高原。但古代也有總稱今帕米爾高原、崑崙山、喀喇崑崙山西部諸山爲葱嶺者。《法顯傳》：「葱嶺山冬夏有雪，又有毒龍，若失意則吐毒風，雨雪，飛沙礫石。遇此難者，萬無一全。彼土人即名爲雪山也。度嶺已，到北天竺。」（大51/857c）古代中西交通，常經由葱嶺山道。唐代安西都護府在此設有葱嶺守捉。一説《穆天子傳》中的春山即葱嶺，春葱係一音之轉。

〔一四〕三有　指欲有、色有、無色有，此處指三界。《法門名義集》：「三界，欲界、色界、無色界，是名三界，亦名三有。」（大54/203c）三界，見本書卷下《無行傳》「擾擾三界溺邪津」條注。

〔一五〕速利　又譯作窣利，或以爲是中古波斯語Sūlika的對音。東晉時譯作修利。即後漢時之栗弋（「栗」疑爲「粟」之誤）、晉時之粟弋、北朝時之粟特。《西域記》卷一：「自素葉水城，至羯霜那國，地名窣利，人亦謂焉。」即東起今蘇聯吉爾吉斯北部托克馬克城，西至今蘇聯烏兹别克東南部沙赫里夏勃兹一帶，所謂昭武九姓國之地即在其内。唐顯慶二年（六五七）設濛池都護府後，此一地區皆在安西都護府轄境内。見《舊唐書》卷四〇《地理志》（5/1647）。古代窣利語（粟特語）文字近代已發現。

〔一六〕覩貨羅　梵文Tukhāra，《魏書》作吐呼羅，《隋書》《新唐書》作吐火羅，《西域記》作覩貨邏，佛經中又譯作兜佉羅、兜佉勒、兜呿羅、兜沙羅等。中亞古國名，亦用作地名。《新唐書》卷二二一下《西域傳》：「吐火羅，或曰土豁羅，曰覩貨邏，元魏謂之吐呼羅者。居葱嶺西，烏滸河之南，古大夏地。與挹怛雜處。」（20/6252）同書挹怛國條又云：「大夏即吐火羅也。」（20/6252）《西域記》卷一：「出鐵門，至覩貨邏國故地。南北千餘里，東西三千餘里。東阨葱嶺，西接波剌斯，南大雪山，北據鐵門，縛芻大河中境西流。」（頁14）即在今興都庫什山與阿姆河上遊之間，今阿富汗北部一帶。自公元前二世紀起，先後臣服於大月氏、嚈噠、突厥諸族。龍朔元年，西域諸國遣使來内屬，唐王朝分置十六都督府統之，皆隸安西都護府。於覩貨羅地置月氏都督府，治遏換城（《新唐書》譯「阿緩城」），以其王葉護領之，於其部内又分置二十四州，都督統之。見《舊唐書》卷四十《地理志》（5/1649）、《新唐書》卷四三《地理志》（4/1135）。公元八世紀，其地爲阿拉伯人所併。近代東西方學者結合考古發現，對覩貨羅地區的歷史及語言等進行了大量研究，已有相當成績。

〔一七〕胡壃　壃即疆。《寄歸傳》卷三原注：「五天之地，皆曰婆羅門國。北方速利，總號胡疆。」（大54/222a）卷一又云：「北方諸胡，覩貨羅及速利國等。」（大54/211b）本書卷下《道琳傳》中亦云：「浄迴至南海羯荼國，有北方胡至，云有兩僧，胡國逢見。」義浄所稱胡疆，應是指印度西北邊境以外的中亞諸小國。

〔一八〕土蕃國　土蕃即吐蕃，唐初在今西藏地區建立的藏族政權，首都邏些（今拉薩）。貞觀十五年（六四一）吐蕃贊普松贊干布與文成公主聯姻後，唐蕃通使頻繁，經濟文化聯係至爲密切。

〔一九〕文成公主　唐宗室女，貞觀十五年（六四一）入吐蕃與松贊干布聯姻。玄照貞觀年中離長安，又蒙文成公主送往北天，由此可推定玄照到吐蕃的時間最早也在貞觀十五年後。

〔二〇〕送往北天　玄照此段行程，頗有難解之處。依前文敍述，玄照背金府，出流沙，踐鐵門，登雪嶺，途經速利，過覩貨羅，遠跨胡疆，則已到達今中亞阿富汗北部一帶，理應更向南行，即入北印度。但此處却説是「到土蕃國」，然後又「蒙文成公主送往北天」，迂迴若是。而且從土蕃往北天，似乎也未取道泥波羅，而是直接到闍闌陀國。如此玄照則祇能沿今西藏西南部岡底斯山與喜馬拉雅山之間，雅魯藏布江上遊馬泉河河谷西北行，即略相當于今新藏公路南段的路綫，然後順薩特累季河上遊河谷入北印度。此條通道也相當難行，而且唐代除玄照以外，似未見有其它任何人經由此道。近代瑞典探險家Sven Hedin曾沿此道對西藏西部及印度西北部地區進行考察。見其*Transhimalaja*一書及所附地圖（Leipzig, 1909）。

〔二一〕闍闌陀國　梵文*Jalandhara*，又譯闍爛達羅、闍爛達那、闍蘭達、太（左？）爛陀羅等。《西域記》卷四：「闍爛達羅國，東西千餘里，南北八百餘里。國大都城周十二三里。」（頁88）《慈恩傳》卷五稱其爲「北印度王都」。（大50/249a）慧超《往五天竺國傳》又云：

「從西天北行三箇餘月，至北天國也，名闍蘭達羅國。……西是平川，東近雪山。國內足寺足僧，大小乘俱行。又一月程過大雪山，東有一小國，名蘇跋那具怛羅，屬土蕃國所管。」（大51/976b）其地即今印度旁遮普邦賈朗達爾（Jullundur dist.）。見B.C.Law: *HGAI*.p.86; Cunningham: *AGI*.pp.115—117。玄照從土蕃往闍闌陀國，大約亦經蘇跋那具怛羅國，越大雪山，方至其國。大雪山，即喜馬拉雅山。

〔三一〕莫訶菩提　即莫訶菩提僧伽藍。梵文Mahābodhisaṅghārāma音譯之略稱，意譯大覺寺。古代印度有名的佛教寺廟，建築在釋迦牟尼成道的金剛座菩提樹附近，即在今印度比哈爾邦菩提伽耶（Bodh Gayā）。寺傳說爲僧訶羅國王所造。參見本書卷上末段、《西域記》卷八等。玄照到大覺寺，一路相隨者尚有新羅僧玄恪。見本書卷上《玄恪傳》。

〔三二〕慈氏所制真容　慈氏，梵文Maitreya意譯，即彌勒菩薩。《西域記》卷七又譯梅呾麗耶。爲大乘佛教神話中的人物，但後期小乘中已經出現。《彌勒上生經》説他現住兜率天，《彌勒下生經》説他從兜率天下生於世，在龍華樹下繼承釋迦牟尼而成佛，三會説法，普化一切人、天，稱爲龍華會。公元四至五世紀時無著與世親所弘大乘瑜伽行派學説，傳説即出于他的講授。慈氏所制真容，指傳説慈氏菩薩所制佛像。《西域記》卷八記載：像在菩提樹東精舍中，座高四尺二寸，廣丈二尺五寸，像高丈一尺五寸，兩膝相去八尺八寸，兩肩六尺二寸。玄奘親見此像，謂「像今尚在，神功不虧」，并記載了慈氏制作此像的

傳說。（頁188—189）

〔二四〕俱舍　全名《阿毗達磨俱舍論》，梵文Abhidhar-makośaśāstra。四至五世紀時世親所著。漢譯有南北朝真諦譯本二十二卷與唐玄奘譯本三十卷。真諦譯本稱《阿毗達磨俱舍釋論》。玄奘譯本流行後，講習很盛，成爲一派。稱「俱舍師」。

〔二五〕對法　對法，梵文abhidharma的意譯，abhi譯爲對，dharma譯爲法。又音譯爲阿毗達磨、阿毗曇。此處指無著所著《阿毗達磨集論》，或稱《大乘阿毗達磨集論》，梵文Abhidhar-masamuccaya。有玄奘漢譯本七卷。爲古印度大乘佛教瑜伽行派的重要理論著作「無著之八支」之一。《寄歸傳》卷四引書名爲《對法論》（大54/230a），亦省稱《對法》（大54/233b）。

〔二六〕清想律儀兩教斯明　律儀，指佛教戒律。兩教，指大乘佛教與小乘佛教。

〔二七〕那爛陀寺　那爛陀，梵文Nālandā音譯，又意譯爲「施無厭」。古代印度著名佛教寺院，在古摩揭陀國王舍城北，今比哈爾邦巴特那（Patna）東南的巴爾貢（Bargaon）村附近。遺址已發掘。那爛陀是古代印度佛教最重要的學術中心，規模宏大，學者輩出。玄奘在此從戒賢法師學習數年，義淨在此從寶師子等學習十年，其它中國僧人在此留學的也很多。寺十二世紀末毀于穆斯林入侵者。本書卷上在《慧輪傳》後記那爛陀寺尤詳。

〔二八〕勝光法師　勝光，梵文Jinaprabha；jina意譯勝，prabha意譯光。七世紀後期那爛陀寺的佛教大師。《寄歸傳》卷四：「近則陳那、護法、法稱、戒賢及師子月、安慧、德慧、慧護、德光、勝光之輩，斯等大師，無不具前內外衆德，各并少欲知足，誠無與比。」（大54/229b）

〔二九〕中百等論　《中》指《中觀論》，《百》指《百論》。《中觀論》，梵文Mādhyamikaśāstra，古印度龍樹著，青目釋，爲大乘佛教中觀派的重要經典。漢譯有鳩摩羅什四卷本。《百論》，梵文Śataśāstra，古印度提婆著，世親釋，漢譯有鳩摩羅什二卷本。據説提婆原本有二十品，每品五頌，合有百頌（偈），故稱《百論》。然譯者已作增減。僧肇序：「論凡二十品，品各五偈，後十品其人以爲無益此土，故厥而不傳。」（大30/168a）但近代有人頗疑此説不確，見呂澂：《印度佛學源流略講》，上海人民出版社一九七九年版，頁117。

〔三〇〕寶師子大德　寶師子，梵文Ratnasimha：ratna意譯寶，simha意譯師子。七世紀後期那爛陀寺佛教大師。《寄歸傳》卷四：「其西方現在，則羝羅荼寺有智月法師，那爛陀中則寶師子大德。」（大54/229c）

〔三一〕瑜伽十七地　此指《瑜伽師地論》，梵文Yogācāryabhūmiśāstra。相傳爲彌勒所説，無著記録。有玄奘漢譯本，共一百卷。爲闡發大乘瑜伽行派理論的重要著作，因其前部分詳説十七地，所以又稱作《十七地論》。《慧琳音義》卷四八：「瑜伽，羊朱反，此譯云相應。一切乘境行果等所有諸法，皆名相應。」（大54/624b）十七地是：一、五識相應地；二、意識相應地；三、有尋有伺地；四、無尋唯伺地；五、無尋無伺地；六、三摩呬多地；七、非三摩呬多地；八、有心地；九、無心地；十、聞所成地；十一、思所成地；十二、修所成地；十三、聲聞地；十四、獨覺地；十五、菩薩地；十六、有餘依地；十七、無餘依地。

〔三二〕弶伽河　梵文Gangā音譯，即恒河。

〔三三〕國王苫部　中印度菴摩羅跛國國王。苫部，沙畹還原爲Jambu，猶存疑。足立喜六還原爲Champu，字不知從何來。菴摩羅跛國一名，僅見于義浄本書。下文云：「在中印度菴摩羅跛國遘疾而卒。」卷上《道希傳》：「既住那爛陀，亦在俱尸國。蒙菴摩羅跛國王甚相敬待。」《慧輪傳》：「居菴摩羅跛國，在信者寺，住經十載。」菴摩羅跛，沙畹還原爲Amrava，Amarava，仍存疑。足立喜六認爲菴摩羅跛國即毗舍離國，苫部Champu是毗舍離國王族梨車Licchavi的略音，不知從何講起。毗舍離，梵文Vaiśālī，玄奘譯吠舍釐，義浄譯薜舍離，本書中數見，義浄所譯其它佛經中亦常見，顯然與菴摩羅跛不同，所指地方應亦異。菴摩羅跛國在中印度弶伽河北，地似在今比哈爾邦一帶，但難確指何處。從義浄的記載看，菴摩羅跛國似是中印度一個比較有名的國家，不少中國僧人受到國王接待，住在信者寺，但奇怪的是此譯名或相近的譯名不見于其它求法僧人的著作。國外有人以菴摩羅跛即Amarāvatī（L.M.Joshi: *Studies in the Buddhistic Culture of India during the 7th and 8th Centuries A.D.*, 2nd ed., Delhi, 1977, p.141），對音上雖較合，但Amarāvatī地在南印度，地理位置相差太遠，顯非義浄所指。或以爲菴摩羅跛即迦摩縷波

（梵文Kāmarūpa。馮承鈞《西域地名》一九八〇年版，頁40；張星烺《中西交通史資料匯編》第六册，一九七九年版，頁288；陳翰笙《古代中國與尼泊爾的文化交流》，載《歷史研究》一九六一年第二期）。但迦摩縷波地在今阿薩姆一帶，屬東印度。此説大約亦以菴摩羅跋與迦摩縷波相對音而得來，誤。

〔三四〕信者等寺　信者寺又稱信者道場，在弶伽河北菴摩羅跋國，似乎是一個有名的大寺。據義净本書記載，玄照、末底僧訶、信胄、智行、慧輪、智弘等都曾在此住過，信胄并卒於此。但此寺寺名未見于其他著作。信者一名，是譯音還是譯意，亦難確定。沙畹還原爲Sinjā，猶存疑。Sinjā，梵文一般應寫作siñjā，從字根siñj來，原意指手或脚上金屬飾物所發出的叮噹聲。（Monier-Williams：SED.p.1071b）足立喜六認爲信者寺即《西域記》卷七吠舍釐國的溼吠多補羅僧伽藍；溼吠多還原爲Subhuti（實際應作subhūti），意譯善現、善業；補羅還原爲Purusa（實際應作purusa）意譯士、丈夫；合起來意譯即爲信者寺；其對音及推斷俱誤。溼吠多補羅僧伽藍，還原梵文應是Śvetapurasaṅghārāma，意譯白城寺。玄奘記載此寺「僧衆清肅，並學大乘」。（頁165）本書卷下《智弘傳》則稱：「（智弘）在信者道場，乃專功小教。」信者寺爲小乘佛教寺廟，僅此即知與溼吠多補羅僧伽藍各各不同。

〔三五〕王玄策　唐初出使印度的使者。原籍洛陽，曾經作過融州黄水縣（今廣西羅城西北）

縣令。貞觀十七年（六四三）二月隨李義表送摩揭陀國使者還印度，經泥婆羅，十二月抵其國，留印度兩年。貞觀二十一年（六四七）又以右衛率府長史銜出使中印度，中途因摩揭陀國戒日王死，國中大亂，使隊被帝那伏帝國阿羅那順劫掠，玄策遂借吐蕃及泥婆羅等國兵大破之，擒阿羅那順歸長安。二十二年五月獻俘闕下，拜朝散大夫。顯慶二年（六五七）又第三次出使，送佛袈裟到印度，經泥婆羅。顯慶四年（六五九）曾到過婆栗闍國，又到過迦畢試國。顯慶五年（六六〇）離印度，龍朔元年（六六一）春初返回長安。後官左（一作右）驍衛長史。玄策正史無傳。著有《中天竺行記》十卷，新、舊《唐書》均著録，但原文已佚。其事迹及《中天竺國行記》佚文散見于《法苑珠林》《諸經要集》等書。烈維、柳詒徵、馮承鈞等都曾就玄策事迹輯録過佚文。其中馮承鈞所輯較全，見其《王玄策事輯》一文（載《西域南海史地考證匯輯》，中華書局一九五七年版）此處稱「王玄策歸鄉，表奏言其實德」，應該是指玄策第三次出使歸來後事，時在龍朔年間（六六一——六六三）。

〔三六〕重詣西天追玄照入京　重詣西天，追玄照入京，這裏指的是誰，原文説得不清楚。但似乎不是指王玄策。因據《法苑珠林》中所引《西國志》等殘文，都是説王玄策「三度至彼」，（大53/310b）「前後三迴往彼」，（53/559b）「使至西域，前後三度」。（53/703c）玄策《議沙門不應拜俗狀》亦自稱：「臣經三使。」（載彦悰《集沙門不應拜俗等事》，大

52/461c）下文講玄照復「至北印度界，見唐使人引盧迦溢多於路相遇」的唐使人，也似乎不是王玄策。法國學者烈維和印度學者師覺月據此認爲玄策在六六三或六六四年曾第四次往印度（S.Lévi: Wang Hiuan-ts'ö et Kaniṣka, *T'oung Pao*, Vol.XIII, 1912, pp.307—309; P.C.Bagchi: *India and China*, Saraswat ed Calcutta, 1981, p.97），根據并不充分。按玄策出使印度的次數和時間，外國學者常常弄錯。尼泊爾學者D.R.Regmi把玄策出使（指第二次）定在六四六年，與實際相差一年（*Ancient Nepal*, Calcutta, 1960, p.158）。R.C.Majumdar把第二次出使的時間亦定爲六四六年（*AHI*.p.275）。足立喜六則以玄策第一次到王舍城在貞觀十九年，二十二年俘阿羅那順返長安，把第一、二兩次混爲一次，又把第三次誤作第二次，再把這裏的「重詣西天，追玄照入京」和迎盧迦溢多入唐的使人認爲是王玄策，作爲玄策的第三次出使，顯然也是錯誤的。

〔三七〕泥波羅　梵文Nepāla的音譯，又譯泥婆羅、儞波羅、尼八剌等，即尼泊爾古國，在今尼泊爾加德滿都谷地。《西域記》卷七有專條，《舊唐書》卷一九八、《新唐書》卷二二一上俱有傳。

〔三八〕蒙國王發遣　玄照經泥波羅返國，時在麟德元年（六六四）九、十月間，其時泥波羅國王是誰，史無明文記載。據新舊《唐書》中《泥婆羅傳》，貞觀年間，泥波羅王名那陵提婆（Narendradeva）；永徽年間（六五〇—六五五）是尸利那連陀羅（ŚrīNarendra）。到麟德元年，不知國王還是否是這位尸利那連陀羅。但此二名亦疑指同一人。尼泊爾學者D.R.Regmi在其*Ancient and Medieval Nepal*一書中根據碑銘方面的材料，説在此以後，到公元六八八年以前，尼波羅還出現過兩位統治者Vikramasena和Bhaṭṭāraka Skandadeva（原書，p.117, Kathamandu, 1952）。但一九七六年在尼泊爾出版的另一部書*The History of Ancient and Medieval Nepal*則把Narendradeva統治的時間定在公元六四三至六九〇年（原書Book1, p.9）。在那陵提婆或尸利那連陀羅統治時期，泥波羅與吐蕃以及唐王朝都保持着良好的關係。

〔三九〕巡涉西蕃而至東夏　從唐代的長安或洛陽，經過今西藏、尼泊爾到印度的道路，稱爲吐蕃尼波羅道。此古道在唐以前未見記載，所以義浄的記載十分重要。一般認爲，吐蕃泥波羅道的開通，是吐蕃贊普松贊干布與尼波羅赤貞（梵文Bhṛkutī，藏文Bri btsum）公主聯姻，又與唐宗室文成公主聯姻的結果。前者導致了從尼國加德滿都到西藏拉薩（唐時稱邏些）道路的開通，時間在公元六三九年；後者導致了從拉薩到內地（長安）道路的開通，時間是貞觀十五年（六四一）。經吐蕃泥波羅道到印度，最早有明確記載的是貞觀十七年（六四三）出使摩揭陀的李義表和王玄策。《釋迦方志》卷上比較詳細地記載了這條道路的里程和經由地方，稱爲「東道」：「自漢至唐往印度者，其道衆多，未可言盡。如後所記，且依大唐往年使者，則有三道。依道所經，具覩遺跡，即而序之。其東道者從河州（唐時治枹罕，今甘肅臨夏北）西北度大河（按即黄河），上曼天嶺，減四百里至鄯州（唐治樂都城，今青海樂都縣）。又西減百里，至鄯城鎮（今西寧），古州地也。又西南減百里，至故承風戍，是隨（疑即「隋」字）互市地也。（按承風戍即承風堡，在河源郡附近，屬鄯城縣）。又西減二百里至清海（即今青海湖）。海中有小山，海周七百餘里，海西南至吐谷渾衙帳。又西南至國界名白蘭羌，北界至積魚城，西北至多彌國。又西南至蘇毗國。又西南至敢國。又南少東至吐蕃國。又西南至小羊同國。又西南度呾蒼去關（「去」字一本作「法」），吐蕃南界也。又東少南度末上加三鼻關，東南入谷，經十三飛梯、十九棧道，又東南或西南，緣葛攀藤，野行四十餘日，至北印度尼波羅國。」原注：「此國去吐蕃約爲九千里。」（大51/950c）按此數太大。據《舊唐書》卷一九六上《吐蕃傳》，吐蕃至長安不過八千唐里。尼波羅至吐蕃距離不得大於此。以上白蘭羌、多彌國、蘇毗國、小羊同國等俱爲古羌族國名，唐時在今青海、西藏境內，《通典》《新唐書》等多有專條，茲不贅引。其他地名則難確考。同書泥波羅國條：「比者國命並從此國而往還矣。今屬吐蕃。又從吠舍（應即吠舍釐，脱一「釐」字）南百五十里渡殑伽河，至摩揭陀國，即常所謂摩揭提王舍城也。」（大51/961b）

〔四〇〕于時麟德年中駕幸東洛　麟德，唐高宗年號，公元六六四至六六五年。東洛即洛陽。唐顯慶二年（六五七）以洛陽爲東都。《舊唐書》卷四《高宗本紀》：「（麟德）二年春正月壬午，幸東都。」（1/86）但《新唐書》卷三《高宗本紀》所記稍異，稱「（麟德）二年二月壬午，如東都。」（1/64）《通鑑》卷二〇一同（14/6343）。按麟德二年正月甲辰朔，無壬午，應以《新唐書》及《通鑑》所記爲是。又據《通鑑》，是年閏三月，高宗車駕至洛陽。玄照抵洛在是年正月，見高宗應在閏三月或此後。

〔四一〕羯濕彌囉　梵文kāśmīra的音譯，囉又寫作羅。又譯作迦濕彌羅、箇失蜜、迦閃弭、迦葉彌羅等。《西域記》卷三：「迦濕彌羅國，周七千餘里，四境負山，山極陗峻，雖有門徑，而復隘狹，自古鄰敵無能攻伐。國大都城西臨大河。」（頁73）《新唐書》卷二二一下《西域傳》：「箇失蜜，或曰迦濕彌羅。北距勃律五百里，環地四千里，山回繚之。」（20/6255）即今克什米爾。

〔四二〕盧迦溢多　又譯盧伽逸多、盧伽阿逸多。《新唐書》卷二二一上《西域傳》：「高宗時，盧伽逸多者，東天竺烏茶人，亦以術進，拜懷化大將軍。」（20/6239）《唐會要》卷一〇〇：「總章元年十一月，授婆羅門盧伽逸多懷化大將軍。」（下/1798）《舊唐書》卷八四《郝處俊傳》：「又有胡僧盧伽阿逸多受詔合長年藥，高宗將餌之。處俊諫……高宗納之，但加盧伽爲懷化大將軍，不服其藥。」（8/2799）盧迦溢多一名，沙畹還原爲Lokāyata，足立喜六作Lokayata。足立喜六據此并認爲盧伽溢多爲順世外道信徒。但據《舊唐書》的譯名「盧伽阿逸多」，還原爲Lokāditya則更爲恰當。戒日王梵文原文爲Sīlāditya，新舊《唐書》俱譯作尸羅逸多，玄奘譯作尸羅阿迭多（《西域記》卷五，頁108），因此逸多、阿逸多、溢多、阿迭多都可還原爲āditya。如此則盧迦溢多一名可意譯爲「世日」，與順世外道并無關係，其意更通。

〔四三〕敬愛寺導律師觀法師　敬愛寺在洛陽。《唐會要》卷四八：「敬愛寺，懷仁坊。顯慶二年，孝敬在春宮，爲高宗武太后立之。以敬愛寺爲名，制度與西明寺同。天授二年，改爲佛授記寺。其後又改爲敬愛寺。」（中華書局一九五五年版，中/848）導律師、觀法師事不詳。足立喜六注謂導律師即《續高僧傳》卷二九所載「釋明導」。道宣撰《續高僧傳》時明導尚在，宣未嘗言明導居敬愛寺，而稱「洛州天宫寺釋明導」。而宣撰此段文字，則正在麟德二年前後。兩年以後，乾封二年道宣即去世。（見陳垣《中國佛教史籍概論》卷二，中華書局一九六二年版，頁28—29）疑此處導律師非明導。足注所引《續高僧傳》卷二九，《大正藏》本附在卷三一後（大50/623c）。

〔四四〕薩婆多部律攝　薩婆多，梵文Sarvāstivāda的音譯，意譯説一切有。薩婆多部即説一切有部，此指根本説一切有部，或簡稱有部。佛教部派之一。《薩婆多部律攝》又稱《根本薩婆多部律攝》，梵文名Mūlasarvāstivādavinayasaṅgraha，尊者勝友集。後久視元年義淨有漢譯，二十卷，或作十四卷（大24/525—617a）。

〔四五〕磧石　磧石似非專名。唐有積石山一名，《史記正義》引《括地志》云：「積石山，今名小積石，在河州枹罕縣西七里。」（1/65）即在今甘肅臨夏西北。但磧石疑非積石。

〔四六〕崎嶇棧道之側曳半影而斜通摇泊繩橋之下没全軀以傍渡　《法顯傳》記法顯度葱嶺後入北印度：「順嶺西南行十五日，其道艱岨，崖岸嶮絶。其山唯石，壁立千仞，臨之目眩，欲進則投足無所。下有水名新頭河。昔人有鑿石通路，施傍梯者，凡度七百。度梯已，躡懸絙過河。河兩岸相去減八十步。」（大51/858a）

〔四七〕使傔數人　使傔，即隨從。玄照從北印度向西印度，隨行數人中有師鞭，見本書卷上《師鞭傳》。又有慧輪，自洛陽奉敕相隨以充侍者，見本書卷上《慧輪傳》。

〔四八〕羅荼國　羅荼或又作羅茶。羅荼國一名，中國載籍中僅見於義淨的著作。本書中又見於卷下《道琳傳》：「向西印度，於羅荼國住經年稔。」亦見於《寄歸傳》中。法顯、玄奘等俱未講到羅荼。沙畹將羅荼還原爲Ladak，猶存疑，未指出具體位置。足立喜六認爲羅荼國即《西域記》卷十一中的摩訶剌侘國，大約是因爲將羅荼還原爲rāṣṭra的緣故。但《西域記》把摩訶剌侘國歸入南印度的範圍，摩訶剌侘也確在温德亞山以南。而義淨總是同時講到羅荼國和信度國，説是在西印度。足説因此不可信。羅荼一名，應還原爲梵文Lāṭa，屢見於銘文與文獻中。巴利文文獻中作Lāḷa，Ptolemy稱作Lārike。Bühler認爲其地在今印度古吉拉特（Gujarat）馬希河（Mahi R.）與基姆河（Kim R.）兩河之間的地區。一般都同意這種看法，其它不同看法出入也不大。此地區正與信度國所在的今印度河中下游地區相接。參見B.C.Law: *HGAI*.p.287。

〔四九〕縛渴羅　《西域記》作縛喝，《慈恩傳》中作縛喝羅，其它中國載籍中又作薄提、撥底延、薄羅、薄佉羅、縛底耶、縛底野等。即古大夏國（Bactria）都城Baktra（或Bactra）。中世紀阿拉伯、波斯地理著作中作Balkh。《西域記》卷一：「縛喝國，東西八百餘里，南北四百餘里，北臨縛芻河。國大都城周二十餘里，人皆謂之小王舍城也。」（頁17）故城在今阿富汗北部馬札里沙里夫（Mazar-i-shrif）西二十餘公里處，已發掘。

〔五〇〕納婆毗訶羅　梵文Navavihāra，意譯新寺。《西域記》卷一記載了此寺，稱爲納縛僧伽藍：「城外西南有納縛僧伽藍，此國先王之所建也。……伽藍内南佛堂中有佛澡罐，量可斗餘，雜色炫耀，金石難名。」（頁18）又有佛牙、佛掃帚、舍利等。據本書卷上《質多跋摩傳》，新寺屬小乘寺廟。

〔五一〕迦畢試國　梵文Kapiśa, Kāpiśa, Kapiśā或Kāpiśī, Pliny之Natural History作Capissa, Solinus稱作Caphusa，漢譯又作迦臂施、迦毗尸、伽比沙等。《西域記》卷一：「迦畢試國，周四千餘里，北背雪山，三陲黑嶺。王大都城周十餘里。」（頁23）其地約相當于今阿富汗西部興都庫什山以南喀布爾河河谷一帶。故城一般認爲在今喀布爾北六十餘公里處Begram，已發掘。參見Cunningham: *AGI*.p.16; B.C.Law: *HGAI*.p.90。迦畢試，本書卷上《慧輪傳》後又寫作「迦畢施」。

〔五二〕如來頂骨　又稱烏率膩沙，梵文 uṣṇīṣa。本書卷下《道琳傳》：「次往迦畢試國，禮烏率膩沙。」原注：「佛頂骨也。」見彼處注。《西域記》卷一：「（迦畢試國王城西北大河南岸舊王伽藍）東南有一伽藍，亦名舊王，有如來頂骨一片，面廣寸餘，其色黃白，髮孔分明。」（頁28）卷二又記載那揭羅曷國醯羅城中亦有如來頂骨，并詳載取印文以觀來生善惡之事（頁46）。

〔五三〕信度國　信度，梵文 Sindhu，原意河，指古信度河，即今印度河。此國以河得名。《西域記》卷十一：「渡信度大河，至信度國。信度國周七千餘里。國大都城號毘苫婆補羅，周三十餘里。」（頁271）其地在今巴基斯坦印度河中下遊一帶。故城所在諸説不一。Cunningham 認爲即 Alor。見 *AGI*.pp.210—211。

〔五四〕金剛座　菩提伽耶菩提樹下的石座，傳説是釋迦牟尼成道時坐處。《西域記》卷八：「（伽耶城）菩提樹垣正中，有金剛座。昔賢劫初成，與大地俱起，據三千大千世界之中，下極金輪，上侵地際，金剛所成，周百餘步，賢劫千佛坐之而入金剛定，故曰金剛座焉。」（頁187）金剛，梵文 vajra 的意譯，音譯跋折羅，金中最剛者，爲佛教常用的譬喻。金剛座，梵文 Vajrāsana。其地遺址至今尚在，爲佛教最著名的聖地之一。

〔五五〕旋之那爛陀淨與相見　據本書卷上《窺沖傳》：「（窺沖）向西印度，見玄照師，共詣中土。」則玄照從西印度到中印度，還有窺沖同行。淨與相見，義淨到達那爛陀，時在咸亨五年（六七四）六七月間。兩人相見，大約亦在此時或稍後。

〔五六〕契揔會於龍花　即所謂「龍華三會」。佛教傳説，彌勒佛（又譯慈氏）在華林園中龍華樹下成道，三度説法，度盡上中下三根之衆生，稱爲龍華三會或龍華揔會。見《彌勒下生經》及《西域記》卷七等。

〔五七〕泥波羅道土蕃擁塞不通　永徽元年（六五〇），松贊干布死。顯慶年間，吐蕃擊吐谷渾，與唐王朝關係開始惡化。「咸亨元年（六七〇），入殘羈縻十八州，率于闐取龜茲撥换城，於是安西四鎮并廢。」唐遣薛仁貴率師十餘萬討伐吐蕃，兵敗於青海大非川。見《新唐書》卷二一六上《吐蕃傳》（19/6076）。義净見到玄照，正是唐蕃關係緊張，交通斷絶的時期，因此玄照也就不能取泥波羅道返國了。

〔五八〕迦畢試途多氏捉而難度　義净下文中原注：「言多氏者，即大食國也。」大食，波斯文Tāzi或Tadjik的音譯，原係一波斯部族的名稱，唐代以來中國以此名稱阿拉伯帝國。公元六二二年，穆罕默德在麥地那建立伊斯蘭教神權國家。七世紀三十年代，阿拉伯帝國開始向外擴張，六四二年滅波斯薩珊王朝，六六四年占領今喀布爾，六七四年越過阿姆河，先後占領布哈拉和撒馬爾罕等城，控制了中亞大部分地區并開始威脅西北印度。從此伊斯蘭教勢力進入中亞及印度。《舊唐書》卷一九八《西戎傳》：「龍朔初，（大食）擊破波斯，又破拂菻。……又將兵南侵婆羅門，吞併諸胡國，勝兵四十餘萬。」（16/5316）記載與此同。

〔五九〕鷲峯　梵文Gṛdhrakūṭa。又稱鷲嶺，音譯姞栗陀羅矩吒山、耆闍崛山等。在古印度摩揭陀國王舍城附近。《西域記》卷九：「宮城（指王舍舊城）東北行十四五里，至姞栗陀羅矩吒山，（原注：唐言鷲峯，亦謂鷲臺。舊曰耆闍崛山，訛也。）接北山之陽，孤標特起，既棲鷲鳥，又類高臺，空翠相映，濃淡分色。如來御世垂五十年，多居此山，廣説妙法。」（頁208）Cunningham認爲即今比哈爾邦巴特那南境之Śailagiri山。見其AGI. pp.393—394。沙畹亦持是説。但也有人提出不同意見，認爲應在今Ratnagiri山之某處。見L.Petech: Northern India according to the Shui-Ching-Chu, Serie Orientale Roma, II, 1950, pp.45—46; B.C.Law: *HGAI*.pp.220—221。

〔六〇〕竹苑　梵文Veṇuvana。又作竹園，或稱迦蘭陀竹園。亦在王舍城附近。《西域記》卷九：「山城（舊王舍城）北門行一里餘，至迦蘭陀竹園，今有精舍，石基甎室，東開其户。如來在世，多居此中，説法開化，導凡拯俗。」（頁211）《法顯傳》：「出（王舍）舊城北行三百餘步，道西迦蘭陀竹園精舍今現在。」（大51/863a）傳説王舍城中長者迦蘭陀先以此園施諸外道，後又收回，建立精舍，奉施於釋迦牟尼。見《西域記》卷九、《根本説一切有部毘奈耶破僧事》卷八等。南傳佛教説法稍異。

〔六一〕菴摩羅跋國　見前「國王苫部」條注。

〔六二〕細柳　唐代有三處細柳：細柳營、細柳原、細柳倉，俱在長安附近。據《元和郡縣圖志》卷一，萬年縣有「細柳營」；長安縣有「細柳原」；咸陽縣有「細柳倉」。（《叢書集成初編》本，頁4、頁12）此處以細柳代指長安。《寄歸傳》卷二：「細柳乃同暉於覺樹。」（大54/214c）足注謂細柳即楊柳，中國内地多楊柳，頻經細柳，謂多年在内地遊歷。不確。

〔六三〕祥河　又稱龍河、靈河，即尼連禪河，梵文Nairañjanānadī。現名帕爾古河（Phalgu R.）。河西岸不遠即今菩提伽耶。見B.C.Law: *HGAI*.p.244。傳説釋迦牟尼曾在此河中沐浴，然後在菩提樹下金剛座成等正覺。

〔六四〕兩河　沙畹謂指恒河與朱木拿河；足立喜六謂指恒河與印度河。但此處似指尼連禪河與跋提河（《西域記》卷六又稱有金河，梵文Hiraṇyavatī）。前者在釋迦牟尼成道處，後者在其涅槃處。《寄歸傳》卷一：「跡滅兩河，人天掩望；影淪雙樹，龍鬼摧心。」（大54/205a）

〔六五〕八水　下文原注：「八水乃屬京都。」京都即國都，指長安。應璩《與從弟君苗書》：「來還京都，塊然獨處。」八水又稱八川。司馬相如《上林賦》：「蕩蕩乎八川分流。」李善注：「潘岳《關中記》曰：涇、渭、灞、滻、酆、鄗、潦、潏凡八川。」（中華書局影印清胡刻本《文選》卷八，頁123b）《説郛》本《關中記》此句則作：「涇與渭、洛爲關中三川，與渭、灞、滻、澇、潏、灃、滈爲關中八水。」（宛委山堂本，冊六二，頁1a）此處以八水代指長安。

道希法師者，齊州歷城①〔一〕人也。梵名室利提婆〔二〕。唐云吉祥天。乃門傳禮義，家襲縉紳②。幼漸玄門，少懷貞操。涉流沙之廣蕩，觀化中天；陟雪嶺之嶔岑，輕生徇法③。行至土蕃〔三〕，中途危厄，恐戒檢難護，遂便暫捨。行至西方，更復重受。周遊諸國，遂達莫訶菩提。翹仰聖蹤，經于數載。既住那爛陀，亦在俱尸國〔四〕。蒙菴摩羅跛國王甚相敬待。在那爛陀寺，頻學大乘；住輸婆伴娜〔五〕，在涅槃處寺名也。專功律藏。復習聲明〔六〕，頗盡綱目。有文情，善草隸。在大覺寺造唐碑一首〔七〕。所將唐國新舊經論〔八〕四百餘卷，並在那爛陀矣。淨在西國，未及相見。住菴摩羅跛國，遭疾而終，春秋五十餘矣。後因巡禮，見希公住房，傷其不達④，聊題一絕：七言⑤

百苦忘勞獨進影，四恩在念⑥契流通，如何未盡傳燈志，溘然於此遇途窮！〔九〕

【校記】

① 歷城　《磧》本原作「歷成」；今從《麗》本、《大》本、天本、內本及新、舊《唐書》等改。

② 縉紳　《麗》本、《大》本、天本、足本作「搢紳」。

③ 徇法　《麗》本、《大》本、天本、內本、足本作「殉法」。徇殉通。

④ 不達　《麗》本、《洪》本、《南》本、《大》本、天本、內本、足本作「不幸」。

⑤ 七言　《麗》本、《大》本、天本作大字正文；《北》本、《徑》本、清本無「七言」二字。

⑥ 在念　《麗》本、《大》本、天本作「存念」。

【注釋】

〔一〕齊州歷城　《舊唐書》卷三八《地理志》：「齊州，上，漢濟南郡，隋爲齊郡。武德元年改爲齊州，領歷城、山茌、祝阿、源陽、臨五縣。」唐屬河南道。同書：「歷城，漢縣，屬濟南郡。」（5/1451）唐時爲齊州州治所在。今山東濟南市。

〔二〕室利提婆　梵文Śrīdeva的音譯。śrī意譯吉祥，deva意譯天。

〔三〕行至土蕃　道希涉流沙，陟雪嶺，至土蕃，此路綫似與玄照第一次赴印相同。但據本書卷上《玄太傳》，玄太永徽年内取土蕃道經泥波羅到中印度，後返東土，行至土峪渾，逢道希，復相引致，還向大覺寺，則似仍取土峪渾、土蕃、泥波羅、印度一道。

〔四〕俱尸國　梵文Kuśīnārā或Kuśīnagara。漢譯又作拘尸或拘尸那，《法顯傳》作拘夷那竭，《西域記》作拘尸那揭羅，又有作拘尸那迦或拘夷者。意譯角城、上茅城、香茅城等。傳説釋迦牟尼從薛舍離赴王舍城，途中得病，在此地娑羅雙樹下入涅槃，因此成爲佛教聖地。見《西域記》卷六、《法顯傳》《大般涅槃經》等。其地在今印度北方邦廓拉喀普爾縣（Gorakhpur dist.）東三十五英里處的伽西亞（Kāsiā）村。見B.C.Law: *HGAI*.p.102; Cunningham: *AGI*.p.363。

〔五〕輸婆伴娜　沙畹將此名還原爲Subhavana，注中謂subha一音可能是Subhadra的簡略。Subhadra，漢譯須跋陀羅、蘇跋陀羅，又意譯善賢，俱尸城長者，釋迦牟尼臨涅槃前在俱尸城所度最後一個弟子。玄奘記載，曾於此處見到蘇跋陀羅窣堵波。見《西域記》卷六（頁142）。

〔六〕聲明　梵文śabdavidyā意譯。古印度五明之一。《寄歸傳》卷四：「夫聲明者，梵云攝拖苾馱。攝拖是聲，苾馱是明，即五明論之一明也。」（大54/228b）攝拖，梵文śabda；苾馱，梵文vidyā。《西域記》卷二解釋：「五明大論，一曰聲明，釋詁訓字，詮目疏別。」（頁36）即語言文字之學。

〔七〕在大覺寺造唐碑一首　唐代在大覺寺造唐碑者，有記載者除道希外，還有貞觀十七年出使印度之李義表、王玄策，曾於貞觀十九年二月十一日於此立碑。但到目前爲止，考古發掘在此只發現了五方漢文碑刻，均爲五代及北宋時遊歷印度之中國僧人所立。見周達甫《改正法國漢學家沙畹對印度出土漢文碑的誤釋》一文（載《歷史研究》一九五七年第六期）。周文改正沙畹的誤釋，并全載五方碑文。李俊承《古佛國遊記》有照片。

〔八〕所將唐國新舊經論　新舊經論，指新譯舊譯經論。中國佛經的翻譯，從唐代玄奘開始，達到了一新的水平，因此玄奘所譯經論被稱爲「新譯」，前代所譯稱爲「舊譯」。宋從義

《法華三大部補注》卷五解釋「新云舊云」云：「舊謂劉漢已來，新謂李唐而下。」（續壹44/1/51a）唐代赴印求法的僧人，多賫漢譯經論隨行，見本書以下慧業、大乘燈、彼岸、智岸、大津諸傳。

〔九〕道希赴印的時間，傳文中没有明言。但據本書卷上《玄太傳》，玄太永徽年内到印度，後返東土，行至土峪渾，逢道希，復相引致，還向大覺寺。如此道希赴印時間亦約在永徽年末或顯慶年間。

師鞭法師者，齊州人也。善禁呪①〔一〕，閑梵語。與玄照師從北天向西印度〔二〕。到菴摩羅割波城②〔三〕，爲國王所敬。居王寺，與道希法師相見，伸鄉國之好。同居一夏，遇疾而終，年三十五矣。

【校記】

① 禁呪 《麗》本、《大》本、天本作「呪禁」。

② 菴摩羅割波城 《麗》本、《大》本、天本作「菴摩羅割跛城」；内本、足本作「菴摩羅跛城」。

【注釋】

〔一〕禁呪　即呪陀羅尼，四種陀羅尼之一。陀羅尼，梵文dhāraṇī，意謂總持，所謂持善法而不使惡法起。佛教稱佛菩薩入禪定後所發的秘密語言爲呪陀羅尼。《大乘義章》卷十一：「菩薩依禪能起呪術，爲衆除患，第一神驗，名呪術陀羅尼。」（大44/685b）

〔二〕與玄照師從北天向西印度　此應指玄照第二次赴印事。玄照第二次赴印，時在麟德二年（六六五）或乾封元年（六六六）。見前《玄照傳》。師鞭遊印時間亦同。

〔三〕菴摩羅割波城　沙畹引S.Beal説將菴摩羅割波一名還原爲Amārakuva。此城在何處不詳。足本及内本作「菴摩羅跋城」。足立喜六因此謂下文中「王寺」即菴摩羅跋國信者寺。

阿離耶跋摩①〔一〕者，新羅〔二〕人也。以貞觀年中出長安，之廣脅〔三〕，王城山名②。追求正教，親禮聖蹤。住那爛陀寺，多閑經論，抄寫衆經。痛矣歸心，所期不契。出雞貴之東境，没龍泉之西裔。即於此寺無常，年七十餘矣。雞貴者，梵云矩矩吒③醫説羅。矩矩吒是雞，醫説羅是貴，即高麗國也。相傳云彼國敬雞神而取尊，故戴翎羽而表飾矣。那爛陀有池，名曰龍泉。西方喚高麗爲矩矩吒④醫説羅也〔四〕。

【校記】

①阿離耶跋摩　《南》本作「可離耶跋摩」，《大》本「離」字作「難」。

②王城山名　《麗》本、《大》本作「王城小名」。

③矩矩吒　《磧》本原作「雞矩吒」；今從《麗》本、《大》本、天本、内本、足本、《音義》、下文及梵文原音改。

④爲矩矩吒　《磧》本原作「矩吒吒」；改同上。

【注釋】

〔一〕阿離耶跋摩　梵文Āryavarman。可意譯爲聖鎧或聖冑。

〔二〕新羅　朝鮮古國。《舊唐書》卷一九九上《東夷傳》：「新羅國，本弁韓之苗裔也。其國在漢時爲樂浪之地，東及南方俱限大海，西接百濟，北鄰高麗，東西千里，南北二千里。」(16/5334)唐初，新羅在朝鮮半島東南部，與百濟、高麗成鼎足。七世紀中叶統一半島大部，爲最盛時期，與唐王朝關係十分密切。新羅人入唐求學，新羅僧入唐求法，繼而赴印者甚多。《往五天竺國傳》之作者慧超即新羅人。

〔三〕廣脇　即廣脇山。梵文Vipārśvagiri。原注：「王城山名。」王城即王舍城，見本書卷上《窺沖傳》中注。此山疑即《西域記》卷九所稱之毘布羅山，梵文Vipulagiri。毘布羅山在「山城北門西」。（頁209）足立喜六注謂脇即胸之兩側，天子之城在國之中，廣脇即比喻長安附近，説誤。

〔四〕西方喚高麗爲矩矩吒醫説羅也　高麗，又稱高句麗，朝鮮半島北部的古國，首都平壤。總章元年（六六八）國滅，唐置安東都護府於平壤。矩矩吒醫説羅，梵文可還原爲 Kukkuteśvara，意譯雞貴。矩矩吒，梵文 kukkuṭa，意譯雞；醫説羅，梵文 īśvara，意譯貴。然此詞來源不詳，此傳説出于何處亦不詳。中國唐代以前曾有稱今朝鮮爲雞林者。龍朔元年詔以新羅國爲雞林州都督府，授其王法敏爲雞林州都督。見《舊唐書》卷一九九上（16/5336）。雞貴、雞林二名似乎有些關係。雞貴一名又見於《寄歸傳》卷一：「遂使雞貴象尊之國，頓顙丹墀。」（大54/206b）

慧業法師者，新羅人也。在貞觀年中往遊西域。住菩提寺，親禮聖蹤。於那爛陀，久而聽讀。净因檢唐本，忽見《梁論》〔一〕下記云：「在佛齒木樹〔二〕下新羅僧慧業寫記。」訪問寺僧，云終於此，年將六十餘矣。所寫梵本並在那爛陀寺。

【注釋】

〔一〕梁論　即《梁攝論》。唐時稱梁朝時來華的西印度優禪尼僧真諦（亦名拘羅那他）所譯無著《攝大乘論》三卷、世親《攝大乘論釋》十五卷爲《梁攝論》，另稱玄奘所譯無著《攝大乘論》三卷及《攝大乘論世親釋》十卷、《攝大乘論無性釋》十卷爲《唐攝論》。

〔二〕佛齒木樹　佛齒木，梵文dantakāṣṭha。本書卷上《慧輪傳》後：「（那爛陀）根本殿西有佛齒木樹，非是楊柳。」《西域記》卷九亦記載此樹（頁218）。古代印度有嚼木條淨口的衛生習慣，所嚼木條稱齒木。《寄歸傳》卷一：「其齒木者，梵云憚哆家瑟詑。憚哆譯之爲齒，家瑟詑即是其木。」（大54/208c）憚哆，梵文danta，意爲齒；家瑟詑，梵文kāṣṭha，意爲木片。傳説釋迦牟尼曾取此樹之木作齒木，或説以其所嚼餘齒木擲於地上而長成大樹，遂得到後代佛教徒的尊敬。

玄太法師者，新羅人也。梵名薩婆慎若提婆①〔一〕。唐云一切智天。永徽〔二〕年内取土蕃道，經泥波羅，到中印度〔三〕。禮菩提樹〔四〕，詳檢經論。旋踵東土，行至土峪渾②〔五〕，逢道希法師③，復相引致，還向大覺寺④。後歸唐國，莫知所終矣。

【校記】

① 薩婆慎若提婆　足本「慎」作「真」。

② 土峪渾　《麗》本、《大》本、天本、内本作「土谷渾」；《洪》本作「上峪渾」。

③法師 《麗》本、《大》本、天本、足本無「法」字。

④大覺寺 《麗》本、《大》本無「寺」字。

【注釋】

〔一〕薩婆慎若提婆 梵文Sarvajñadeva。sarvajña意譯一切智，deva意譯天。

〔二〕永徽 唐高宗年號，公元六五〇至六五五年。

〔三〕取土蕃道經泥波羅到中印度 前言玄照經土蕃到北印度，而不言經泥波羅，似與此有別。看來土蕃確有兩條到印度的路綫：一經泥波羅到中印度，此道最捷；一西北行到北印度，此道多不爲人所知。

〔四〕菩提樹 梵文Bodhidruma，意譯覺樹、道樹。又稱畢鉢羅樹，梵文Pippala。一種常緑高大喬木，拉丁文名Ficus religiosa。《西域記》卷八：「金剛座上菩提樹者，即畢鉢羅之樹也。昔佛在世，高數百尺，屢經殘伐，猶高四五丈，佛坐其下成等正覺，因而謂之菩提樹焉。」菩提樹是佛教最著名聖迹。樹今猶存，但已是經砍伐後重生者，在今印度比哈爾邦菩提伽耶。

〔五〕土峪渾 又作土谷渾，古代少數民族名。原爲鮮卑之一支，遊牧于今遼寧錦縣西北。西晉末西遷至今甘肅、青海間，後始以首領之名土谷渾爲族名。此處用作地名，指土谷渾族唐代所居處。《新唐書》卷二二一上《西域傳》：「吐谷渾，居甘松山之陽，洮水之西，南抵白蘭，地數千里。」（20/6224）即今甘肅、青海一帶。太宗時其王諾曷鉢曾受封爲河源郡王，高宗時又拜爲駙馬都尉，更封青海國王。咸亨元年（六七〇），薛仁貴兵敗大非川，其地全併于吐蕃，唐蕃交通亦斷絶。見《舊唐書》卷五《高宗本紀》（1/94）。玄太行至土峪渾，時間當在此以前。

玄恪法師者，新羅人也。與玄照法師貞觀年中相隨〔一〕而至大覺寺①。既伸禮敬，遇疾而亡，年過不惑之期耳〔二〕。

【校記】

①大覺寺《麗》本、《大》本無「寺」字。

【注釋】

〔一〕與玄照法師貞觀年中相隨　此指玄照第一次赴印事。

〔二〕不惑之期　《論語·爲政》：「子曰：吾十五有志于學，三十而立，四十而不惑，五十而知天命，六十而耳順，七十而從心所欲，不踰矩。」不惑之期即四十歲。本書中多以「而立」「知命」「耳順」等指年齡。

復有新羅僧二人，莫知其諱。發自長安，遠之南海。泛船至室利佛逝國〔一〕西婆魯師國〔二〕，遇疾俱亡。

【注釋】

〔一〕室利佛逝國　又稱佛逝、佛誓、尸利佛誓。室利佛逝一名，最早即見于義浄此書、《寄歸傳》及義浄譯《根本説一切有部百一羯磨》卷五的一條注中。《新唐書》卷二二二下《南蠻傳》：「室利佛逝，一曰尸利佛誓。過軍徒弄山二千里，地東西千里，南北四千里而遠。有城十四，以二國分總。西曰郎婆露斯。多金、汞、龍腦。夏至立八尺表，影在表南二尺五寸。」（20/6305）《唐會要》《册府元龜》等書亦有記載，但《舊唐書》無傳。其地在今印尼蘇門答臘島上。據義浄的記載及銘文方面的材料，七世紀時室利佛逝爲南海一大國。義浄赴印時室利佛逝西面之末羅瑜尚爲一獨立國家，義浄返國經過時就已爲其併吞。後極盛時勢力達到西爪哇、馬來半島及加里曼丹島西部，控制了當時南海交通的要冲。室利佛逝所在方位一般無大争論，多認爲在今蘇門答臘島東南部。但其地域似應較寬。《寄歸傳》卷三：「又如室利佛逝國，至八月中以圭測影，不縮不盈，日中人立，並皆無影，春中亦爾。一年再度，日過頭上。若日南行，則北畔影長二尺三尺，日向北邊，南影同爾。」（大54/225c）八月中即秋分，春中即春分，日中即正午。據此則正在赤道之上，應包括蘇島大部。但據《新唐書》上段引文，「夏至立八尺表，影在表南二尺五寸」，計算立表的位置，則在北緯約六度許處，應在今馬來半島南部。《新唐書》所記或不確，或室利佛逝地域既寬，後亦包括馬來半島南部。室利佛逝國都城亦稱佛逝。佛逝城之位置，足立喜六謂在今占碑（Jambi，足注北緯一度三十五分誤，占碑在赤道南。）。藤田豐八亦同。但據唐及宋以後的史料及碑銘方面的材料，仍應是在今巨港（Palembang，又譯巴鄰邦）。其地在唐末及宋稱三佛齊，後代各書記載頗多。具體考證甚繁，兹不贅引。近人有關室利佛逝撰述亦多，可參考G.Coedès：*The Indianized States of Southeast Asia*, edited by W.F.Vella, translated by S.B.Cowing, Canberra, 1975；K.A.N.Sastri：History of Śrīvijaya, Madras, 1 9 4 9；O.W.Wolters：*Early Indonesian Commerce,A Study of the Origins of Śrīvijaya*, New York,1967；D.G.E.Hall：*A History of Southeast Asia*, 3rd ed., New York and London, 1968，等。又室利佛逝一名，S.Julien還原爲梵文Śrīboja，沙畹、高楠順次郎等亦同。據後來發現的碑銘，應還原爲Śrīvijaya，可意譯爲佳妙勝利。

〔二〕婆魯師國　《寄歸傳》卷一原注：「從西數之，有婆魯師洲、末羅遊洲，即今尸利佛逝國是，莫訶信洲、訶陵洲、呾呾洲、盆盆洲、婆里洲、掘倫洲、佛逝補羅洲、阿善洲、末迦漫洲，又有小洲，不能具録。」（大54/205b）此處之婆魯師洲，在室利佛逝國西，應即婆魯師國。

《新唐書》卷二二二下《南蠻傳》中稱室利佛逝西曰郎婆露斯（前注引文），亦應是同指一地，而譯名略異。又《新唐書》卷四三下《地理志》載賈耽記「廣州通海夷道」，從佛逝國西出「硤」（應指今新加坡海峽）西行經十數日抵婆露國。婆露似亦爲「郎婆露斯」之略稱。故地一般以爲在今蘇門答臘島西北部。沙畹謂即馬可波羅所稱之Ferlec，今Diamond Point。足立喜六謂在西岸今Baros。G.Coedes引S.Lévi的説法，認爲此Baros即Ptolemy所稱之Borousai（ISSA.p.284, n.71; S.Lévi: Ptolémée, le Niddesa et la Bṛihatkathā, in *Et.Asiat.EFEO*.II, p.27）；十四世紀的爪哇文獻Nāgarakṛitāgama中的Barus（ibid. p.244; p.367, n.84引Kern: *Verspreide Geschriften*, VII及Krom: *Hindoe-Javaansche Geschiedenis*）。

佛陀達摩〔一〕者，即覩貨速利國人也〔二〕。大形模，足氣力，習小教〔三〕，常乞食。少因興易，遂届神州。云於益府〔四〕出家。性好遊涉，九州之地，無不履焉。後遂西遄，周觀聖迹。淨於那爛陀見矣。後乃轉向北天，年五十許。

右十人①。

【校記】

①右十人《麗》本、《大》本、天本、内本作「右一十人」;《北》本、《徑》本、清本無此三字。

【注釋】

〔一〕佛陀達摩 梵文Buddhadharma。

〔二〕覩貨速利國人也 覩貨即覩貨羅。本書《序》此作「覩貨羅佛陀達摩師」。此處「覩貨」後似脱一「羅」字。但覩貨羅與速利在唐時一般分指兩個地理區域,此處合而爲一,不甚可解。疑有遺誤。

〔三〕小教 小乘佛教。

〔四〕益府 《舊唐書》卷四一《地理志》:「成都府,隋蜀郡。武德元年改爲益州,置總管府。」(5/1663)唐屬劍南道。今四川成都市。

道方師①者,并州〔一〕人也。出沙磧,到泥波羅。至大覺寺住,得爲主人〔二〕。經數年後,還向泥波羅,于今現在。既虧戒檢,不習經書,年將老矣。

【校記】

①道方師 《麗》本、《大》本、天本、《北》本、《徑》本、清本作「道方法師」。

【注釋】

〔一〕并州 《舊唐書》卷三九《地理志》：「北京太原府，隋爲太原郡。武德元年改爲并州總管。」（5/1480）唐屬河東道，領晉陽、太原、交城、文水、遼山等十餘縣，州治太原（今山西太原市），其地相當今山西陽曲以南、文水以北地區。

〔二〕主人 本書卷下《無行傳》：「西國主人稍難得也。若其得主，則衆事皆同如也，爲客但食而已。」

道生法師者，并州人也。梵名旃達羅提婆〔一〕。唐云月天。以貞觀末年，從土蕃路往遊中國〔二〕。到菩提寺，禮制底〔三〕訖。在那爛陀寺，學爲童子王〔四〕深所禮敬①。復向此寺東行十二驛〔五〕，有王寺，全是小乘，於其寺内停住多載，學小乘三藏精順正理。多賫經像，言歸本國，行至泥波羅，遘疾而卒，可在知命之年〔六〕矣。

【校記】

① 禮敬　《麗》本、《大》本作「禮遇」。

【注釋】

〔一〕旃達羅提婆　梵文Candradeva。candra意譯月，deva意譯天。

〔二〕中國　梵文Madhyadeśa的意譯。本是古代印度的一個地理區域概念，具體范圍各種法經、法論及其它著作説法不一，大致指今恒河與朱木拿河流域一帶。玄奘稱中印度。見B.C.Law：HGAI.pp.12—13。《法顯傳》：「從是（摩頭羅，今馬土腊附近）以南，名爲中國。中國寒暑調和，無霜雪。」（大51/859b）我國古代僧人常以此代指印度。

〔三〕制底　梵文caitya音譯，又譯支提。《寄歸傳》卷三：「大師世尊既涅槃後，人天並集，以火焚之。衆聚香柴，遂成大積，即名此處以爲制底，是積聚義。據從生理，遂有制底之名。又釋：一想世尊衆德俱聚於此，二乃積甎土而成之。詳得字義如是。或名窣堵波，義亦同此。舊總名塔，別道支提，斯皆訛矣。或可俱是，衆共了名，不論其義。」（大54/222b）最初指保存骨灰的塔式的建築，後又引申爲一般的廟宇或朝拜聖地。《慧琳音義》卷二：「制多，古譯或云制底，或云支提，皆梵語聲轉耳，其實一也。此譯爲廟，即寺宇、伽藍、塔廟等是也。」（大54/321a）

〔四〕童子王　童子，梵文Kumāra意譯，又音譯爲拘摩羅。七世紀前期東印度迦摩縷波國（Kāmarūpa，地在今阿薩姆一帶）國王，與戒日王同時。《西域記》卷十：「（迦摩縷波）今王本那羅延天之祚胤，婆羅門之種也。字婆塞羯羅伐摩，號拘摩羅。……國王好學，衆庶從化，遠方高才慕義客遊。雖不淳信佛法，然敬多學沙門。」（頁232）婆塞羯羅伐摩，梵文Bhāskaravarman，意譯日冑。據《西域記》和《慈恩傳》卷五記載，拘摩羅王聞玄奘在那爛陀，學佛深法，殷勤往復再三，邀玄奘至其國相見。《舊唐書》卷一九八、《新唐書》卷二二一上又記載，貞觀二十一年（六四七）王玄策到印度，擊阿羅那順，拘摩羅王曾送牛馬三萬餽軍，及弓、刀、寶纓絡。又贈送奇珍異物及地圖，并請老子像及《道德經》。

〔五〕驛　本書卷上《慧輪傳》後「那爛陀寺」一節原注：「言驛者即當一瑜繕那也。」瑜繕那，又寫作踰繕那、瑜膳那，或譯爲由旬、由延等。梵文yojana音譯，從字根yuj來，本意是一頭牛套上車後一氣可拉的距離。究竟多長，説法不一。或説四英里，或説五英里，或説九英里。義淨所言，大致與後一説較近。義淨譯《根本説一切有部百一羯磨》卷三原注：「言瑜膳那者，既無正翻義，當東夏一驛，可三十餘里。舊云由旬者訛略。若准西國俗法，四俱盧舍爲一瑜膳那，計一俱盧舍可有八里，即是當其三十二里。若准內教，八俱盧舍爲一瑜膳那，一俱盧舍有五百弓，弓有一步數。准其步數，纔一里半餘，將八倍之，當十二里。此乃不充一驛。親驗當今西方瑜膳那，可有一驛故，今皆作一驛翻之，庶無遠滯。然則那爛陀寺南向王舍城有五俱盧舍，計其里數，可一驛餘耳。」（大24/467c）《西域記》卷二所記大同小異：「踰繕那者，自古聖王一日軍行也。舊傳一踰繕那四十里矣，印度國俗乃三十里，聖教所載，惟十六里。」（頁32）

〔六〕知命之年　指五十歲。見前《玄恪傳》注。

常慜①禪師者，并州人也。自落髮投簪，披緇釋素，精勤匪懈，念誦無歇。常發大誓，願生極樂〔一〕。所作浄業，稱念佛名。福基既廣，數難詳悉②。後遊京洛〔二〕，專崇斯業。幽誠冥兆，有所感徵。遂願寫《般若經》〔三〕，滿於萬卷，冀得遠詣西方，禮如來所行聖迹，以此勝福，迴向願生。遂詣闕上書，請於諸州教化抄寫《般若》。且③心所志④也，天必從之〔四〕。乃蒙授墨敕，南遊江表〔五〕，敬寫《般若》以報天澤。要心既滿，遂至海濱，附舶南征，往訶陵國〔六〕。從此附舶，往末羅瑜國〔七〕。復從此國欲詣中天。然所附商舶載物既重，解纜未遠⑤，忽起⑥滄波，不經半日，遂便沉没。當没之時，商人争上小舶，互相戰鬬。其舶主既有信心，高聲唱言：「師來上舶！」常慜曰：「可載餘人，我不去也！所以然者，若輕生爲物，順菩提心，亡己濟人，斯大士行。」於是合掌西方，稱彌陀佛〔八〕。念念之頃，舶沉身没，聲盡而終，春秋五十餘矣。有弟子一人，不知何許人也。號咷悲泣，亦念西方，與之俱没。其得濟之人具陳斯事耳。傷曰：

悼矣偉人，爲物流身。明同水鏡〔九〕，貴等和瓓〔一〇〕。涅而不黑，磨而不磷〔一一〕。投軀慧獻，養智芳津。在自國而弘自業，適他土而作他因。覩將沉之險難，決於己而亡親。在物常慜，子其寡隣〔一二〕。穢體散鯨波以取滅，凈願詣安養〔一三〕而流神。道乎不昧，德也寧湮⑦。布慈光之赫赫，竟塵劫〔一四〕而新新。

【校記】

① 慜 《序》中原印作「愍」，已改「慜」。慜愍同。

② 悉 《麗》本作「志」。

③ 且 足本作「旦」。

④ 志 《麗》本、《大》本、天本作「至」。

⑤ 遠 足本作「達」。

⑥ 忽起 《磧》本原作「超忽」；《麗》本、《大》本作「起忽」；足本作「忽超」；《南》本、《北》本、《徑》本、清本、天本、内本作「忽起」，今據改。

⑦ 湮 《麗》本、《大》本、天本作「堙」。

【注釋】

〔一〕極樂　指所謂「西方極樂世界」，又稱「浄土」、「安養國」，梵文sukhāvatī。佛教浄土宗在唐代廣泛流行。浄土宗據《無量壽經》《觀無量壽經》《阿彌陀經》和《往生論》，認爲祇要反復念誦「阿彌陀佛」名號，便可往生「極樂浄土」，成爲中國佛教各宗派中修行方法最簡便的一派，信徒甚衆。下文中所以又有「所作浄業，稱念佛名」及「以此勝福，迴向願生」句。

〔二〕京洛　即洛陽。

〔三〕般若經　此應指《大般若波羅蜜多經》，梵文Mahāprajñāpāramitāsūtra。從魏晉至唐，般若部類的經典各種譯本甚多。較著者有西晉無羅叉等譯《放光般若經》、姚秦鳩摩羅什譯《摩訶般若波羅蜜經》、《小品般若波羅蜜經》《金剛般若波羅蜜經》等。唐玄奘譯《大般若波羅蜜多經》六百卷，卷帙最爲浩大。般若，意譯智慧；波羅蜜多，意譯彼岸；全名即智慧到彼岸之意。

〔四〕且心所志也天必從之　足本「且」作「旦」，與下文相連，作「旦心」，解釋「旦」，明也，謂心地誠懇，同「赤心」。古本「且」「旦」兩字本來比較容易混淆，但奇怪的是足本總是在應是「且」處作「旦」，而應是「旦」處全作「且」。如「三摩呾吒」俱作「三摩咀吒」，「蘇呾羅」作「蘇咀羅」，「道宣」作「道宜」。此例頗多。

〔五〕江表 長江以南地。與中原相對，地在長江以外，因此稱江表。庾信《哀江南賦》：「五十年來，江表無事。」

〔六〕訶陵國 訶陵一名，首見于義浄此書與《寄歸傳》。《寄歸傳》卷一原注中稱訶陵洲，謂在婆魯師洲、末羅遊洲、室利佛逝之東，呾呾洲、盆盆洲、婆利洲之西。（大54/205b）《開元録》卷九稱爲波淩，注：「亦曰訶陵。」（大55/563c）《舊唐書》卷一九七下《南蠻西南蠻傳》有專條：「訶陵國，在南方海中洲上居，東與婆利，西與墮婆登，北與真臘接，南臨大海。」（16/5273）《新唐書》卷二二二下《南蠻傳》記述大致同，唯增「訶陵亦曰社婆，曰闍婆」一句。（20/6302）據此，後來一般都認爲訶陵地在今印尼爪哇島。沙畹、高楠順次郎、伯希和、足立喜六、G.Coedès等俱持此説。沙畹認爲在爪哇島之西部。足立喜六認爲在今北加浪岸（Pekalongan）。但此種説法仍不無可疑之處：一、《新唐書》卷四三下引賈耽記「廣州通海夷道」云：「至海硤，番人謂之『質』，南北百里。北岸則羅越國、南岸則佛逝國。佛逝東水行四五日，至訶陵國，南中洲之最大者。」（4/1153）海硤，一般認爲即指今新加坡海峽。佛逝國在今蘇門答臘島東南部。從佛逝東南水行，可至今爪哇島，若向正東行，則至加里曼丹島。而南海中洲之最大者，又非加里曼丹莫屬，爪哇島遠小於加島。訶陵既在從佛逝東水行四五日處，又是南海中洲之最大者，則似在加里曼丹之西海岸。二、新舊《唐書》俱稱訶陵東是婆利，西是墮婆登，北是真臘，南臨大海。

婆利一説即今巴厘島，但細考新舊《唐書》之記載，應在加里曼丹島。墮婆登可能在今馬來半島某地。真臘即今柬埔寨。訶陵與此三地較近，據此似亦應在今加里曼丹島西部。而爪哇則距此三地甚遠。三、據義浄本書中有關訶陵的記述，從廣州或交阯附舶，俱是直接抵達訶陵，訶陵爲南海交通一大中轉地，抵訶陵前無需中轉。如訶陵在爪哇，則距離較遠，似需先經佛逝等地。四、訶陵一名，僅見于唐代，訶陵即闍婆一説，也僅見于《新唐書》。《新唐書》之記載，不可不信，亦不可全信。其有關外國部分，尤多混亂之語。此缺點前人早已指出。綜上數條，訶陵似不在爪哇，而在今加里曼丹島西部。訶陵一名，或以爲來源于梵文Kalinga一詞。G.Coedès引L.C.Damais的説法，認爲可能來源于爪哇中部的Walaing王國這一名稱。見其ISSA.p.79。

〔七〕末羅瑜國　本書卷下《無行傳》中稱作末羅瑜洲，《寄歸傳》卷一稱作末羅遊洲，《新唐書》卷一四六下《西域傳》（20/6259）、《册府元龜》卷一七七亦稱末羅遊。據《無行傳》記載，無行從室利佛逝經十五日到末羅瑜，又十五日到羯荼。義浄赴印，行程亦與此同。末羅瑜應在室利佛逝與羯荼二地之間。蘇門答臘島上有古國名Malāyu，泰米爾文碑銘中作Malaiyur（G.Coedès：ISSA.p.142），《馬可波羅遊記》中作Malaiur（ibid.p.203），末羅瑜即其譯音。一般認爲地在今占碑（Jambi）及其附近一帶。根據義浄在本書卷下《玄逵傳》後對自己赴印行程記載中原注所言，末羅瑜不久被併入室利佛逝。但後似又曾復國。《元史》所載木剌由、木來由、没剌予、麻里予兒等，應即其名之異譯。

〔八〕彌陀佛　即阿彌陀佛。梵文Amitābha Buddha與Amitāyus Buddha音譯的畧稱，意譯無量光佛、無量壽佛。大乘佛教的佛名，所謂「西方極樂世界」的教主，爲浄土宗的主要崇拜對像。有十三種名號。浄土宗教徒以日日念誦「南無阿彌陀佛」爲修行手段。

〔九〕水鏡　《世説新語》卷三《賞譽》：「（衛伯玉）見樂廣與中朝名士談議，奇之……曰：『此人，人之水鏡也，見之若披雲霧，睹青天。』」（《諸子集成》本，8/113）喻識見清明，能解人疑。

〔一〇〕和璽　指和氏璧。春秋時楚人卞和所得美玉。見《韓非子·和氏》。《史記》卷八一《廉頗藺相如傳》：「和氏璧，天下所共傳寶也。」（8/2440）

〔一一〕涅而不黑磨而不磷　《論語·陽貨》：「不曰堅乎，磨而不磷，不曰白乎，涅而不緇。」孔注：「磷，薄也。涅可以染皁。言至堅者磨之而不薄，至白者染之於涅而不黑。喻君子雖在濁亂，濁亂不能污。」（《諸子集成》本，1/372）

〔一二〕在物常憖子其寡隣　《論語·里仁》：「子曰：德不孤，必有鄰。」此反其意用之。

〔一三〕安養　即安養國。《無量壽經》卷下：「在世當勤精進，其有至願生安養國者，可得智慧明達，功德殊勝。」（大12/275b）見前「極樂」條注。

〔一四〕塵劫　劫，梵文kalpa音譯，又譯「劫波」。古代印度傳説世界經歷若干萬年毀滅一次，重新再開始，此爲一「劫」。塵劫，喻其多，喻其長。

末底僧訶〔一〕者，唐云師子惠①。京師②〔二〕人也。俗姓皇甫，莫知本諱。與師鞭同遊〔三〕，俱到中土〔四〕。住信者寺。少閑梵語，未詳經論。思還故里，路過泥波羅國，遇患身死，年四十餘。

【校記】

①惠　《麗》本、《大》本、天本、内本、足本作「慧」。惠慧通。

②京師　《麗》本、《大》本、天本、内本、足本作「京兆」。

【注釋】

〔一〕末底僧訶　梵文Matisimha。mati意譯慧，慧惠通；simha意譯師子。

〔二〕京師　即長安，今陝西西安。

〔三〕與師鞭同遊　據此，末底僧訶遊印的時間與師鞭同，亦應在乾封年間或稍晚。見前《師鞭傳》注。

〔四〕中土　同「中國」、「中方」。見前《道生傳》「中國」條注。

玄會法師者，京師人，云是安將軍〔一〕之息也。從北印度入羯濕彌羅國，爲國王賞識①。乘王象，奏王樂，日日向龍池山寺供養。寺是五百羅漢受供之處，即尊者阿難陀〔二〕室灑〔三〕末田地〔四〕所化龍王之地〔五〕也。室灑譯爲所教，舊云弟子非也。復勸化②羯濕彌羅王大放恩赦，國内有死囚千餘人，勸王釋放。出入王宅，既漸年載，後因失意，遂乃南遊。至大覺寺，禮菩提樹，覩木真池〔六〕，登鷲峯山，陟尊足嶺〔七〕。稟識聰叡，多繕工伎。雖復經過未幾，而梵韻清澈。少攜③經教，思返④故居。到泥波羅⑤，不幸而卒，春秋僅過而立矣〔八〕。泥波羅既有毒藥，所以到彼多亡〔九〕。

【校記】

① 識 《麗》本印作「軄」，《大》本作「職」。

② 勸化 《麗》本、《大》本無「勸」字。

③ 攜 《麗》本、《大》本作「雋」。

④ 返 《麗》本、《大》本作「反」。

⑤ 泥波羅 《麗》本、《大》本、天本後加「國」字。

【注釋】

〔一〕安將軍　沙畹注謂即「廣州刺史安南將軍陽山公」，足立喜六謂即「雍州司兵參軍韋安石」。黄盛璋《關於中國紙和造紙法傳入印巴次大陸的時間和路綫問題》（載《歷史研究》一九八〇年第一期）一文認爲應是武德二年執送李軌於長安的安興貴、安修仁二兄弟。三説中黄説較通。據《舊唐書》卷五五（7/2248）、《新唐書》卷八六（12/3710），安氏原籍凉州。安興貴以功授右武侯大將軍、上柱國，封凉國公；安修仁授左武侯大將軍，封中國公。

〔二〕阿難陀　梵文Ānanda音譯，又略作阿難。意譯歡喜。釋迦牟尼之從弟，又是十大弟子之一。出家後隨侍釋迦牟尼二十餘年，長於記憶，稱「多聞第一」。釋迦牟尼入滅後，傳説第一次結集時，他爲主誦人。佛經開頭第一句：「如是我聞」，據説即阿難陀語。

〔三〕室灑　梵文śiṣya音譯，意譯弟子。下文原注：「室灑譯爲所教，舊云弟子非也。」śiṣya從字根śās來，原意是所教，但實際上意譯弟子亦可。

〔四〕末田地　梵文Madhyāntika音譯，又譯末田地那、末田底迦、末彈提、末闡提、末田鐸迦等。意譯日中或水中。義净譯《根本説一切有部毗奈耶雜事》卷四十原注：「本云末田地那。末田是中，地那是日，因以爲名，唤爲日中。或云末田鐸迦，末田是中，鐸迦是水，由在水中出家，即以爲名，唤爲水中。舊爲末田地者，但出其名，皆未詳所以，故爲注出。」

（大24/410c）末田地爲阿難陀弟子，受阿難陀命布化罽賓國（此即羯濕彌羅）。末田地化龍王事見上引注之本文、《阿育王傳》卷四《摩田提因緣》（大50/116b）、《西域記》卷三等。

〔五〕化龍王之地　《西域記》卷三記載龍池山寺之傳説云：「《國志》曰：國地本龍池也。……如來寂滅之後第五十年，阿難弟子末田底迦羅漢者，得六神通，具八解脱，聞佛懸記，心自慶悦，便來至此，於大山嶺，宴坐林中，現大神變。龍見深信，請資所欲。阿羅漢曰：『願於池內，惠以容膝。』龍王於是縮水奉施，羅漢神通廣身。龍王縱力縮水，池空水盡，龍飜請地。阿羅漢於此西北爲留一池，周百餘里，自餘枝屬，別居小池。龍王曰：『池地總施，願恒受供。』末田底迦曰：『我今不久無餘涅槃，雖欲受請，其可得乎？』龍王重請：『五百羅漢常受我供，乃至法盡，法盡之後，還取此國以爲居池。』末田底迦從其所請。時阿羅漢既得其地，運大神通力，立五百伽藍。」（頁73）

〔六〕木真池　即目支鄰陀龍王池。《西域記》卷八：「帝釋化池東林中，有目支鄰陀龍王池，其水清黑，其味甘美。」（頁193）池在菩提樹垣外東南附近。木真即目支鄰陀之異譯，梵文Mucilinda，又譯目真、目真鄰、文鱗等。傳説釋迦牟尼成道後，受目支鄰陀龍王邀請至龍宮，坐禪七日中風雨大作，驟寒冷，龍王以身纏繞七重保護佛身，以七頭作大蓋於世尊之上。事見《佛本行集經》卷三一（大3/800b）。《法顯傳》作「文鱗盲龍七日繞佛處」

（大51/863b）。

〔七〕尊足嶺　又稱尊足山，梵文Gurupādagiri意譯。或稱雞嶺、雞峯、雞足山。雞足山，梵文Kukkuṭapādagiri意譯。《西域記》卷九：「莫訶河東入大林野，行百餘里，至屈屈吒播陀山（原注：唐言雞足山），亦謂窶盧播陀山（原注：唐言尊足山）。高巒陗絶，壑洞無涯，山麓谿澗，喬林羅谷，崗岑嶺嶂，繁草被巖，峻起三峯，傍挺絶崿，氣將天接，形與雲同。其後尊者大迦葉波居中寂滅，不敢指言，故云尊足。」（頁203）山在古摩揭陀國，在那爛陀正南七驛。今地有數説。斯坦因（A.Stein）認爲是指今印度比哈爾邦庫爾基哈爾（Kurkihār）西南，距瓦兹爾甘吉（Wazirganj）村約四英里處的索布納特山（Sobhnāth-hill）。也有人認爲是指菩提伽耶東約一百里處的古爾帕山（Gurpāhill）。Cunningham認爲是指距今伽耶（Gayā）城東北十六英里，庫爾基哈爾北約一英里處的三個峯頂。此説理由較充足。見*AGI*.p.388；B.C. Law：*HGAI*.p.230。

〔八〕春秋僅過而立矣　指三十歲。見前《玄恪傳》注。

〔九〕泥波羅既有毒藥所以到彼多亡　足立喜六解釋，是因爲高山地區低氣壓，有毒礦物、毒瓦斯等原因所致。

復有一人，與北道使人〔一〕相逐至縛渴羅國，於新寺〔二〕小乘師處出家，名質多跋摩〔三〕。後將受具〔四〕，而不食三淨〔五〕，其師曰：「如來大師親開五正〔六〕，既其無罪，爾何不食？」對曰：「諸大乘經具有令制①，是所舊習，性不能改。」師曰：「我依三藏，律有成科。汝之引文，非吾所學。若懷別見，我非汝師。」遂强令進，乃掩泣而食，方爲受具。少閑梵語。覆取北路而歸，莫知所至。傳聞於天竺②之僧矣。

【校記】

①令制 《麗》本、《大》本、天本作「全制」。

②天竺 《麗》本、《大》本、天本作「北天」。

【注釋】

〔一〕北道使人 古代中國中原地區對西域交通之主要道路，自漢代起記載有南北二道。據《漢書》卷九六上《西域傳》：「自玉門、陽關出西域有兩道：從鄯善傍南山北，波河西行至莎車，爲南道；南道西踰葱嶺則出大月氏、安息。自車師前王廷隨北山，波河西行至疏勒，爲北道；北道西踰葱嶺則出大宛、康居、奄蔡焉。」（12/3872）此處所稱之北道，大體是經今新疆中部天山山脉與塔里木河之間的通道西行，在疏勒（今喀什）以西越葱嶺而通向今中亞各地。但北道之稱，歷代所指又有不同。《隋書》卷六七《裴矩傳》載裴矩撰《西域圖記》序中所記即與此異：「發自敦煌，至於西海，凡爲三道，各有襟帶。北道從伊吾，經蒲類海、鐵勒部、突厥可汗庭，度北流河水，至拂菻國，達於西海。其中道從高昌、焉耆、龜兹、疏勒，度葱嶺，又經鏺汗、蘇對沙那國、康國、曹國、何國、大、小安國、穆國，至波斯，達於西海。其南道從鄯善、于闐、朱俱波、喝槃陀，度葱嶺，又經護密、吐火羅、挹怛、帆延、漕國，至北婆羅門，達於西海。其三道諸國，亦各有路。」（6/1579）裴矩所稱之北道，大體是經今新疆天山山脉以北伊犁河流域西行而通往今中亞及西亞各地。其「中道」始同於《漢書》之「北道」。唐初北道的路綫則見於《釋迦方志》卷上，其載甚詳，今録其自長安至縛渴羅國一段：「其北道入印度者，從京師西北行三千三百餘里至瓜州。又西北三百餘里至莫賀延磧口。又西北八百餘里出磧至柔遠縣。又西南百六十里至伊州。又西七百餘里至蒲昌縣。又西百餘里至西洲（一本作「西州」，應是），即高昌故地，漢時宜禾都尉所治處也。後沮渠凉王避地於彼，今爲塞内。又西七百餘里至阿耆尼國。……又西南行二百餘里，踰一小山，越二大河，川行七百餘里至屈支國。……又西經小磧六百餘里，至跋禄迦國。……西北行三百餘里，度石磧，至凌山，即葱嶺北原也，水多東流。……山行自西四百餘里，至大清池，周千餘里，東西長，四面有山，行人祈福。又西北五百餘里至素葉水城。……又西四百餘里至千泉。……又西百五十里至咀邏私城。又西南二百餘里至恭敬（一本作「恭御」，《西域記》亦作「恭御」）城。又南五十里至笯赤建國。……又西二百餘里至赭時國。……又東南千餘里至怖捍國（《西域記》作「怖捍國」）。……又西行千餘里至窣覩利瑟那國。……又西北入大磧，應五百餘里至颯末建國。……自此東南至弭末賀國。……又西北至劫布咀那國（《西域記》作「劫布咀那國」）……又西三百餘里至屈霜儞迦國。……又西二百餘里至喝捍國。……又西四百餘里至捕捍國。……又西四百餘里至伐底國。……又西南行五百餘里至貨利習彌國。……又從颯末建國西南行三百餘里，至羯霜那國。……又西南二百餘里入大山。山路險絶，又少人物。東南山行三百餘里，至鐵門關。……即漢塞之西門也。出鐵門關，便至覩貨邏國之故地也。……縛芻大河中境西流。……順河北下，至咀密國。……又東至赤鄂衍那國。……又東至忽露摩國（它本有作「忽露摩國」者，《西域記》作「忽露摩國」）。……東至愉漫國。……（愉漫國）西南臨縛芻河，便至鞠和衍那國。……又東至鑊沙國。……又東至珂咄羅國。……（珂咄羅國）東接葱嶺。至拘謎陀國。……（拘謎陀國）據大葱嶺之中……西南臨縛芻河，國南接尸棄尼國。南度此河，至達摩悉帝（《西域記》作「達摩悉鐵帝」）等國。如前中道所引也。又從鐵門南而少東，五百餘里至縛喝國（即此縛渇羅國）。一道拘謎西南至嚩伽浪國。……又南至紇露悉泯健國。……又西北至忽懍國。……又西至縛喝國。」（大51/952b—953b）道宣此處所記北道，與玄奘赴印之路綫基本相同。道宣撰此段文字，材料大約亦多得自玄奘。但亦有不同者：一、《西域記》自阿耆尼國始，道宣所記北道自長安始。長安至阿耆尼的地名道里，與《慈恩傳》亦略異。二、鐵門一段有一句話很重要：「（鐵門）即漢塞之西門也。」此句爲《西域記》未有，《慈恩傳》亦僅稱「即突厥之關塞也。」（大50/228a）表明唐初鐵門以内地區，到道宣撰文時，確在唐王朝中央勢力的控制之下。三、出鐵門後從覩貨羅故地諸國到縛渴羅之路綫，道宣所記較玄奘所記更詳。他所依據的資料看來不僅限於《西域記》一書。唐初北道，確以道宣所記路綫爲通行之道。因上引文前，道宣又稱：「自漢至唐往印度者，其道衆多，未可言盡。如後所紀，且依大唐往年使者，則有三道。」此即其一。但此處「北道使人」未詳爲誰。《唐會要》卷三六：「（顯慶三年）其年五月九日，以西域平，遣使分往康國及吐火羅等國。」（中華書局一九五五年版，中/656）時間上相合，似與此有關。

〔二〕新寺　即前《玄照傳》中「納婆毗訶羅」。見《玄照傳》注。

〔三〕質多跋摩　梵文 Cittavarman，可意譯爲心胄。

〔四〕受具　受具足戒，又稱受「大戒」。梵文 upasampanna 的意譯。僧尼出家，到一定時期後舉行儀式，接受戒律，稱爲「受具」。戒律甚多，中國漢族僧尼隋唐以後依據《四分律》受戒，比丘戒有二百五十條，比丘尼戒有三百四十八條。印度則各個地區與各個部派有所不同。

〔五〕三浄　即三浄肉。《慧琳音義》卷二五：「三種浄肉，一不見殺，二不聞殺，三不疑殺爲己殺等是。」（大51/467b）小乘佛教不禁僧人食，大乘佛教則禁止食用。見《十誦律》卷三七、《四分律》卷四二。所以下文説「諸大乘經具有令制，是所舊習，性不能改」。大概佛教最初不禁肉食，小乘之「三浄肉」即爲這種傳統的繼承。《慈恩傳》卷二記玄奘過屈支國，「王請過宮，備陳供養，而食有三浄，法師不受，王深怪之。法師報：『此懴（按應作「漸」）教所開，而玄奘所學者大乘不爾也。』受餘别食。」（大50/226c）

〔六〕五正　梵文pañcabhojanīya意譯，音譯半者蒲膳尼。《寄歸傳》卷一：「半者蒲膳尼，應譯爲五噉食。舊譯爲五正者，準義翻也。一飯、二麥豆飯、三麨、四肉、五餅。」（大54/210b）又見義浄譯《根本説一切有部百一羯磨》卷五（大24/478a）。

復有二人，在泥波羅國，是土蕃公主〔一〕嬭母之息也。初并出家，後一歸俗。住天王寺①〔二〕，善梵語并梵書。年三十五、二十五②矣。

【校記】

①天王寺　《麗》本、《大》本、天本作「大王寺」。

② 二十五　《麗》本作「一十五」；《北》本、《徑》本、清本無此三字。

【注釋】

〔一〕土蕃公主　此處應指貞觀十五年入土蕃通婚的文成公主。如漢武帝以江都王劉建之女細君作爲公主嫁烏孫王爲妻，後稱細君爲烏孫公主。

〔二〕天王寺　天王寺不詳在何處。沙畹注謂天王是指濕婆（Śiva），濕婆又稱大自在天（Mahā-iśvara），天王寺爲濕婆教寺廟。但印度教寺廟中國僧人多稱「祠」或「天祠」。足立喜六注謂天王寺又稱大王寺，即《慈恩傳》中的底羅磔寺、《西域記》中的鞮羅釋（擇）迦伽藍，《寄歸傳》中的羝羅荼寺，所有這些名稱都是Thera sakra的訛略，Thera是巴利文，意爲長老、上座，sakra即天帝釋，天帝釋是忉利天之主，統率三十天的大王，所以鞮羅磔寺（原文如此）稱天王寺或大王寺。此種對音及推斷頗奇。羝羅荼寺一名，即見於本書卷下《無行傳》。沙畹、高楠順次郎早有較正確之還原，Cunningham並有對今地的考證。參見《無行傳》注。這些資料足立喜六似乎都未參考過。依義浄原文意思，天王寺似在泥波羅境内，餘不可考。《高僧傳》卷三《法顯傳》記法顯「至中天竺、於摩竭提國（即《西域記》卷八摩揭陀國）波連弗邑（即《西域記》卷八之波吒釐子城）阿育王塔天王寺得摩訶僧祇律」等（大50/338a）。但此段記載與《法顯傳》不盡合，法顯自稱得自「摩訶衍僧伽藍」（大51/864b）。疑慧皎所記有誤，或摩訶衍僧伽藍又名天王寺。又《寄歸傳》卷一曾提到「大王寺」一名（大54/208a），但記載極簡略。

隆法師者，不知何所人也。以貞觀年内從北道而出，取北印度，欲觀化中天。誦得梵本《法華經》〔一〕。到健陀羅國〔二〕，遇疾而亡。北方僧來，傳説如此。

右二十人①。

【校記】

①右二十人　《北》本、《徑》本、清本無此句。

【注釋】

〔一〕梵本法華經　《法華經》全稱《妙法蓮華經》，梵文Saddharmapuṇḍarīkasūtra。大乘佛教重要經典。因以蓮花比喻佛所説教法的清淨微妙，故有此名。中國佛教天台宗依《法華經》立宗。日本天台宗、日蓮正宗等至今仍奉爲聖典，在日本極受重視。漢譯有三種：姚秦鳩摩羅什譯七卷本（《開元録》録作八卷）；西晉竺法護譯十卷本，稱《正法華經》；隋闍那崛多共達磨笈多譯七卷本，稱《添品妙法蓮華經》。以鳩摩羅什本最爲通行。梵文寫本近代在尼泊爾、克什米爾、我國西藏、新疆等地續有發現，約有四十餘種，其中一部分西方和日本學者已刊行。最近國内亦出版了一種在西藏發現的梵本《法華經》。

〔二〕健陀羅國　健陀羅，梵文Gandhāra。又譯犍陀衛、乾陀羅、健馱邏、建馱羅等。古印度國名，亦地名。其地相當於今巴基斯坦白沙瓦及其毗連的阿富汗東部一帶。《西域記》卷二：「健馱邏國，東西千餘里，南北八百餘里。東臨信度河。國大都城號布路沙布邏，周四十餘里。」（頁47）布路沙布邏，梵文Puruṣapura，又譯富樓沙，今巴基斯坦白沙瓦，唐時爲健陀羅國首都。公元前三世紀以後，佛教在健陀羅極度盛行，出現不少著名佛教學者。公元一世紀，貴霜王朝興起，亦曾以布路沙布邏爲其首都。因佛教流行，形成著名的健陀羅佛教藝術。

明遠法師者，益州清城①〔一〕人也。梵名振多提婆〔二〕。唐云思天。幼順②法訓，長而彌修。容儀雅麗，詳③序清遒。善《中》《百》，議莊周。早遊七澤之間〔三〕，後歷三吴之表〔四〕。重學經論，更習定門。於是棲隱廬峯，經于④夏日。既慨聖教陵遲，遂乃振錫南遊，届于交阯〔五〕。鼓舶鯨波，到訶陵國。次至師子洲〔六〕，爲君王禮敬。乃潛形閤内，密取佛牙，望歸本國，以興供養。既得入手，翻被奪將。事⑤不遂所懷，頗見陵辱，向南印度。傳聞師子洲人云往大覺，中方〔七〕寂無消息，應是在路而終，莫委年幾。其師子洲防守佛牙異常牢固，置高樓上，幾閉⑥重關，鏁鑰泥封，五官共印。若開一户，則響徹城郭。每日供養，香花遍覆。至心祈請，則牙出花上，或見⑦異光，衆皆共覩〔八〕。傳云此洲若失佛牙，並被羅刹〔九〕之所吞食。爲防此患，非常守護。亦有傳云當向支那〔一〇〕矣。斯乃聖力遐被，有感便通，豈由人事，強申非分耳。〔一一〕

【校記】

① 清城　天本、足本作「青城」。

② 順　《麗》本、《大》本、天本作「履」。

③ 詳　《麗》本、《大》本、天本、内本作「庠」。

④ 于　《徑》本、足本作「干」。

⑤ 事　《麗》本、《大》本、天本、内本無此字。

⑥ 閉　《麗》本、足本印作「閇」。

⑦ 見　《麗》本、《大》本、天本、内本、足本作「現」。

【注釋】

〔一〕益州清城　益州，見前《佛陀達摩傳》「益府」條注。清城即清城縣，唐初屬益州。垂拱二年析益州置漢、彭、蜀三州（《舊唐書》卷四十《地理志》誤作垂拱三年），清城改屬蜀州。《舊唐書》卷四十《地理志》蜀州條：「青城，漢江源縣地。南齊置齊基縣，後周改爲青城。山在西北三十二里。舊『青』字加水，開元十八年，去『水』爲『青』。」（5/1667）今四川灌縣。青城山在今灌縣縣城西約三十里處。唐時青城縣治在今縣城東南。「青城」二字，傳本《求法高僧傳》或作「清城」，或作「青城」。義淨著書，時在開元之前，應作「清城」，以存其真。

〔二〕振多提婆　梵文Cintādeva。Cintā意譯思，deva意譯天。

〔三〕七澤之間　司馬相如《子虛賦》：「楚有七澤，嘗見其一，未覩其餘也。臣之所見，蓋特其小小者耳，名曰雲夢。」（中華書局一九七七年印胡刻本《文選》卷七，頁119b）七澤之間，泛指今湖北、江西一帶。

〔四〕三吴之表　三國時吴韋昭有《三吴郡國志》，其書久佚，所指「三吴」不詳。《水經注》卷四十：「遂以浙江西爲吴，以東爲會稽。漢高帝十二年一吴也，後分爲三，世號三吴。吴興、吴郡、會稽其一焉。」（《四部叢刊》本，頁15）但《通典》《元和郡縣志》又以吴郡、吴興、丹陽爲三吴。唐梁載言《十道四蕃志》則以吴郡、吴興、義興爲三吴。三吴之表，謂三吴以外地，指今浙江以南地區。

〔五〕交阯 「阯」又作「趾」。漢以前泛指五嶺以南地區爲交阯。《韓非子》《尚書大傳》説帝堯之地，南至交阯。《尚書·堯典》：「申命羲叔，宅南交。」即指此。漢武帝置交阯刺史部，轄境相當於今廣東、廣西大部和越南北部、中部。東漢建安八年（二〇三）改爲交州。隋大業初曾改交州爲交趾郡。唐初設交州總管府，下轄有交州等十州。交州下又領有交趾等四縣。自漢至唐，交阯所指地域逐漸縮小。唐代一般泛指今越南北部紅河三角洲一帶爲交阯。義浄此處即取此義。近代又以交阯稱越南，因此稱今中南半島爲交阯支那（Cochin-China）。

〔六〕師子洲 即師子國，又稱執師子國，今斯里蘭卡之古名，梵文Simhala的意譯，音譯僧訶羅。《西域記》卷十一譯爲僧伽羅，並記載了國名來歷的傳説。師子國一名，首見於《法顯傳》。法顯爲第一個有明確記載到過師子國之中國人。《宋書》卷九七有傳，其後中國正史記載不絶。《元史》作僧迦剌。《嶺外代答》《諸蕃志》始稱細蘭，《瀛涯勝覽》作錫蘭。

〔七〕中方 即前《道生傳》中所稱之「中國」。見《道生傳》注。

〔八〕衆皆共覩 師子洲供養佛牙的傳統開始甚早。法顯到師子國，親眼所見，記載極生動：「（師子國）城中又起佛齒精舍，皆七寶作。王浄修梵行，城内人敬信之情亦篤。……佛齒常以三月中出之。未出前十日，王莊挍大象，使一辯説人著王衣服，騎象上，擊鼓唱言。……如是唱已，王使夾道兩邊作菩薩五百身已來種種變現。或作須大拏，或作睒變，或作象王，或作鹿馬，如是形像，皆彩畫莊挍，狀若生人。然後佛齒乃出，中道而行。隨路供養，到無畏精舍佛堂上，道俗雲集，燒香然燈，種種法事，晝夜不息。滿九十日，乃還城内精舍。城内精舍，至齋日則開户，禮敬如法。」（《法顯傳》，大51/865a）《西域記》卷十一記載：「（僧伽羅國）王宫側有佛牙精舍。……王以佛牙日三灌洗，香水香末，或濯或焚，務極珍奇，式修供養。」（頁257）義浄所記，又從另一方面對這種宗教傳統的細節作了補充。直到現代，斯里蘭卡佛教徒仍對佛牙極爲尊崇。一九六一年我國佛教界曾送藏於中國的佛牙到斯里蘭卡展覽，受到斯里蘭卡僧俗各界極爲隆重的接待。

〔九〕羅刹 梵文rākṣasa或rākṣas音譯，又譯羅刹娑，羅叉娑，阿落刹娑等。《慧琳音義》卷二五：「羅刹，此云惡鬼也。食人血肉，或飛空，或地行，捷疾可畏也。」（大54/464b）羅刹一名，最早見於《梨俱吠陀》（Ṛgveda），據説原爲印度古代土著民族的名稱。雅利安人進入印度，與原來的土著民族發生衝突，羅刹一名便成爲惡稱。傳説羅刹黑身、朱髮、緑眼，羅刹女（梵文rākṣasī）却是絶美的婦人。大史詩《羅摩衍那》（Rāmāyaṇa）的主要故事情節，就是楞伽島（即斯里蘭卡島）的十首羅刹王羅波那劫走羅摩之妻悉多，羅摩爲救妻與之大戰。《西域記》卷十一亦記載了另一個有關羅刹女的傳説。可見師子國有羅刹之傳説很早就有，它產生在佛教出現以前。在印度各種神話與宗教傳説中，羅刹多出没在南方及南方的海島中。這實際上有一定歷史背景作爲依據。

〔一〇〕支那　梵文Cīna的音譯，又譯至那或脂那。古代印度對中國的稱呼。本書卷上《慧輪傳》後原注：「支那即廣州也，莫訶支那即京師也，亦云提婆弗呾羅，唐云天子也。」《西域記》卷五：「至那者，前王之國號；大唐者，我君之國稱。」（頁109）Cīna一字，最早見於憍底利耶《政事論》（Kauṭilya：Arthaśāstra）和兩大史詩（Rāmāyaṇa，Mahābhārata）及《摩奴法論》（Manusmṛti），或以爲即秦國之「秦」音譯。秦國的名稱在公元前數世紀傳至印度，印度遂以此稱中國。後來西方各國對中國的稱呼多源於此。但亦有持其它不同意見者。參見B.Laufer：The Name China；P.Pelliot：L'origine du nom de「Chine」；俱載*T'oung Pao*，Vol.XIII，1912，pp.719—742（後文馮承鈞譯爲：伯希和《「支那」名稱之起源》，載入其《西域南海史地考證譯叢》第一輯中）。又張星烺《中西交通史料匯編》第一册附録《「支那」名號考》亦討論此一問題，可參考。

〔一一〕明遠赴印的時間，傳文中没有明言。但本書卷上《窺冲傳》稱窺冲爲明遠室灑，與明遠同舶泛南海而到師子洲。後明遠從師子洲向南印度，更無消息。窺冲則向西印度，在西印度與玄照相遇，時約在乾封一、二年間（六六六、六六七）。明遠到師子洲在此以前，則應是龍朔、麟德年間（六六一—六六五）事。參見前《玄照傳》及以下《窺冲傳》。

義朗律師者，益州成都〔一〕人也。善閑律典，兼解《瑜伽》〔二〕。發自長安，彌歷江漢。與同州〔三〕僧智岸，并弟一人名義玄，年始弱冠〔四〕，知欽正理，頗閑内典〔五〕，尤善文筆。思瞻聖迹，遂與弟俱遊。秀季良昆，遞相携帶，鶺鴒存念〔六〕，魚水敦懷。既至烏雷〔七〕，同附商舶。掛百丈〔八〕，陵萬波，越舸扶南〔九〕，綴纜郎迦①〔一〇〕。蒙郎迦戍②國王待以上賓之禮。智岸遇疾，於此而亡。朗公既懷死别之恨，與弟附舶向師子洲，披求異典③，頂禮佛牙，漸之西國。傳聞如此，而今不知的在何所。師子洲既不見，中印度復不聞，多是魂④歸異代矣。年四十餘耳。

【校記】

①郎迦《大》本、天本作「郎迦戍」；内本、足本作「郎伽戍」。《麗》本印作「郎迦弍」。

②郎迦戍《磧》本原印作「郎迦弍」；内本、足本作「郎迦戍」；《北》本作「郎迦戍」；今從其它各本作「郎迦戍」。

③異典《磧》本原作「異與」；各本俱作「異典」，今據改。

④魂《麗》本、《大》本作「魄」。

【注釋】

〔一〕益州成都　今四川成都市。

〔二〕兼解瑜伽　此指通解《瑜伽師地論》，或指通解大乘佛教瑜伽行派的理論。《寄歸傳》卷四：「瑜伽畢學，體窮無著之八支。」原注：「一、《二十唯識論》；二、《三十唯識論》；三、《攝大乘論》；四、《對法論》；五、《辯中邊論》；六、《緣起論》；七、《大莊嚴論》；八、《成業論》。此中雖有世親所造，然而功歸無著也。」（大54/230a）瑜伽行派的理論南北朝時傳來中國，唐代玄奘又進行系統的翻譯介紹，一時遂成顯學。

〔三〕同州　同，相同。同州，謂智岸亦益州人。《序》中作「益州智岸法師」，上下文語義亦通。足立喜六解釋「同州」爲關内道之同州，説誤。

〔四〕弱冠　《禮記·曲禮上》：「二十曰弱，冠。」孔穎達疏：「二十成人，初加冠，體猶未壯，故曰弱也。」（《四部備要》本，頁10b）但未滿二十亦可稱弱冠。《後漢書》卷四四《胡廣傳》：「終、賈揚聲，亦在弱冠。」（6/1506）終軍年十八請纓，賈誼年十八爲博士，皆未滿二十歲。

〔五〕内典　指佛典。佛教徒以佛教的學説爲「内學」，佛典爲「内典」，佛教以外的學説和典籍爲「外學」、「外典」。

〔六〕鶺鴒存念　鶺鴒，又作脊令。鳥名。《詩·小雅·常棣》：「脊令在原，兄弟急難。」言脊令失所，飛鳴求其同類。後因此以「脊令」比喻兄弟。鶺鴒存念，謂兄弟友善。下「魚水敦懷」句亦同。

〔七〕烏雷　《舊唐書》卷四一《地理志》：「（陸州）領縣三。……東南際大海。……烏雷，州所治也。」（5/1758）陸州唐時屬嶺南道。烏雷縣，地在今廣西欽州縣。古烏雷縣東南有烏雷洲、烏雷嶺，瀕於大海。

〔八〕百丈　船上的縴纜。《南史》卷十六《朱超石傳》：「義熙十二年北伐，超石爲前鋒入河，時軍人緣河南岸牽百丈，有漂度北岸者。」（2/458）

〔九〕扶南　見《序》「跋南國」條注。

〔一〇〕郎迦　即郎迦戍。《梁書》卷五四《諸夷傳》（3/795）、《舊唐書》卷一九七《南蠻西南蠻傳》（16/5271）、《新唐書》卷二二二下《南蠻傳》（20/6300）稱作狼牙脩（修），《隋書》卷八二《南蠻傳》作狼牙須（6/1834），《續高僧傳》卷一《拘那羅陀傳》作楞伽修（大50/430a）。《寄歸傳》卷一原注：「從那爛陀東行五百驛，皆名東裔，乃至盡窮，有大黑山，計當土蕃南畔。傳云是蜀川西南行可一月餘，便達斯嶺。次此南畔，逼近海涯，有室利察呾羅國。次東南有郎迦戍國。次東有社和鉢底國。次東極至臨邑國。」（大54/205b）大黑山，今多認爲即今緬甸阿拉干山脉，《新唐書》卷四三下《地理志》載「安南通天竺道」中又稱「黑山」。海涯，應指今緬甸伊洛瓦底江江口，安達曼海海岸一帶。

室利察呾羅，梵文Srīkṣetra，國名，亦都城名，地在今緬甸卑謬附近，故城遺址已發現。《西域記》作「室利差呾羅」。東南即郎迦戍國，其地因此應在今馬來半島上，應即《西域記》所稱迦摩浪迦國。次東有社和鉢底國，《西域記》稱爲墮羅鉢底國，梵文Dvārapatī，地在今泰國大城府一帶。「社和鉢底」實爲「杜和鉢底」之訛，即杜和羅鉢底。見本書卷上《大乘燈傳》中此條注。臨邑即林邑，又稱占波、瞻波、占婆或環王，地在今越南中南部。《西域記》卷十所記各國方位略同：「從此（指東印度三摩呾吒國）東北（按「東北」應是「東南」之誤）大海濱山谷中有室利差呾羅國。次東南大海隅有迦摩浪迦國。次東有墮羅鉢底國。次東有伊賞那補羅國。次東有摩訶瞻波國，即此云林邑是也。」（頁234）郎迦戍一名，今多認爲即十一世紀泰米爾文碑銘中的Ilaṅgāśōka，十四世紀爪哇文獻Nāgarakṛtāgama中的Langkasuka，十六世紀阿拉伯人著作Kitab al-Minhāj al-fākhir fi-'ilm al-bahr al-zākhir中的Langashukā。惟故地確在何處說法不一。伯希和認爲在馬來半島西部丹那沙林（Tenasserim，今屬緬甸），又說在吉打（Kedah，今屬馬來西亞）。藤田豐八認爲《東西洋考》中的大泥即其故地，在半島東部之北大年（Pattani，今屬泰國）。G.Coedès認爲地在吉打之北，東到北大年，橫跨半島；今馬來西亞霹靂河（Perak R.）上遊有一支流名Langkasuka。（以上見藤田《狼牙脩國考》，載何健民譯《中國南海古代交通叢考》，商務一九三六年版；Coedès: *ISSA* p.39）足立喜六認爲在半島東北，暹羅灣西北。據《梁書》卷五四稱：「其界東西三十日行，南北二十日行。」似地跨半島東西。但義浄此處所指，則應在東岸。本書卷下《道琳傳》稱：「（道琳）越銅柱而届郎迦，歷訶陵而經裸國。」如郎迦戍在西岸，則無需再歷訶陵。P. Wheatley亦認爲在今北大年附近。其所著The Golden Khersonese一書有專章討論甚詳，可參閲。宋代《諸蕃記》所記「凌牙斯」或「凌牙斯加」，元代《島夷誌略》所記「龍牙犀角」，明代《武備志》所記「狼西加」，有人亦以爲即此郎迦戍。

會寧律師，益州成都人也。禀志操行，意存弘益。少而聰慧，投跡法場。敬勝理若髻珠〔一〕，棄榮華如脱屣①。薄②善經論，尤精律典。思③存演法，結念西方。爰以麟德年中〔二〕杖④錫南海，泛舶⑤至訶陵洲。停住三載，遂共訶陵國多聞僧若那跋陀羅〔三〕於《阿笈摩經》〔四〕内譯出如來焚身之事〔五〕，斯與《大乘涅槃》〔六〕頗不相涉。然《大乘涅槃》西國浄親⑥見目云其大數有二十五千頌〔七〕，翻譯可成六十餘卷。檢其全部，竟而不獲，但得初《大衆問品》〔八〕一夾，有四千餘頌。會寧既譯得《阿笈摩》本，遂令小僧運期奉表⑦賫經，還至交府〔九〕，馳驛京兆〔一〇〕，奏上闕庭，冀使未聞流布東夏。運期從京還達交阯，告諸道俗，蒙贈小絹數百疋，重詣⑧訶陵，報德智賢，若那跋陀羅⑨也。與會寧相見。於是會寧方適西國〔一一〕。比於所在，每察風聞。尋聽五天〔一二〕，絕無蹤緒。准斯理也，即其人已亡⑩。傷曰⑪：

嗟矣會寧，爲法孤征。纔翻二軸，啓望天庭。終期⑫寶渚，權居⑬化城〔一三〕。身雖没而道著，時縱遠而遺名。將菩薩之先志，共後念〔一四〕以揚聲。

春秋可三十四五矣。

【校記】

① 履　《麗》本、《大》本、天本、内本作「屣」。

② 薄　足本作「溥」；内本作「博」。

③ 思　《麗》本、《大》本、天本作「志」。

④ 杖　《麗》本、《大》本作「仗」。

⑤ 泛舶　《磧》本原作「沉舶」；各本俱作「泛舶」，今據改。

⑥ 親　《麗》本、《大》本、天本作「覲」。

⑦ 奉表　《磧》本原無「表」字，今從《麗》本、《大》本、天本、内本、足本加。

⑧ 詣　《麗》本、《大》本作「諂」。

⑨ 若那跋陀羅　《磧》本及其它各本俱作「若那跋達羅」，今從上文改。

⑩即其人已亡　内本、足本在此後即接「春秋可三十四五矣」句。

⑪傷曰　《磧》本原作「傷呼」；《北》本、《徑》本、清本作「傷乎」；今從《麗》本、《大》本、天本、内本、足本作「傷曰」。

⑫終期　《磧》本原作「終斯」；今從《麗》本、《大》本、天本、内本、足本改。

⑬權居　《磧》本原作「擁居」；今從《麗》本、《大》本、天本、内本改。

【注釋】

〔一〕髻珠　髻中之寶珠。此處喻佛教教義之寶貴。所謂「法華七喻」之一，見《法華經》卷五《安樂行品》（大9/38c）。

〔二〕麟德年中　公元六六四至六六五年。

〔三〕若那跋陀羅　梵文Jñānabhadra。jñāna意譯智，bhadra意譯賢，所以下文中又稱智賢。

〔四〕阿笈摩經　阿笈摩，梵文Āgama音譯，又譯阿含、阿含暮、阿伽摩、阿笈多等。《玄應音義》卷二四解釋：「此云教法，或言傳，謂展轉傳來，以法相授也。」（弘7/94b）相傳釋迦牟尼入滅後，最初結集之法藏即《阿笈摩經》。今漢譯《大藏經》中據文字長短及内容特點，分有《長阿含經》《中阿含經》《雜阿含經》《增一阿含經》四個部類，被認爲是小乘佛教的經典。南傳巴利文經藏中有《長部》《中部》《相應部》《增支部》和《小部》五個部類。

〔五〕譯出如來焚身之事　會寧與若那跋陀羅合譯之經現存，題名《大般涅槃經後分》。《開元録》卷九著録爲：「《大般涅槃經後譯荼毘分》，二卷」，又小字注：「亦曰闍維分，亦云後分，沙門慧立制序，見《大周録》。」（大55/563b）《大周録》即《大周刊定衆經目録》。此見卷十一（大55/442b）。此經今《大正藏》編入在第十二卷。又甘肅省博物館今藏有唐武周久視元年（七〇〇）寫本，首題《大般涅槃經機感荼毗品》，中有《聖軀廓閏品》品目，尾題《大般涅槃經後分卷第四十二》。見秦明智：《跋唐人寫本〈大般涅槃經後分〉》，載《敦煌學研究》（《西北師院學報增刊》），一九八四年十月。

〔六〕大乘涅槃　指被認爲屬於大乘佛教系統之《涅槃經》。漢譯有西晉竺法護譯《方等般泥洹經》、東晉法顯譯《大般泥洹經》、北凉曇無讖譯《大般涅槃經》、劉宋慧嚴等改文所成《大般涅槃經》等數種。其中最後兩種最著，一四十卷，又稱「《北》本」；一三十六卷，又稱「《南》本」。宣傳的是大乘佛教的教義。

〔七〕頌　梵文sloka的意譯，音譯輸洛迦、首盧迦。古代梵文、巴利文的一種詩律體。《寄歸傳》卷四：「凡言一頌，乃有四句，一句八字，總成三十二言。」參見季羡林先生《羅摩衍那初探》第九《詩律》（外國文學出版社一九七九年版，頁76—80）。

〔八〕大衆問品　今《北》本《大般涅槃經》卷十有《一切大衆所問品》。見《大正藏》卷十二

（大12/423）。

〔九〕交府　交州總管府。《舊唐書》卷四一《地理志》（5/1749）：「安南都督府，隋交趾郡。武德五年，改爲交州總管府。」唐屬嶺南道，今越南河内。

〔一〇〕京兆　即長安，今西安。

〔一一〕於是會寧方適西國《開元録》卷九此段所記稍異：「沙門若那跋陀羅，唐云智賢。南海波淩（原注：亦曰訶陵。）國人也。善三藏學。往者麟德年中益府成都沙門會寧故遊天竺，觀禮聖跡，汎舶西逝，路經波淩國。遂共智賢譯《涅槃後分》二卷。寄經達於交州，會寧方之天竺。後至儀鳳年初（六七六），交州都督梁難敵遣使附經入京。三年戊寅（六七八），大慈恩寺沙門靈會於東安（按應作「東宫」）啟請施行。」（大55/563c）《宋高僧傳》卷二記載與《開元録》同，但稍詳。「故遊天竺」作「欲遊天竺」；「涅槃後分二卷」後加「此於《阿笈摩經》内譯出説世尊焚棺收設利羅等事，與《大涅槃》頗不相涉」；「梁難敵遣使附經」作「遣使同會寧弟子運期奉表進經入京」；「東安」作「東宫」；最後有「運期奉侍其師，因心莫比。師令賫經行化，故無暇影隨往西域也」句。（大50/717b）根據義净記載，會寧在訶陵停住僅有三載，運期奉表賫經，還至交府，馳驛京兆，然後再返訶陵，重見會寧，會寧方適印度。但《開元録》及《宋高僧傳》稱運期賫經入京事（《開元録》未明言運期）在儀鳳年初，如再返訶陵見會寧，時間已晚將近十年。《開元録》與

《宋高僧傳》記載或誤。

〔二二〕五天　五天竺，或稱五印度，古印度的概稱。即東天竺、西天竺、南天竺、北天竺、中天竺，其數爲五。

〔二三〕終期寶渚權居化城　《法華經》卷三《化城喻品》：「譬如五百由旬險難惡道，曠絶無人怖畏之處，若有多衆，欲過此道，至珍寶處。有一導師，聰慧明達，善知險道通塞之相，將導衆人，欲過此難。所將人衆，中路懈退，白導師言：『我等疲極，而復怖畏，不能復進，前路猶遠，今欲退還。』導師多諸方便，而作是念：『此等可愍，云何捨大珍寶而欲退還？』作是念已，以方便力，於險道中過三百由旬，化作一城，告衆人言：『汝等勿怖，莫得退還，今此大城，可於中止，隨意所作，若入是城，快得安隱，若能前至寶所，亦可得去。』是時疲極之衆，心大歡喜，歎未曾有：『我等今者，免斯惡道，快得安隱。』於是衆人前入化城，生已度想，生安隱想。爾時導師知此人衆既得止息，無復疲惓，即滅化城，語衆人言：『汝等去來，寶處在近。向者大城，我所化作，爲止息耳。』」（大9/25c—26a）寶渚即寶處。化城，喻佛設方便，先説所謂聲聞法，使衆生姑爲止息，由此誘導而進趣菩薩乘。此處喻會寧求法未得結果，譬如期於寶處，而權居化城。寶渚，梵文 ratnadvīpa。

〔二四〕後念　《大乘成業論》：「前與後而作生因，如前念心與後念心。」（大31/782a）

運期師者，交州〔一〕人也。與曇閏①同遊，仗智賢受具。旋迴南海，十有餘年。善崑崙音〔二〕，頗知梵語。後便歸俗，住室利佛逝②國，于今現在。既而往復宏波，傳經帝里，布未曾教，斯人之力。年可四十③〔三〕矣。

【校記】

①曇閏　《麗》本、《大》本、天本、内本、足本作「曇潤」。

②佛逝　《磧》本原作「佛遊」；今從《麗》本、《大》本、天本、内本、足本改。

③四十　《磧》本原作「三十」；今從《麗》本、《大》本、天本、内本改。

【注釋】

〔一〕交州　《舊唐書》卷四一《地理志》：「交州，領交趾、懷德、南定、宋平四縣。」（5/1749）交州屬交州總管府。其地相當於今越南河内附近一帶。

〔二〕崑崙音　本書卷下《大津傳》中又稱「崑崙語」，《懷業傳》中稱「骨崙語」。《慧琳音義》卷八一解釋此句云：「崑崙語，上音昆，下音論。時俗語便，亦曰骨論，南海洲島中夷人也。甚黑，裸形，能馴伏猛獸犀象等。種類數般，即有僧祇、突彌、骨堂、閤篾等，皆鄙賤人也。國無禮義，抄劫爲活。愛啖食人，如羅刹惡鬼之類也。言語不正，異於諸蕃。善入水，竟日不死。」（大54/835c）其注多污語。《寄歸傳》卷一則云：「南海諸洲，有十餘國。……諸國周圍，或可百里，或數百里，或可百驛。大海雖難計里，商舶串者准知。良爲掘倫初至交廣，遂使總唤崑崙國焉。唯此崑崙，頭捲體黑。自餘諸國，與神州不殊。赤脚敢曼，總是其式。」（大54/205b）《舊唐書》卷一九七《南蠻西南蠻傳》又云：「自林邑以南，皆卷髮黑身，通號爲『崑崙』。」（16/5270）《晉書》卷三二《后妃傳下》中記孝武文李太后色黑，被人稱爲「崐崘」（4/981）。《通鑑》卷一二九記南朝宋孝武帝寵一「崑崙奴」，令撻大臣（9/4064）。唐人筆記小説及詩文中所記「崑崙奴」則更多。近三十年來國内唐代墓葬中亦出土有卷髮黑膚陶俑，實即崑崙奴俑。以卷髮黑膚之體征論，崑崙本指南海諸島，包括今南亞及東非海岸地區之部分土著居民，今稱尼格羅—澳大利亞種之黑人。後又以此名泛稱南海中諸島及諸地，其居民之語言遂被稱作「崑崙語」或「崑崙音」「骨崙語」。但這一廣大地區中民族種類甚多。如慧琳所舉四種中，僧祇今多認爲即指今桑給巴爾；閣篾又稱吉篾，即今柬埔寨之高棉族。不同民族在古代使用的語言亦各不同。根據義浄記載的情況，他所指的掘崙即掘崙洲人，大致在今印度尼西亞羣島一帶。運期、大津、懷業的行踪，主要在訶陵與室利佛逝。因此此處所稱崑崙語可能是古馬來語的一種。

〔三〕年可四十　《磧》本原作「三十」，它本有作「四十」者，有作「三十」者。會寧以麟德年中（六六四—六六五）至訶陵，停住三載，遂遣運期奉表賫經至交府，於時至遲亦是總章年間（六六八—六七〇）事。義浄撰《求法高僧傳》，至早不過垂拱二年（六八六，實際則更晚）。傳中稱運期「於今現在」，倘作「年可三十」，運期賫經赴唐時最多十餘歲，似不可能，作「年可四十」更通。傳中又稱運期「仗智賢受具」，一般年滿二十方能受具足戒，爾後「迴南海，十有餘年」，其後歸俗，於今現在，亦可證實應作「年可四十」。

木叉提婆〔一〕者，交州人也。唐云解脱天。不閑本諱。泛舶南溟，經遊諸國。到大覺寺，遍禮聖蹤。於此而殞，年可二十四五矣。

【注釋】

〔一〕木叉提婆　梵文Mokṣadeva。mokṣa意譯解脱，deva意譯天。

窺沖法師者，交州人，即明遠室灑也。梵名質呾①囉提婆〔一〕。與明遠同舶而泛南海，到師子洲。向西印度，見玄照師，共詣中土〔二〕。其人禀性聰叡，善誦梵經，所在至處，恒編演唱之〔三〕。首禮菩提樹，到王舍城②〔四〕。遘疾竹園，淹留而卒，年三十許。

【校記】

①咀　足本作「咀」。

②城　足本無此字。

【注釋】

〔一〕質咀囉提婆　梵文Citradeva，可意譯爲錦天。

〔二〕向西印度見玄照師共詣中土　中土，同「中國」「中方」。見前《道生傳》中「中國」條注。據前《明遠傳》，明遠與窺沖同舶至師子洲，後明遠從師子洲向南印度，窺沖則從師子洲向西印度。窺沖在西印度與玄照相見。此爲玄照第二次赴印後事，時約在乾封二年間（六六六—六六七），其後行程應與玄照相同。《玄照傳》：「復過信度國，方達羅茶矣。蒙王禮敬，安居四載（按窺沖可能即在此與玄照相見），轉歷南天。將諸雜藥，望歸東夏。到金剛座，旋之那爛陀寺。」

〔三〕恒編演唱之　義浄在《寄歸傳》卷四《讚咏之禮》中記載了當時印度佛教徒用歌咏形式宣傳佛教的情形：「戒日王極好文筆，令臣下作《社得迦摩羅》（Jātakamālā，意譯《本生花鬘》），「讚咏之中，斯爲美極，南海諸島有十餘國，無問法俗，咸皆諷誦。」「又戒日王取乘雲菩薩以身代龍之事，緝爲歌咏，奏諧絃管，令人作樂，舞之蹈之，流布於代。」又東印度月官大士作《毘輪安呾羅太子歌詞》，人皆舞咏，遍五天矣。」「又尊者馬鳴亦造歌詞及《莊嚴論》，並作《佛本行詩》，《大》本若譯有十餘卷，意述如來始自王宫，終乎雙樹，一代佛法，並緝爲詩。五天南海，無不諷誦。意明字少，而攝義能多。復令誦者，心悦忘倦。」（大54/228a）可見佛教文學一時之盛。這種用文藝手段宣傳宗教的方法，不僅給中國到印度求法的僧人留下了深刻印象，使他們在印度學會「恒編演唱之」，而且也傳到了中國。唐代説唱文學變文等，最初即以宣傳佛教爲主要内容，形式上亦有對印度的模倣。此對唐宋以後所謂中國俗文學的發展影響甚大。

〔四〕王舍城　又稱「王城」或「舍城」。王舍，梵文Rājagrha意譯。《西域記》譯爲「曷羅闍姞利呬城」。古印度名城，曾是摩揭陀國的首都。據《西域記》卷九記載，是公元前六世紀時摩揭陀國頻毘娑羅王因從舊王城即上茅宫城遷都而興建。（頁215）但《法顯傳》則記載是頻毘娑羅王之子阿闍世王所建。（大51/862c）新王城在舊王城北。新舊王城周圍佛教遺跡甚多，遂成佛教徒朝拜的聖地。其地在今印度比哈爾邦巴特那東南六十二英里處，現名腊吉季爾（Rājgir），北距比哈爾城十四英里。西南不遠即菩提伽耶（Bodh Gayā）爲釋迦牟尼成道之處。見Cunningham: *AGI*.pp.385—395; B.C.Law: *H-GAI*.pp.254—255; N.L.Dey: *GDAMI*.p.165, pp.66—69。竹園又作「竹苑」，亦在此附近。見前《玄照傳》中「竹苑」條注。

慧琰法師①者，交州人也。即行公〔一〕之室灑。隨師到僧訶羅國〔二〕，遂停彼國，莫辨存亡。

【校記】

①法師　《麗》本、《大》本、天本無「法」字。

【注釋】

〔一〕行公　即智行法師。見本書卷上《智行傳》。

〔二〕僧訶羅國　即師子國、師子洲。見前《明遠傳》中「師子洲」條注。

信胄法師者，不知何所①人也。梵名設喇②陀跋摩〔一〕。唐云信胄。取北道而到西國。禮謁既周，住信者寺。於寺上層造一塼③閣，施上卧具，永貽供養。遇疾數日，餘命輟然。忽於夜中云有菩薩授手迎接，端居合掌，太息而終，年三十五矣。

右三十人④。

【校記】

①何所　《麗》本、《大》本、天本作「何許」。

②喇　《麗》本、《大》本、天本、内本、足本作「唎」。

③塼　《洪》本作「慱」。

④右三十人　《北》本、《徑》本、清本無此句。

【注釋】

〔一〕設喇陀跋摩　梵文Śraddhāvarman。śraddhā意譯信，varman意譯胄。

智行法師者，愛州〔一〕人也。梵名般若提婆〔二〕。唐云惠天①。泛南海，詣西天〔三〕，遍禮尊儀。至弶伽河北，居信者寺而卒，年五十餘矣。

【校記】

①惠天　《麗》本、《大》本，天本、内本、足本作「慧天」。

【注釋】

〔一〕愛州　《舊唐書》卷四一《地理志》：「愛州，隋九真郡。武德五年置愛州。……其南即驩州界。」（5/1752）唐屬嶺南道，治所在九真。其地在唐時約相當于今越南清化一帶。

〔二〕般若提婆　梵文Prajñādeva。prajñā意譯慧，慧亦作惠；deva意譯天。

〔三〕泛南海詣西天　前《慧琰傳》：「（慧琰）即行公之室灑，隨師到僧訶羅國，遂停彼國，莫辨存亡。」據此，智行赴印路綫似與明遠、大乘燈等相同，始偕慧琰到師子國，而後再轉赴印度。

大乘燈禪師者，愛州人也。梵名莫訶夜那鉢地已波〔一〕。唐云大乘燈。幼隨父母泛舶往杜和羅鉢底①國〔二〕，方始出家。後隨唐使郯②緒〔三〕相逐入京，於大慈恩寺三藏法師玄奘處進受具戒。居京數載，頗覽經書。而思禮聖蹤，情契西極。體蘊忠恕，性合廉隅，戒獻③存懷，禪枝叶慮。以爲溺有者假緣，緣非則墜有，離生者託④助，助是則乖生。乃畢志王城〔四〕，敦心竹苑，冀摧八難〔五〕，終求四輪〔六〕。遂持佛像，攜經論，既越南溟，到師子國觀禮佛牙，備盡靈異。過南印度，覆届東天，往耽摩立底國〔七〕。既入江口，遭賊破舶，唯身得存。淹停斯國，十有二歲。頗閑梵語，誦《緣生》等經〔八〕，兼循⑤修福業。因遇商侶，與淨相隨詣中印度〔九〕。先到那爛陀，次向金剛座，旋過薜舍離⑥〔一〇〕，後到俱尸國。與無行禪師同遊此地，燈師每歎曰：「本意弘法，重之東夏，寧⑦志不我⑧遂，奄爾衰年，今日雖不契懷，來生願畢斯志。」然常爲覩史多天業〔一一〕，冀會慈氏，日晝龍花一兩枝，用標心至。燈公因道行之次，過道希法師⑨所住舊房〔一二〕。當于時也，其人已亡。漢本尚存，梵夾猶列，覩之潸然⑩流涕而歎：「昔在長安，同遊法席，今於他國，但遇空筵⑪。」傷曰：

嗟矣死王，其力彌強。傳燈之士，奄爾云亡。神州望斷，聖境冤揚。眷餘悵而流涕，慨布素而情傷。

禪師在俱尸城般涅槃寺〔一三〕而歸寂滅，于時年餘耳順矣〔一四〕。

【校記】

①杜和羅鉢底　《麗》本、《大》本、天本作「社和羅鉢底」。

②郯　《磧》本原作「剡」；今從《麗》本、《北》本、《徑》本、清本、《大》本、天本、內本、足本及《磧》本所附《音釋》改。

③巘　《磧》本原作「巚」；各本俱作「巘」，今據改。

④託　《磧》本原作「記」；今從《麗》本、《大》本、天本、內本、足本改。

⑤循　《麗》本、《大》本、天本無此字。

⑥薜舍離　《大》本、足本作「薛舍離」；天本印作「辥舍離」。下同。

⑦ 寧《麗》本、《大》本、天本在此後加「知」字。

⑧ 我《麗》本、《大》本作「成」。

⑨ 法師《麗》本、《大》本、天本、内本無「法」字。

⑩ 潛然《大》本、天本作「潛然」。

⑪ 空筵《磧》本原作「室筵」；今從《麗》本、《大》本、天本、内本改。

【注釋】

〔一〕莫訶夜那鉢地已波　梵文Mahāyānapradīpa。意譯大乘燈。

〔二〕杜和羅鉢底國　杜和羅鉢底又作「杜和羅」或「杜和鉢底」。《寄歸傳》卷三：「三種豆蔻，皆在杜和羅。」（大54/223c）同書卷一原注：「……次東南有郎迦戍國，次東有社和鉢底國，次東極至臨邑國。」（大54/205b）「社和鉢底」即「杜和鉢底」，「社」應是「杜」之訛。《麗》本、《大》本、天本《求法高僧傳》此處「杜和羅鉢底」即作「社和羅鉢底」，但其它各本均同此作「杜和羅鉢底」。杜社字形相近，抄刻者易誤。杜和鉢底國亦即杜和羅鉢底國。《西域記》卷十又稱作「墮羅鉢底國」，所記從東印度三摩呾吒國起，往東到林邑止數國方位略同，見前《義朗傳》注中所引，茲不復録。《舊唐書》卷一九七《南蠻西南蠻傳》稱爲「墮和羅」：「墮和羅國，南與盤盤，北與迦羅舍佛，東與真臘接，西鄰大海。去廣州五月日行。」(16/5273)《新唐書》卷二二二下《南蠻傳》所記略同，唯多「墮和羅亦曰獨和羅」一句。根據中國史籍和近代考古發現的資料，其地在今泰國湄南河下遊一帶。杜和羅鉢底即其古都大城府梵名Dvārapatī之音譯。城在今曼谷北約七十公里處，又譯猶地亞(Ayutthaya)。

〔三〕郯緒　郯緒無考。郯原作「剡」。古無此姓，各本除《磧》本、《南》本外均作郯，今據改。《舊唐書》卷一九七《南蠻西南蠻傳》墮和羅條：「貞觀十二年，其王遣使貢方物。二十三年，又遣使獻象牙、火珠，請賜好馬，詔許之。」(16/5273)郯緒或爲貞觀二十三年杜和羅鉢底遣使後回聘之唐使。下文言大乘燈在大慈恩寺玄奘法師處進受具戒，慈恩寺建成於貞觀二十二年，時間上頗合。

〔四〕王城　即王舍城。見前《窺沖傳》中此條注。

〔五〕八難　佛教謂見佛聞法有障難八處。《法門名義集》：「八難：地獄難、畜生難、餓鬼難、北欝單難、佛前佛後難、長壽天難、聾盲瘖啞難、世智辯聽難。」(大54/204b)《維摩經》卷上《佛國品》：「菩薩成佛時，國土無有三惡八難。」(大14/538b)

〔六〕四輪　《理趣釋》卷下：「輪有四種，所謂金剛輪、寶輪、法輪、羯磨輪。」(大19/611b)輪，梵文cakra，本是印度古代的一種武器，後佛教常用作譬喻，喻佛的法力强大。

〔七〕耽摩立底國　梵文Tāmraliptī。《法顯傳》譯作「多摩梨帝」，《西域記》譯作「耽摩栗底」。《法顯傳》：「到多摩梨帝國，即是海口。」（大51/864c）《西域記》卷十：「自三摩呾吒國西行九百餘里，至耽摩栗底國。耽摩栗底國周千四五百里，國大都城周十餘里，濱近海陲，土地卑溼。」（頁235）故地在今印度西孟加拉邦米德納普爾縣（Midnapur dist.）的塔姆盧克（Tamluk）附近，古時位于胡格利河（Hooghly R.）入海口傍，爲東印度重要港口。古希臘學者Ptolemy稱作Tamalites。見B.C.Law: *HGAI*,p.263。東晉義熙五年（四〇九），法顯由此乘船赴師子國。義浄本人亦曾兩次在此經過與停留。

〔八〕緣生等經　《緣生》似指《緣生初勝分法本經》，有隋代來華的印度僧人達磨笈多漢譯本二卷（大16/830—837）。達磨笈多又譯有《緣生論》一卷（大32/482—486）。唐不空異譯爲《大乘緣生論》一卷（大32/486—490）。

〔九〕與浄相隨詣中印度　此咸亨五年（六七四）五月事。見本書卷下《玄逵傳》後義浄自述：「遂達耽摩立底國。……於此創與大乘燈師相見。」《寄歸傳》卷四：「停止五月，逐伴西征。」（大54/233b）五月，指咸亨五年五月。上文言大乘燈「淹停斯國，十有二歲」，依此逆推，大乘燈抵耽摩立底應在龍朔二年（六六二），離長安出行則約在顯慶年間，入長安則約在永徽年間。此與上文稱「於大慈恩寺三藏法師玄奘處進受具戒，居京數載」事亦合。

〔一〇〕薛舍離　梵文Vaiśālī音譯。法顯譯毗舍離，玄奘譯吠舍釐，佛經中又有譯維邪離、維耶離、毗耶離等者。或意譯爲廣博、莊嚴等。印度古國名，亦古城名。傳説釋迦牟尼在世時常住於此，城中、城附近又有維摩詰故宅、菴摩羅女園等。佛教史上第二次結集亦在此地舉行。所以玄奘説「城内外周隍，聖迹繁多」。（《西域記》卷七，頁163）故城在今印度比哈爾邦北部穆札伐普爾縣（Muzaffarpur dist.）巴莎爾（Basarh）村，已發掘。見B.C.Law: *HGAI*.p.265。

〔二〕覩史多天業　覩史多，梵文Tuṣita音譯，又譯都史多、兜率陀、兜率、兜術等。意譯爲知足、喜足、妙足、上足等。覩史多天，佛教所謂欲界六天中第四天，彌勒菩薩（慈氏）住此。《彌勒上生經》：「我等天人八部，今於佛前發誠實誓願，於未來世，值遇彌勒，捨此身已，皆得上生兜率陀天。」（大14/420c）爲覩史多天業，謂善修行業，即能往覩史多天覲見慈氏菩薩。《西域記》卷五「阿踰陀國」條：「凡修行業，願覲慈氏。」（頁115）

〔三〕道希法師所住舊房　房在中印度菴摩羅跋國。見前《道希傳》。

〔三〕俱尸城般涅槃寺　俱尸，見前《道希傳》注。般涅槃寺，梵文Parinirvāṇacaitya。俱尸城故址在北方邦廓拉喀普爾縣（Gorakhpur dist.）東三十五英里處之伽西亞（Kāsiā）村。據B.C.Law説，村旁有涅槃寺，近代在此發現銅制銘牌，上鐫銘文：「Parinirvāṇa-caitya-tāmra-paṭṭa。」般涅槃寺應即指此。見*HGAI*.p.103。

〔四〕耳順　指六十歲。見前《玄恪傳》注。

僧伽跋摩[一]者，康國[二]人也。少出流沙，遊步京輦。禀素崇信，戒行清嚴，檀捨[三]是修，慈悲在念。以顯慶年内奉敕與使人相隨，禮覲西國[四]。到①大覺寺，於金剛座廣興薦設，七日七夜，然燈續明，獻大法會。又於菩提院内無憂樹[五]下雕刻佛②及觀自在菩薩[六]像，盛興慶讚，時人歎希。後還唐國，又奉敕令往交阯採藥。于時交州時屬大儉，人物飢餓，於日日中營辦飲食，救濟孤苦，悲心内結，涕泣外流，時人號爲「常啼菩薩」也。纔染微疾，奄爾而終，春秋六十餘矣。

【校記】

①到《磧》本原作「致」；今從《麗》本、《北》本、清本、《大》本、天本、内本、足本改。

②佛《麗》本、《大》本、天本在此後加「形」字。

【注釋】

〔一〕僧伽跋摩 梵文Saṅghavarman，可意譯爲衆鎧。

〔二〕康國 《新唐書》卷二二一下《西域傳》：「康者，一曰薩末鞬，亦曰颯秣建，元魏所謂悉萬斤者。其南距史百五十里，西北距西曹百餘里，東南屬米百里，北中曹五十里。在那密水南，大城三十，小堡三百。君姓温，本月氏人。始居祁連北昭武城，爲突厥所破，稍南依葱嶺，即有其地。枝庶分王，曰安，曰曹，曰石，曰米，曰何，曰火尋，曰戊地，曰史，世謂九姓，皆氏昭武。土沃宜禾，出善馬，兵彊諸國。……習旁行書。善商賈，好利。丈夫年二十，去傍國，利所在，無不至。」（20/6243）《舊唐書》卷一九八《西戎傳》：「康國，即漢康居之國也。……其人皆深目高鼻，多鬚髯。」（16/5310）《西域記》卷一：「颯秣建國，周千六七百里，東西長，南北狹。國大都城周二十餘里，極險固，多居人。」（頁12）康國爲昭武九姓國之首，唐時地在今蘇聯烏兹别克撒馬爾罕（Samarkand）一帶。故城在今撒馬爾罕城北。唐高宗永徽年間（六五〇—六五五），昭武諸國内附，以其地爲康居都督府，其王拂呼縵爲都督，隸安西都護府。

〔三〕檀捨　檀，梵文dāna的音譯，全譯檀那，意譯施。檀捨，檀加上捨，還是施捨的意思。《寄歸傳》卷一原注：「由行檀捨，自可越度貧窮。」（大54/211b）

〔四〕以顯慶年内奉敕與使人相隨禮覲西國　顯慶，高宗年號，公元六五六年至六六一年。此使人應指顯慶二年奉敕第三次出使印度之王玄策。《諸經要集》卷一：「王玄策《西國行傳》云：大唐顯慶二年，敕使王玄策等往西國送佛袈裟，至泥婆羅國西南頗羅度來村。」（大54/6a）足立喜六作第二次出使，誤。玄策此次出使，仍取道泥波羅。又據《新唐書》卷二二一上（20/6239）、《酉陽雜俎》前集卷十八《木篇》（中華本頁176）、《法苑珠林》卷三九（大53/597b）等記載，玄策此次出使，亦曾到過大覺寺，并樹立石碑以爲紀念，時在顯慶五年九月二十七日。寺主戒龍并爲漢使設大會以示歡迎。參見前《玄照傳》「王玄策」條注。依此推斷，僧伽跋摩到大覺寺，恐亦在同時。

〔五〕無憂樹　梵文Aśoka。意譯無憂樹，音譯阿輸迦或阿叔迦樹。一種喬木，開紅花，拉丁文名Jonesia AsokaRoxb。

〔六〕觀自在菩薩　觀自在，梵文Avalokiteśvara意譯。玄奘音譯爲「阿嚩盧枳低溼伐羅菩薩」。《西域記》卷三原注：「唐言觀自在。合字連聲，梵語如上。分文散音，即『阿縛盧枳多』譯曰『觀』，『伊溼伐羅』譯曰『自在』。舊譯爲光世音、或觀世音，或觀世自在，皆訛謬也。」（頁63）大乘菩薩之一，通常與大勢至同爲阿彌陀佛左右脇侍，合稱「西方三聖」。中國多稱觀世音，譯名雖誤，但已廣泛流行。又因唐人避「世」字諱，略稱觀音。中國民間尤尊崇，塑像及圖像多作女像，爲大慈大悲、救苦濟難的化身。在藏地佛教中地位亦極高。達賴喇嘛就自稱是觀世音轉世。

彼岸法師、智岸①法師，並是高昌〔一〕人也。少長京師，傳燈在念。既而歸心勝理，遂乃觀化中天。與使人王玄廓②〔二〕相隨。泛舶海中，遇疾俱卒。所將漢本《瑜伽》〔三〕及餘經論，咸在室利佛逝國矣。

【校記】

①智岸　《磧》本原作「致岸」，今從《麗》本、《大》本、天本、内本、足本及本書《序》改。

②王玄廓　内本作「王玄策」。

【注釋】

〔一〕高昌　《舊唐書》卷一九八《西戎傳》：「高昌者，漢車師前王之庭，後漢戊己校尉之故地，在京師西四千三百里。其國有二十一城，王都高昌。」（16/5293）《新唐書》卷二二一上略同（20/6220）。故地在今新疆吐魯番。漢代有高昌壁、高昌壘，十六國時前涼有高昌郡，南北朝、隋、唐初其地爲麴氏高昌國。貞觀十四年（六四〇），太宗遣侯君集滅其國，置西州。州治高昌縣，故城在今吐魯番東約二十餘公里處。高昌境内多漢魏以來屯戍西域的漢人後裔，制度風俗多與中原同。貞觀初，玄奘西行，途經高昌，曾得高昌王麴文泰熱情接待與資助。

〔二〕王玄廓　王玄廓事迹不詳。過去有人提出「玄廓」爲「玄策」之訛。馮承鈞先生《歷代求法翻經録》云：「王玄廓應爲王玄策之訛，可以藉知玄策第三次奉使從海道歸，時吐蕃歲寇邊，故不能重循陸路也。」（商務一九三四年版，頁80）其《王玄策事輯》一文又云：「王玄廓當然是王玄策之訛，泛舶海中，好像是王玄策也是從海道歸國，然又像同使人相隨至印度，後來分途歸國，彼岸等走的是海道，如果同玄策同行，則所將經本不必寄在室利佛逝了。」（馮著《西域南海史地考證論著彙輯》，中華書局一九六三年重印版，頁121）但「廓」爲「策」之訛一説，目前并無確實證據，未可遽作結論。今各本俱作「王玄廓」，唯内學院本作「王玄策」，頗疑其擅改，因其改字往往較輕率，又未出校記，不敢輕信。廓歟，策歟，此姑存疑。但玄策顯慶二年第三次奉使，確由陸路經泥波羅赴印，見前《玄照傳》及《僧伽跋摩傳》注。顯慶五年（六六〇）似仍從陸路而還。《法苑珠林》卷三九：「《西域志》云，王玄策至，大唐顯慶五年九月二十七日，菩提寺寺主名戒龍，爲漢使王玄策等設大會，……至於十月一日，寺主及餘衆僧餞送使人，西行五里，與使泣涕而別……。」（大53/597b）如從海路返唐，似不會「西行五里」。同書卷二九：「唐龍朔元年春初，使人王玄策從西國將來（佛頂骨一片），今現宮内供養。」（大53/498a）玄策龍朔元年（六六一）春即抵長安，如取海路，不可能迅速若是。

〔三〕漢本瑜伽　指漢譯本《瑜伽師地論》。見前《玄照傳》「瑜伽十七地」條注。

曇閏①法師，洛陽人也。善呪術〔一〕，學玄理。探律典，翫醫明〔二〕。善容儀，極詳審。杖錫②江表，拯物爲懷。漸次南行，達于交阯。住經載稔，緇素欽風③。附④舶南上，期西

印度。至訶陵北渤盆國〔三〕，遇疾而終，年三十矣。〔四〕

【校記】

①閏　《麗》本、《大》本、天本、内本、足本作「潤」。

②杖錫　《麗》本、《大》本、天本、内本、足本作「振錫」。

③緇素欽風　足本作「細素飲風」。

④附　《麗》本、《大》本、天本、足本作「汎」。

【注釋】

〔一〕呪術　即呪術陀羅尼。見前《師鞭傳》「禁呪」條注。

〔二〕毉明　梵文cikitsāvidyā。印度五明之一。玄奘譯作「醫方明」。《西域記》卷二：「醫方明，禁呪閑邪，藥石針艾。」（頁36）

〔三〕渤盆國　渤盆一名，僅見於此。《寄歸傳》卷一記南海諸洲中有盆盆洲，或亦即此。但據義淨原文，訶陵洲之西爲咀咀洲，次西爲盆盆洲，次西爲婆利洲，未嘗言盆盆在訶陵之北。一説《島夷誌略》所記「蒲奔」即此渤盆，而蒲奔一名，又見於《元史》卷二一〇《外夷傳》爪哇條，稱「莆奔大海」（15/4666），遂以莆奔大海爲今爪哇海，蒲奔或渤盆則在今加里曼丹島南部。（蘇繼廎：《島夷誌略校釋》，中華書局一九八一年版，頁200）藤田豐八認爲在加島東南岸之Tanah Boemboe。（見其《中國南海古代交通叢考》，何健民譯，商務一九三六年版，頁18。）高楠順次郎、足立喜六認爲在南岸之Pembuan。但倘以訶陵在加島西岸（見前《常慜傳》中「訶陵國」條注），則渤盆更在加島北部。

〔四〕曇閏出遊的時間，傳文中没有明言。但前《運期傳》中稱運期「與曇閏同遊」。運期與會寧同時，仗智賢受具。會寧出遊，在麟德年中（六六四—六六五）。曇閏應亦同。見《運期傳》及《會寧傳》。

義輝論師，洛陽人也。受性聰敏，理思鉤深，博學爲懷，尋真是務。聽《攝論》〔一〕《俱舍》等，頗亦有功。但以義有異同，情生舛互，而欲異①觀梵本，親聽微言，遂指掌中天，還望東夏。惜哉苗而不實②，壯志先秋。到郎迦戍③國，嬰疾而亡，年三十餘矣。

【校記】

①異《麗》本、《大》本、天本、内本、足本作「思」。

②實《大》本作「寶」。

③郎迦戍 内本、足本作「郎迦戌」。

【注釋】

〔一〕攝論　即《攝大乘論》，梵文Mahāyānasaṃparigrahaśāstra。無著著。有三種漢譯本：北魏佛陀扇多譯二卷本，南北朝真諦譯三卷本，唐玄奘譯三卷本。見前《慧業傳》「梁論」條注。

復有大唐三僧，從北道到烏長那國〔一〕，傳聞向佛頂骨處〔二〕禮拜，今亦不①委存亡。烏長僧至，傳說之矣。

右四十人②。

【校記】

①不　《麗》本、《大》本、天本作「弗」。

②右四十人　《北》本、《徑》本、清本無此句。

【注釋】

〔一〕烏長那國　烏長那，梵文Udyāna音譯。《法顯傳》譯作烏長（大51/858a），《洛陽伽藍記》卷五載《惠生宋雲行記》作烏場（大51/1019b），《新唐書》卷二二一上作烏萇、烏伏那，又作烏荼（20/6239），《梵語雜名》作烏儞也曩（大54/1236a），《西域記》作烏仗那。《西域記》卷三：「烏仗那國，周五千餘里，山谷相屬，川澤連原。……夾蘇婆伐窣堵河。……其王多治瞢揭釐城。」（頁59）Udyāna意爲花園，所以《西域記》原注云：「唐云苑，昔輪王之苑。」《新唐書》卷二二一上《西域傳》稱其「東距勃律六百里，西罽賓四百里。……有五城，王居術瞢蘖利城，一曰瞢揭釐城，東北有達麗羅川，即烏萇舊地。」但所云「直天竺南」則誤。蘇婆伐窣堵河，梵文Śubhavastu或Śubhavāstu，即今斯瓦特河（Swāt R.）。據此，烏長那國應在今巴基斯坦北部斯瓦特河河岸一帶，其舊地甚至包括東北直到印度河上游一帶之山區。Cunningham說其地包括現代Panjkora，Bijāwar，Swāt與Bunīr四縣（district）。都城在斯瓦特河左岸，Cunningham還原其名爲Maṅgala，認爲可能即現代之Moṅgora（或作Monglora）。見Cunningham：*AGI*.p69；B.C.Law：*HGAI*.p.132；N.L.Dey：*GDAMI*.p125。

〔二〕佛頂骨處　指迦畢試國。見前《玄照傳》「如來頂骨」條注。

慧輪師者，新羅人也。梵名般若跋摩〔一〕。唐云慧甲①。自本國出家，翹心聖迹。泛舶而陵閩越〔二〕，涉步而届長安。奉敕隨玄照法師②西行〔三〕，以充侍者。既之西國，遍禮聖蹤。居菴摩羅跋③國，在信者寺，住經十載。近住次東邊北方覩貨羅僧寺，元是覩貨羅人爲本國僧所造。其寺巨富，資産豐饒，供養飡設，餘莫加也。寺名健陀羅山荼④〔四〕。慧輪住此，既⑤善梵言，薄⑥閑《俱舍》。來日尚存⑦，年向四十矣。其北方僧來者，皆住此寺爲主人耳。

【校記】

① 慧甲　《磧》本原印作「慧申」；今從《麗》本、《大》本、天本、内本、足本及梵文原意改。

② 法師　《麗》本、《大》本、天本、内本無「法」字。

③ 菴摩羅跋　《麗》本、《大》本作「菴摩羅跛」。

④ 荼　《磧》本原作「茶」；今從《麗》本、《大》本、天本、内本改「荼」。

⑤ 既　足本作「即」。

⑥ 薄　足本作「溥」。下同。

⑦ 存　《麗》本、《大》本、天本作「在」。

【注釋】

〔一〕般若跋摩　梵文 Prajñāvarman，意譯慧甲。

〔二〕泛舶而陵閩越　唐時朝鮮與中國的交通，海道主要有兩條路綫：一從鴨緑江口或漢江口等地出發經黄海到山東半島，即賈耽所稱「登州海行入高麗渤海道」。見《新唐書》卷四三下。一沿中國東海岸徑自南下，經黄海、東海到浙江的定海或明州（今寧波），再循水道或陸道入長安。慧輪取後者。

〔三〕奉敕隨玄照法師西行　此指玄照第二次赴印事，時在麟德二年（六六五）或乾封元年（六六六）。見前《玄照傳》。足立喜六指此爲麟德三年事。麟德無三年，其説誤。

〔四〕健陀羅山荼　沙畹將此名還原爲 Gandhārachanda，但猶存疑。沙畹提出疑問：覩貨羅與健陀羅是兩個不同的地理區域，爲什麽覩貨羅人建造的寺廟稱作健陀羅山荼？沙畹解釋説，五世紀時貴霜國王寄多羅南侵北天竺，占領了健陀羅，令其子在健陀羅爲王，此名大概與此有關。沙畹所説，即中國史籍中所稱之「小月氏」，此段史料見《通典》卷一九二等。但也可能此寺建立在大月氏貴霜王朝時期。貴霜王朝統治中心在健陀羅，覩貨羅及北印度均在其統治之下。如此則此寺年代更早。寺原是覩貨羅人爲本國僧所造，但即因爲此，所以寺名稱健陀羅山荼。大約後來所接待的僧人亦不限于覩貨羅人。所以下文説：「其北方僧來者，皆住此寺爲主人耳。」

大覺寺西有迦畢施①國寺，寺亦巨富，多諸碩德，普學小乘。北方僧來亦住此。寺名窶拏②折里多③〔一〕。唐云德行。

大覺東北兩驛許，有寺名屈録迦〔二〕，即是南方屈録迦國王昔所造也。寺雖貧素，而戒行清嚴。近者日軍王〔三〕復於故寺之側更造一寺，今始新成④。南國僧來，多住於此。諸方皆悉有寺，所以本國通流⑤。神州獨無一處，致令往還艱苦⑥耳。

那爛陀寺東四十驛許，尋弶伽河而⑦下，至蜜栗伽悉他⑧鉢娜寺〔四〕。唐云鹿園寺⑨也。去此寺不遠，有一故寺，但有塼基，厥號支那寺。古老相傳云是昔室利笈多大王〔五〕爲支那國僧所造。支那即廣州也。莫訶支那即京師也。亦云提婆佛呾羅⑩，唐云天子也〔六〕。于時有唐僧二十許人，從蜀川牂牁⑪道〔七〕而出，蜀川去⑫此寺有五百餘驛。向莫訶菩提禮拜。王見敬重，遂施此地，以充停息，給大村封二十四所。於後唐僧亡没，村乃割屬餘人。現有三村入屬⑬鹿園寺矣。准量支那寺，至今可五百餘年矣〔八〕。現今地屬東印度王，其王名提婆跋摩〔九〕，每言曰：「若有大唐天子處數僧來者，我爲重興此寺，還其村封，令不絶也。」誠可歎曰：雖有鵲巢〔一〇〕之易，而樂福者難逢。必若心存濟益，奏請弘此，誠非小事也〔一一〕。

金剛座大覺寺即僧訶羅國王所造〔一二〕，師子洲僧舊住於此。

【校記】

① 迦畢施 《麗》本、《大》本、天本、內本、足本及前《玄照傳》中作「迦畢試」。

② 拏 《麗》本、《大》本、天本、內本、足本印作「挐」。

③ 多 《磧》本原作「夕」；今從《麗》本、《大》本、《北》本、《徑》本、清本、天本、內本、足本及梵文原音改。

④ 更造一寺今始新成 《磧》本原作「更造一今始始新成」；各本俱作「更造一寺今始新成」，今據改。

⑤ 諸方皆悉有寺所以本國通流 《磧》本原作「諸方皆悉寺所所以本國通流」；各本俱作「諸方皆悉有寺所以本國通流」，今據改。

⑥ 往還艱苦 《磧》本原作「往艱苦苦」；《南》本作「往還難苦」；其餘各本俱作「往還艱苦」，今據改。

⑦ 而 內本、足本無此字。

⑧ 他 《磧》本原作「伽」；今從《麗》本、《大》本、天本、內本、足本改。

⑨ 鹿園寺 《磧》本原無「園」字；今從《麗》本、《大》本、天本、內本、足本、下文及梵文原意加。

⑩ 佛呾羅 《麗》本、《大》本、天本、內本作「弗呾羅」；足本作「弗呾羅」。

⑪ 牱《麗》本、《大》本、内本、足本作「牫」。

⑫ 去《磧》本原作「寺」；今從《麗》本、《大》本、天本、内本、足本改。

⑬ 入屬《磧》本「入」字原作「人」；今據《麗》本、《大》本、内本、足本改。《麗》本、《大》本、内本、足本無「屬」字。

【注釋】

〔一〕寠拏折里多　梵文Guṇacarita。guṇa意譯德，carita意譯行。

〔二〕屈録迦　屈録迦一名，僅見於此，僅知是南印度國名。沙畹還原爲Kuluka，認爲即今科摩林角（Comorin Cape）東Tāmraparṇī河河口處的Kolkoi（或作Korkai）城。此爲南印度古代有名的海港，曾是潘底亞（Pāṇḍya）王朝的首都，在今泰米爾納德邦蒂内維利縣（Tinnevelly dist.）。見B.C.Law: *HGAI*.p.167; N.L.Dey: *GDAMI*.p.102。足立喜六認爲屈録迦爲羯餕迦之異譯。羯餕迦，梵文Kalinga，古代南印度有名大國，地在今奥里薩邦（Orissa）。見《西域記》卷十。二説中以沙畹之説較可信。

〔三〕日軍王　梵文Ādityasena。āditya意譯日，sena意譯軍。他是馬爾瓦（Mālwa）和摩揭陀（Magadha）的所謂後期笈多（Later Guptas）王朝國王Mādhava Gupta的兒子，在位時間在七世紀後半期。戒日王死後，他曾是中印度最强大的君主，公元六七二年前後舉行過馬祭。見R.C.Majumdar: *AHI*.PartI, pp.152, 162; *HCIP*.Vol.III, pp.72, 126, 127。

〔四〕蜜栗伽悉他鉢娜寺　蜜栗伽悉他鉢娜，梵文Mṛgasthāpana音譯，意譯鹿園。此寺在何處不詳，僅知從那爛陀東行四十餘驛，又尋殑伽河而下，地已近東印度。有人解釋在波羅奈國（即婆羅痆斯）之鹿野苑（Soothill: *DCBT*.p.428b），顯然不對。沙畹把此名還原爲Mṛgaśikhāvana，足立喜六還原爲Mṛgasthāvana（mrga應作mṛga）。

〔五〕室利笈多大王　室利笈多，梵文Śrīgupta。此處當然是指印度笈多王朝的國王。笈多王統中最早的一位國王就叫Śrīgupta，他曾被稱爲大王（Mahārāja）。印度方面缺乏關于他的詳細史料，僅知他是以後的旃陀羅笈多一世（Candragupta Ⅰ）的祖父，即有名的三謨陀羅笈多（Samudragupta）的曾祖父，在位時間約在公元三世紀晚期。有些外國學者因此以義淨此段記載推斷笈多王朝最早興起于今孟加拉一帶（R.C.Majumdar: *HCIP*.Vol.III, Chap.I）。倘如此，則此二十餘唐僧赴印時間亦在三世紀末。其時中國正當西晉末，八王之亂起，北方動蕩，南方僧人要想從北道往印度比較困難，所以下文説唐僧「從蜀川牂牁道出」。不過室利笈多當時在印度只還是一個小國君主。

〔六〕唐云天子也　支那，見前《明遠傳》注。支那，梵文Cīna。莫訶支那，梵文Mahācīna，意譯大支那，或偉大的支那。兩詞意義并無根本區别。此處以支那稱廣州，以莫訶支那稱京師，可能只是因爲京師是天子所居，更表示尊敬之意。提婆佛呾羅，梵文Devaputra，意譯天子。

〔七〕牂牁道　牂牁，亦作牂柯、牂牱。《慧琳音義》卷八一注釋此句：「牂柯，上佐郎反，下音哥。案牂柯者，南楚之西南夷人種類，亦地名也。即五府管内數州皆是也，在益蜀之南。今因傳中説往昔有二十餘人從蜀川出牂柯往天竺得達，因有此説，遂檢尋《括地志》及諸地理書、《南方記》等，説此往五天路經（按「經」應作「徑」），若從蜀川南出，經餘姚（應作「姚州」）、越嶲、不喜（應作「不韋」）、永昌等邑，古號哀牢玉（「玉」與「夷」通），漢朝始慕化，後改爲身毒國，隋王之稱也（「隋」疑作「隨」）。此國本先祖龍之種胤也。今並屬南蠻，北接互羌，雜居之西，過此蠻界，即入土蕃國之南界。西越數重高山峻嶺，涉歷川谷，凡經三數千里，過土蕃界，更度雪山，南脚即人（應作「入」）東天竺東南界迦摩縷波國，其次近南三摩怛吒國、呵利鷄羅國及耽摩立底國等。此山路與天竺至近，險阻難行，是大唐與五天陸路之捷徑也，仍須及時。盛夏熱瘴毒蟲，不可行履，遇者難以全生。秋多風雨，水泛又不可行。冬雖無毒，積雪沍寒，又難登陟。唯有正、二、三月乃是過時，仍須譯解數種蠻夷語言，兼賫買道之貨，仗土人引道，展轉問津，即必得達也。山險無路，難知通塞，乃爲當來樂求法巡禮者故作此説，以曉未聞也。」（大54/835a）慧琳此注頗重要，所引《括地志》《南方記》等書今俱佚。唐代記中國西南通印度道里較詳細者，除存于《新唐書》卷四三下《地理志》中賈耽記邊州入四夷道第六「安南通天竺道」

一條外，即推此條。但原文有舛誤處，兹詮釋如下。牂牁，族名，亦地名。漢武帝元鼎六年（公元前一一一）置牂牁郡，治所在且蘭（今貴州貴陽附近，一説在今凱里西北），轄境約當今云南東部、貴州大部、廣西西北部。後代地域漸小，治所亦有遷徙。唐代有牂牁蠻，首領姓謝，「其地北去充州一百五十里，東至辰州二千四百里，南至交州一千五百里，西至昆明九百里。」又稱「牂牁國」。「武德三年，遣使者朝，以其地爲牂州。」後又曾封其別帥爲「滇王」。其地約當今貴州中南部。見《舊唐書》卷一九七（16/5276）、《新唐書》卷二二二下（20/6319）、《通典》卷一八七（《萬有文庫》本，頁999a）等。但義浄所稱牂牁，應指牂牁故郡地。慧琳稱「五府管内數州皆是也」不確。永徽後以廣、桂、容、邕、安南爲五府，牂牁地大部在其西。從蜀川牂牁道出，謂道經牂牁。古代巴蜀通西南夷道路主要有三：一從今川東入黔北，略相當于今川黔鐵路與公路的路綫；二爲漢武帝時唐蒙所修治之通西南夷道，北起犍爲（今四川宜賓），南抵今雲南曲靖；三爲成都通邛都（今四川西昌），渡金沙江入雲南，即諸葛亮南征所取之路綫，略相當于今成昆鐵路之走向。義浄所稱蜀川牂牁道，大致應指第二條路綫。慧琳所記，抄掇諸書，其實是指第三條路綫。餘姚，應作姚州。姚州，唐武德四年（六二一）置，以州人多姓姚得名。麟德元年移治弄棟川（今雲南姚安北）。天寶後地入吐蕃，貞元中歸南詔，改置弄棟府。轄境相當今雲南姚安、大姚等縣地。見《舊唐書》卷四一（5/1697）等。《通典》

卷一八七載張柬之（時爲蜀州刺史）表云：「姚州者，古哀牢之舊國。」（同上，頁1002a）餘姚則在今浙江東部。越雋，新舊《唐書》俱作越巂。漢武帝元鼎六年置越巂郡，隋代亦稱越巂郡。唐武德元年改爲巂州，領越巂等六縣。州治越巂縣，亦漢郡治所，漢代稱邛都，在今四川西昌東南。唐天寶、至德間又曾改巂州爲越巂郡。州郡轄境約相當于今雲南麗江及綏江兩縣間，金沙江以東以西，祥雲、大姚以北，四川木里、石棉、甘洛、雷波以南地區。不喜應作不韋。不韋、永昌爲漢魏晉時地名。東漢光武帝建武二十七年（五一），西南哀牢夷王賢栗（一作扈栗）受漢封。明帝永平十二年（六九）以新置哀牢人居地二縣，并割益州郡西部六縣置永昌郡，治所在不韋（今雲南保山金鷄村），轄境相當今雲南大理自治州及哀牢山以西地區。東晉成帝時廢。唐代地屬南詔。南詔亦「自言哀牢之後，代居蒙舍州爲渠帥，在漢永昌故郡東，姚州之西。」見《舊唐書》卷一九七（16/5280）。因此慧琳言「古號哀牢玉」，哀牢玉即哀牢夷。不甚可解者是「漢朝始慕化，後改爲身毒國，隋王之稱也」句，當另闢新説，兹不贅。永昌故郡地自古與印度通。張騫使大夏，見邛竹蜀布，問所從來，答曰從身毒國得之，身毒國又得之蜀賈人。此爲有名故事。見《史記》卷一二三《大宛傳》、《漢書》卷九五《西南夷傳》、《漢書》卷六一《張騫傳》。《華陽國志》卷四《南中志》「永昌郡」條稱：「寧州之極西南也，有閩濮、鳩獠、僄越、躶濮、身毒之民。」（《四部叢刊》本，頁16a）身毒之民與其它少數民族相提并論，可見人數不少。今並屬南蠻，南蠻指南詔。唐開元年間，蒙舍詔皮邏閣統一六詔，成爲西南一强大地方政權，史稱南詔，全盛時轄有今雲南全部、四川南部、貴州西部以及緬甸、泰國、老撾、越南北部部分地區。北接互羌，互羌疑即氐羌。《舊唐書》卷一九六《吐蕃傳》：「劍南西川又與吐蕃、氐羌鄰接。」（16/5237）吐蕃、氐羌亦與南詔北界接。雪山，應指今橫斷山脉諸山。《蠻書》卷六：「（南詔）接吐蕃界，北對雪山。」（北京大學圖書館藏向達校注清樣本，頁167）迦摩縷波國在東印度，今印度阿薩姆邦西部高哈蒂（Gauhati）及其附近一帶。三摩怛吒，又寫作三摩呾吒，見本書卷下《僧哲傳》中注。呵利雞羅又寫作訶利雞羅，見本書卷下《曇光傳》中注。又賈耽所記「安南通天竺道」，其中自羊苴咩城（今雲南大理）以後一段行程亦可與此對照：「自羊苴咩城西至永昌故郡三百里。又西渡怒江，至諸葛亮城二百里。又南至樂城二百里。又入驃國境，經萬公等八部落，至悉利城七百里。又經突旻城至驃國千里。又自驃國西度黑山，至東天竺迦摩波國千六百里。又西北渡迦羅都河，至奔那伐檀那國六百里。又西南至中天竺國東境恒河南岸羯朱嗢羅國四百里。又西至摩揭陀國六百里。」「一路自諸葛亮城西去騰充城二百里。又西至彌城百里。又西過山，二百里至麗水城。乃西渡麗水、龍泉水，二百里至安西城。乃西渡彌諾江水，千里至大秦婆羅門國。又西渡大嶺，三百里至東天竺北界箇没盧國（按即迦摩縷波國一名異譯）。又西南千二百里，至中天竺國東北境之奔那伐檀那國，與驃國往婆羅門國路合。」（4/1152）慧琳所記，似與後一條路綫較接近。諸地名法人伯希和曾有過考證，見其《交廣印度兩道考》一文（有馮承鈞中譯本）。慧琳稱此條路綫「與天竺至近，險阻難行，是大唐與五天陸路之捷徑也。」亦可由玄奘與義浄等之記載證實。《西域記》卷十「迦摩縷波」條：「此國東山阜連接，無大國都，境接西南夷，故其人類蠻獠矣。詳問土俗，可兩月行，入蜀西南之境，然山川險阻，嶂氣氛沴，毒蛇毒草，爲害滋甚。」（頁233）《寄歸傳》卷一原注：「從那爛陀東行五百驛，皆名東裔。乃至盡窮，有大黑山，計當土蕃南畔。傳云是蜀川西南行可一月餘，便達斯嶺。」（大54/205b）《新唐書》卷二二一下《西域傳》：「北大雪山，即東女也。歷十九種得摩揭陀。又東過四種，踰大河，有迦摩縷波，皆坂險，地接西南夷，其人類蠻獠。行二月，叩蜀南邊。」（20/6248）以時間與距離計，這大約要算古代中國與印度之間最近捷的通道，唯因路途難險，少爲人取而已。

〔八〕可五百餘年矣　義浄赴印在七世紀後期，以此逆推，五百餘年前應是公元二世紀後期，即東漢末年。當時中國似乎還没有往印度本土求法的僧人。義浄所言，僅是估計，其實不大可能有五百餘年。

〔九〕提婆跋摩　梵文Devavarman，可意譯爲天冑。提婆跋摩王事迹不可考。R.C.Majumdar講他可能就是七世紀後半期統治東孟加拉的Devakhaḍga王（*HCIP*.Vol.III, p.143）。從時間和地點上看相符合。但從提婆跋摩王的王號看，他似乎又和統治東印度迦摩縷波三百餘年的跋摩王朝有關係。

〔一〇〕鵲巢《詩·召南·鵲巢》：「維鵲有巢，維鳩居之。」

〔一一〕誠非小事也 義浄後返室利佛逝時，曾遣大津返唐，望請天恩於西方造寺。見本書卷下《大津傳》。

〔一二〕金剛座大覺寺即僧訶羅國王所造 《西域記》卷八記載了僧訶羅國王建大覺寺之傳説，但不及王玄策所記具體。《法苑珠林》卷二九：「依《王玄策行傳》云：西國瑞像無窮，且録摩訶菩提樹像，云昔師子國王名尸迷佉拔摩（原注：唐云功德雲）梵王，遣二比丘來詣此寺。大者名摩訶諵（原注：此云大名），小者優波（原注：此云授記）。其二比丘禮菩提樹金剛座訖，此寺不安置。其二比丘乃還其本國。王問比丘：『往彼禮拜聖所來，靈瑞云何？』比丘報云：『閻浮大地，無安身處。』王聞此語，遂多與珠寶，使送與此國王三藐陀羅崛多。因此以來，即是師子國比丘。」（大53/502c）尸迷佉拔摩，梵文Śrīmeghavarṇa，僧訶羅國王，在位時間約在公元三五二至三七九年。見R.C.Majumdar: *HCIP*. VolIII, p.11。三藐陀羅崛多，又譯三藐陀羅笈多，梵文Samudragupta，意譯海護，笈多王朝有名的國王，在位時間約在公元三四〇至三八〇年（Ibid.p.16）。

大覺寺東北行七驛許，至那爛陀寺，乃是古王室利鑠羯羅昳底〔一〕爲北天苾芻曷羅社槃社①〔二〕所造。此寺初基纔餘方堵，其後代②國王苗裔相承，造製宏壯〔三〕，則贍部洲〔四〕中當今無以加也。軌模不可具述，但略叙區寰耳。

然其寺形，畟方如城③〔五〕，四面直簷，長廊遍帀④〔六〕，皆是塼室。重疊三層，層高丈餘，横梁板闐〔七〕，本無椽瓦，用塼平覆⑤。寺皆⑥正直，隨意旋往。其房後壁即爲外面也，疊⑦塼峻峭⑧，高三四丈。上作人頭〔八〕，高共人等。其僧房也，面有九焉⑨〔九〕。一一房中可方丈許，後面通窻户向簷矣。其門既高，唯安一扇，皆相瞻望，不許安簾。出外平觀，四面皆覩，互相檢察，寧容片私？於一角頭作閣道還往。寺上四角，各爲塼堂，多聞大德而往於此。寺門西向〔一〇〕，飛閣凌虚，雕刻奇形，妙盡工飾〔一一〕。其門乃與房相連，元不別作，但前出兩步，齊安四柱。其門雖非過大，實⑩乃裝架彌堅。每至食時，重關返閉，既是聖教，意在防私。寺内之地方三十步許〔一二〕，皆以塼砌。小者或十⑪步，或五步耳。凡所覆屋脊上簷前房内之地，並用塼糏⑫如桃棗大，和雜粘泥，以杵平築，用⑬壃石灰〔一三〕，雜以麻筋并油及麻滓爛皮之屬，浸漬多日，泥於塼地之⑭上，覆以青草，經三數日，看其欲乾，重以滑石揩拭，拂赤土汁或丹朱之類，後以油塗，鮮澄若鏡。其堂殿階陛，悉皆如此。

一作已後，縱人踐蹋，動經一二十載，曾不圮坼⑮。不同石灰，水沾便脱。如斯等類，乃有八寺〔一四〕，上皆平通，規矩相似。於寺東面⑯取房或一或三，用安尊像，或可即於此面前出多少，別起臺觀，爲佛殿矣〔一五〕。

於⑰寺西面⑱大院之外，方列大窣堵波〔一六〕舊云塔者訛略。及諸制底，舊云支提者訛也。數乃盈百。聖跡相連，不可稱説⑲〔一七〕。金寶瑩飾，實成希有。

其間僧徒綱軌出納之儀，具如《中方録》及《寄歸傳》〔一八〕所述。寺内但以最老上座而爲尊主，不論其德〔一九〕。諸有門鑰，每宵封印，將付上座，更無別置寺主、維那〔二〇〕。但造寺之人，名爲寺主，梵云毗訶羅莎弭〔二一〕。若作番直，典掌寺門，及和僧白事者，名毗訶羅波羅〔二二〕，譯爲護寺⑳。若鳴揵稚㉑〔二三〕及監食者，名爲羯磨陀那，譯爲授事，言維那者略也㉒。衆僧有事，集衆平章，令其護寺巡行告白，一一人前，皆須合掌，各伸其事。若一人不許，則事不得成，全無衆前打槌秉白之法。若見不許，以理喻之，未有挾強便加壓伏。其守庫當莊之流，雖三二人，亦遣典庫家人合掌爲白，若合方可費用，誠無獨任之咎。若㉓不白而獨用者，下至半升之粟，即交被㉔驅擯。若一人稱豪，獨用僧物，處斷綱務，不白大衆者，名爲俱攞鉢底〔二四〕，譯爲家主㉕。斯乃佛法之大疣，人神所共怨，雖復於寺有益，而終獲罪彌深，智者必不爲也。

又諸外道先有九十六部，今但十餘〔二五〕。若有齋會聚集，各各自居一處，並與僧尼無競先後。既其法別，理不同行，各習所宗，坐無交雜。

此之寺制，理極嚴峻，每半月令典事佐史㉖巡房讀制。衆僧名字不貫王籍〔二六〕，其有犯者，衆自治罰，爲此僧徒咸相敬懼。其寺受用雖迮，而益利彌寬〔二七〕。曾憶在京見人畫出祇洹寺樣，咸是憑虛〔二八〕。爲廣異聞，略陳㉗梗槩云爾。

又五天之地，但是大寺，君王悉皆令置漏水〔二九〕，爲此晝夜期候不難。准如律教，夜分三分〔三〇〕，初後制令禪誦，中間㉘隨意消息〔三一〕。其漏水法廣如《寄歸傳》中所述〔三二〕。雖復言陳寺樣，終恐在事還迷，爲此畫出其圖，冀令目擊無滯。如能奏請依樣造之，即王舍支那，理成無別耳。乃歎曰：

衆美仍羅列，羣英已古今。也知生死分，那得不傷心！

寺樣㉙〔三三〕。

此是室利那爛陀莫訶毗訶羅〔三四〕樣，唐譯云吉祥神龍大住處也。西國凡喚君王及大官屬并大寺舍，皆先云室利，意取吉祥尊貴之義。那爛陀乃是龍名。近此有龍，名那伽爛陀，故以爲號〔三五〕。毗訶羅是住處義，比云㉚寺者，不是正翻。如觀一寺，餘七同然〔三六〕。背上平直，通人還往。凡觀寺樣者，須面西㉛看之，欲使西出其門，方得真勢㉜。

於門南畔可二十㉝步，有窣堵波，高百許尺㉞，是世尊〔三七〕昔日夏三月安居處。梵名慕攞健陀俱胝〔三八〕，唐云根本香殿矣。

門北畔五十步許，復有大窣堵波〔三九〕，更高於此，是幼日王〔四〇〕所造，皆並塼作，裝飾精妙，金牀寶地，供養希有，中有如來轉法輪像。

次此西南有小制底，高一丈餘，是婆羅門執雀請問處〔四一〕，唐云雀離浮圖，此即是也。根本殿西有佛齒木㉟樹，非是楊柳㊱〔四二〕。其次西畔，有其㊲戒壇〔四三〕，方可大尺〔四四〕一丈餘，即於平地周疊㊳塼墻㊴，可㊵高二尺許。墻内坐基可高五寸，中有小制底。壇東殿角有佛經行之基〔四五〕，疊塼爲之，寬可二肘〔四六〕，長十四五肘，高可二肘餘。上乃石灰素㊶作蓮花開勢，高可二寸㊷，闊一尺許，有十四五，表佛足跡。

此寺則南望王城，纔三十里〔四七〕。鷲峯竹苑，皆在城傍。西南向大覺，正南尊足山，並可七驛。北向薜舍離，乃二十五驛。西瞻鹿苑〔四八〕，二十餘驛。東向耽摩立底國，有六七十驛，即是海口昇舶歸唐之處。

此寺内僧衆有三千五百人，屬寺村莊二百一所，並是積代君王給其人户，永充供養〔四九〕。言驛者即當一瑜㊸繕那也。重曰：

龍池龜洛㊹〔五〇〕，地隔天津。途遥去馬，道絶來人。致令㊺傳説，罕得其真。模形别匠，軌製殊陳。依俙畫古㊻，髣髴驚新。庶觀者之虔想，若佛在而翹神。

【校記】

①曷羅社槃社　《麗》本、《大》本、天本、内本無最末「社」字。

②後代　足本無「代」字。

③城　《磧》本原作「域」；今據《麗》本改。

④帀　《大》本印作「匝」。帀匝同。

⑤覆　《磧》本原作「履」；各本俱作「覆」，今據改。

⑥皆　《麗》本、《大》本、天本、内本作「背」。

⑦疊　《麗》本、《大》本、天本、内本作「壘」。

⑧峭　《磧》本原無「峭」字；今從《麗》本、《大》本、天本、内本加。

⑨九焉　足本作「九烏」。

⑩實　《磧》本原作「寶」；各本俱作「實」，今據改。

⑪十　《麗》本、《大》本、天本作「七」。

⑫糈　《麗》本、《大》本、天本、内本作「屑」。

⑬用　《磧》本原作「周」；今從《麗》本、《大》本、天本改。

⑭ 之 足本無此字。

⑮ 坼 《麗》本、《大》本作「磔」。

⑯ 東面 《麗》本、《大》本、天本在此後多一「西」字。

⑰ 於 《麗》本、《大》本、天本作「此」。

⑱ 西面 《麗》本、《大》本、天本、内本作「西南」。

⑲ 稱説 《麗》本、《大》本、天本、足本作「稱記」。

⑳ 譯爲護寺 《麗》本此句作小字注。

㉑ 犍稚 《麗》本、《大》本、天本作「健稚」。

㉒ 譯爲授事言維那者略也 《麗》本此句作小字注。

㉓ 若 《麗》本、《大》本無此字。

㉔ 被 《洪》本作「波」。

㉕ 譯爲家主 《麗》本此句作小字注。

㉖ 佐史 足本作「左史」。

㉗ 陳 《洪》本作「凍」。

㉘ 中間 《磧》本原作「中聞」；今從《麗》本、《北》本、《徑》本、清本、《大》本、天本、内本、足本改。

㉙乃歎曰……寺樣　《麗》本、天本無此句共二十五字，另作「此下宜畫寺樣也」。内本、足本在「那得不傷心」後用小字注：「寺樣今佚」。

㉚比云　《南》本、《北》本、《徑》本、清本、内本、足本作「此云」。

㉛面西　《麗》本、《大》本、天本、内本作「南面」；足本作「南西」。

㉜真勢　《麗》本、《大》本、天本、内本作「直勢」。

㉝二十　足本作「一十」。

㉞百許尺　《麗》本、《大》本、天本、内本、足本作「百尺許」。

㉟木　足本作「林」。

㊱柳　《麗》本印作「栁」。

㊲其　《麗》本、《大》本、天本、内本無此字。

㊳疊　《麗》本、《大》本、天本、内本、足本作「壘」。下同。

㊴墻　足本作「壇子」。

㊵可　《磧》本原作「子」；今從《南》本、《北》本、《徑》本、清本、内本、足本改。

㊶素　《麗》本、《大》本、天本、内本作「壊」。

㊷寸　《磧》本原作「肘」；今從《麗》本、《大》本、天本、内本、足本改。

㊸瑜　《麗》本、《大》本、天本、内本、足本作「踰」。

④④ 龜洛　《磧》本原作「龜浴」，今從《麗》本、《大》本、天本、内本、足本改。

④⑤ 致令　《洪》本、《南》本、《北》本、《徑》本、清本、足本作「致今」。

④⑥ 晝古　《磧》本原作「盡古」；今從《洪》本、《南》本、《北》本、《徑》本、清本、《大》本、天本、内本改。

【注釋】

〔一〕室利鑠羯羅昳底　梵文ŚrīŚakrāditya的音譯，玄奘譯爲鑠迦羅阿迭多。śrī爲尊號；Śakra即Indra，漢譯天帝釋、帝釋、帝，āditya意爲日，所以又意譯爲帝日。根據印度方面的歷史資料，一般認爲鑠羯羅昳底即笈多王朝的國王鳩摩羅笈多一世（Kumāragupta Ⅰ），又稱Mahendrāditya（亦可意譯「帝日」），在位時間約在公元四一五至四五五年。見R.C. Majumdar: *AHI*.PartI, p.150; S.Dutt: *Buddhist Monks and Monasteries of India*, London, 1962, p.329; A.Ghosh: *A Guide to Nālandā*, Delhi, 1946, p.41。

〔二〕曷羅社槃社　曷羅社槃社事不詳。沙畹還原此名爲Rājavaṃśa。足立喜六謂曷羅社槃社即Grantha-vatsa。足注略云：《增一阿含經》卷三：「苦身露坐，不避風雨，所謂婆嗟比丘是。」槃社即婆嗟（伐差），指尼乾外道。佛教徒看不起，就稱之爲尼乾子，nir-grantha，意思是無慚；nir是否定辭，grantha是文飾意；因爲槃社後來皈依佛教，成爲了小乘犢子部的創始人（足立喜六原注：在佛涅槃後大約二百年），所以就去掉否定辭nir，成爲grantha-vatsa，即曷羅社槃社。據此，帝日王創建那爛陀寺在佛涅槃後大約二百年，即公元前二百六七十年左右，相當於阿育王登位前後。足立喜六此説，不知是怎樣推導出來的。曷羅社既不與grantha諧音，槃社亦不與vatsa諧音，nirgrantha雖然是指尼乾外道（即耆那教），但此詞原意是「解除束縛者」，并没有「無慚」之意，grantha也不是文飾，更談不上耆那教徒因爲皈依了佛教，就可以從nirgrantha一詞中摘掉nir這頂帶否定意義（？）的帽子。至于説因此而推斷帝日王創建那爛陀寺的時間在公元前二百六七十年前後，更是聞所未聞。足説不可解。

〔三〕此寺初基纔餘方堵其後代國王苗裔相承造製宏壯　《慈恩傳》卷三稱那爛陀寺是「六帝相承，各加營造」（大50/237b）。據《西域記》卷九，那爛陀寺最初建造者是鑠迦羅阿迭多（帝日）王，即此處之室利鑠羯羅昳底王，其子佛陀毱多（覺護）王以及其後的呾他揭多毱多（如來護）王、婆羅阿迭多（幼日）王、伐闍羅（金剛）王，還有中印度王相繼擴建，於是「周垣峻峙，同爲一門，既歷代君王繼世興建，窮諸剞劂，誠壯觀也。」（頁217）足立喜六斷「初基纔餘方堵」入上句，又引《西域記》「帝日本大伽藍者，今置佛像，衆中日差四十僧，就此而食，以報施主之恩」句，謂義淨講「此寺初基纔餘方堵」，三十餘年間，變遷可以想像。但義淨原文中實在并無此意思。又玄奘所記建造那爛陀寺諸王，俱爲公元五世紀初以後人。近現代印度及西方學者們根據印度方面的史料進行研究，基本上確定了他們的年代。參見V.Smith: *The Early History of India*; H.Raychaudhuri: *Political History of Ancient India*; R.C.Majumdar: *HCIP*.Vol.III等書。但足立喜六注謂帝日王、覺護王時在孔雀王朝，理由即前注所引；又謂漢譯《婆藪槃豆傳》（即《世親傳》）中講「正勤日王有太子名婆羅佚底」，意譯新日，新日同幼日，所以幼日王是正勤日王之子，與世親同時，爲佛涅槃後九百年，即公元四百二十年前後人，金剛王亦即其子。今僅見足立喜六有此説。一般都認爲，那爛陀寺建造時間不早於公元五世紀初，理由是：一、考古發掘至今未發現更早於此的文物；二、法顯在公元五世紀初到印度，在王舍城附近一帶巡禮佛教聖迹，并未提到那爛陀寺，如果有，不會不提到；三、玄奘、義淨所記之人和事，時間能確指者，都在五世紀或五世紀以後。足説聞所未聞，不可解，亦難使人置信。

〔四〕贍部洲　梵文Jambudvīpa。《慧琳音義》卷五解釋：「梵語，此大地之總名也。因金因樹而立此名。」（大54/336b）Jambu，印度一種樹名；dvīpa意譯洲。佛教傳説大海上有四大洲，其中南贍部洲，即贍部洲爲此方人所居，地中央有贍部樹，樹下有好金，所以稱作贍部洲。

〔五〕畟方如城　《慧琳音義》卷七二解釋：「畟方，上初色反。《杜注左傳》云：畟猶側也。

顧野王云：正方也。《古今正字》：從田，從人，反聲也。」（大54/775b）同書卷七三：「畟方者，中外人間之常語也。四面齊等，頓方也。《古今正字》：從田，從人，從夂，音雖。會意字，象田之方。」（大54/779b）

〔六〕長廊遍帀　《説文》第六下：「帀，周也，從反㞢而帀也。凡帀之屬皆从帀，周盛説。」段注：「反㞢，謂倒之也，凡物順屰往復，則周徧矣。」（掃葉山房本，頁1a）

〔七〕橫梁板闐　《説文》第十二上：「闐，盛皃也，從門，真聲。」段注：「謂盛滿於門中之皃也。」（同上，頁6a）

〔八〕上作人頭　人頭，足立喜六解釋爲人頭胸像。疑非是。人頭疑爲古建築術語。《營造法式》卷四《大木作制度一》中有「昂頭」「卷頭」「跳頭」「拱頭」等名，俱屬「造拱之制」。（商務一九五四年重印版，頁76）又有「爵頭」一名，并注：「今俗謂之耍頭，又謂之胡孫頭，朔方人謂之蜉蜒頭。」（同上，頁16）疑此處「人頭」即屬此類用語。

〔九〕其僧房也面有九焉　謂每一面有九間僧房。各本俱作「面有九焉」，唯足本作「面有九烏」。據《大正藏》本所附校記，宫内省本（即足本所用底本）此處作「焉」，不作「烏」。足立喜六注稱「面有九焉」是錯誤的，應作「面有九烏」，大約因此即改「焉」爲「烏」。足立喜六解釋：九烏同九陽，太陽中有三脚烏，所以太陽稱爲烏。九陽即太陽，九烏因此爲太陽的異稱，「其僧房也，面有九烏」，意思是塼壁直立，太陽常直射在僧房外壁上。

足注引經典頗多，但解釋甚奇。姑毋論太陽是否可以稱爲「九烏」，原文語義亦非如此。考古發掘證明，那爛陀寺院布局成正方形，每一面有僧房九間，義浄所記八座寺院俱如此。「面有九焉」的意思也就十分明白，很難有可懷疑之處。參見那爛陀寺遺址發掘平面圖。

〔一〇〕寺門西向 《繼業西域行程》：「有那爛陀寺，寺之南北，各有數十寺，門皆西向。」（大51/982a）那爛陀現已發掘十座寺院遺址，其中八座寺院遺址俱爲西向，惟有編號爲1A和1B的兩座寺院遺址爲北向。與其它八座寺院相比，此兩座寺院規模較小，明顯形成另外一個建築羣落，應是後代所建。下文「如斯等類，乃有八寺」，義浄所見所指，亦只是西向之八座寺院。

〔一一〕妙盡工飾 《慈恩傳》卷三：「以甎壘其外，合爲一寺，都建一門。庭序別開，中分八院。寶臺星列，瓊樓岳峙。觀竦烟中，殿飛霞上。生風雲於户牖，交日月於軒簷。」（大50/236b）所記甚壯觀。

〔一二〕寺内之地方三十步許 周制以八尺爲步，秦制以六尺爲步，唐制以五尺爲步。見《唐六典》卷三。

〔一三〕壃石灰 壃亦作礓。壃石灰，今稱生石灰。義浄譯《根本説一切有部毗奈耶雜事》卷六原注：「（洗足處）中間甎砌，作龜背形，以礓石灰泥，水洗不去。」（大24/229a）足本此段作「平築周疆」，斷「石灰」二字入下句，解釋「周疆」即周圍。不通。

〔一四〕如斯等類乃有八寺　《寄歸傳》卷四：「至如那爛陀寺，人衆殷繁，僧徒數出三千，造次難爲詳集。寺有八院，房有三百。」考古發掘結果同。已發掘出的八座寺院遺址，編號爲一、四、六、七、八、九、十、十一，整齊向西一字排列。八座寺院内部建築布局亦基本相同。只是在八座寺院南端同時還發掘出北向的寺院遺址兩座。據考古研究的結果，那爛陀寺實際上是一個寺院羣。歷代興建，各寺建立時間不同，興廢不定，多數寺院都曾經重修，有的在前代基址上曾多次重修。義淨所記，當爲當時的實況。那爛陀寺院的數目，各家記載有不同。《釋迦方志》卷下稱其「周垣峻峙，高五丈許，總有七院。院分三層，同爲一門。歷代興建，窮壯極麗」。（大51/964b）《宋高僧傳》卷三《牟尼室利傳》又云：「那爛陀寺，周圍四十八里，九寺一門，是九天王所造。」（大50/721a）《繼業西域行程》則云：「有那爛陀寺，寺之南北，各有數十寺，門皆西向。」（大51/982a）原因是各代情況不同。道宣所言，當爲七世紀早期或更早時之情形。牟尼室利於唐貞元九年（七九三）從那爛陀往中國，所言者爲八世紀晚期時情形。繼業所言，則爲宋初，即十世紀後期時情形。《慈恩傳》卷三稱那爛陀「庭序别開，中分八院」，與義淨所記全同。蓋七世紀時確爲八院也。

〔一五〕别起臺觀爲佛殿矣　考古發掘證實，佛殿（shrine）確在寺院東面。見那爛陀寺遺址發掘平面圖。

〔一六〕窣堵波　梵文stūpa音譯，又譯窣覩波、率都婆、藪斗波、塔婆、塔、浮圖等。巴利文作thūpa。佛教建築，用以藏舍利和經卷等。

〔一七〕聖迹相連不可稱説　《西域記》卷九：「（那爛陀）伽藍四周，聖迹百數。」（頁218）考古發掘證實在那爛陀寺西面門外有很大的窣堵波羣，即第三、第十二、第十三、第十四號遺址。但這些遺址是否全是義浄當年所見，則難斷定。因後代重建擴建者可能也不少。

〔一八〕中方録及寄歸傳　《寄歸傳》即《南海寄歸内法傳》。《中方録》未詳爲何書。此處與《寄歸傳》并提，疑亦爲義浄所著，後佚。

〔一九〕但以最老上座而爲尊主不論其德　《西域記》卷九：「（那爛陀寺）未受戒者以年齒爲次，故此伽藍獨有斯制。」（頁217）僅言未受戒者，與義浄所記稍不同。上座，梵文sthavira。

〔二〇〕更無别置寺主維那　維那，佛教寺院里一種僧職名稱，又稱授事。《寄歸傳》卷四原注：「授事者，梵云羯磨陀那。陀那是授，羯磨是事，意道以衆雜事指授於人。舊云維那者非也。維是唐語，意道綱維；那是梵音，略去羯磨陀字。」（大54/226b）陀那，梵文dāna；羯磨，梵文karma；羯磨陀那，梵文karmadāna。維那管理僧堂中僧衆一切修持事務。見下文。佛寺置寺主、維那，爲唐代中國制度。《唐六典》卷四：「每寺上座一人、寺主一

人、都維那一人，共綱統衆事。」（廣雅書局本，頁16a）

〔二一〕毗訶羅莎弭　梵文 vihārasvāmin。vihāra 音譯毗訶羅，意譯寺；svāmin 音譯莎弭，意譯主。二字合譯寺主。

〔二二〕毗訶羅波羅　梵文 vihārapāla。pāla 音譯波羅，意譯護。與前字合譯護寺。

〔二三〕犍稚　梵文 gaṇḍī。又作犍椎。《釋氏要覽》卷下：「詳律。但是鍾磬、石板、木板、木魚、砧搥，有聲能集衆者，皆名犍稚也。」（大54/304a）

〔二四〕俱攞鉢底　梵文 kulapati。kula 音譯俱攞，意譯家，或譯族；pati 音譯鉢底，意譯主。二字合譯家主。

〔二五〕諸外道先有九十六部今但十餘　佛教稱佛教以外的宗教哲學派别爲「外道」。傳説與釋迦牟尼同時有六種，稱「六師外道」。後每一種又分出十五種派别，加上原來的六師，共九十六種外道。但亦有稱九十五種者。《薩婆多毘尼毘婆沙》卷五：「六師者，一師十五種教，以授弟子，爲教各異，弟子受行，各成異見。如是一師出十五種異見。師别有法，與弟子不同。師與弟子，通爲十六種。如是六師有九十六（種）。」（大23/536a）但九十六種之説實際上只是大概之數。義浄根據當時所見，説「今但十餘」，應是翔實之辭。

〔二六〕衆僧名字不貫王籍　《寄歸傳》卷二：「如求出家，和僧剃髮，名字不干王籍，衆僧自有部

書。」（大54/213c）

〔二七〕其寺受用雖迮而益利彌寬　《寄歸傳》卷三：「西國房迮，居人復多。卧起之後，床皆舉攝。或内置一邊，或移安户外。床闊二肘，長四肘半，褥席同然，輕而不重。然後牛糞乾揩其地，令使清浄，安置坐床及木枯小席等，隨尊卑而坐。」（大54/221a）

〔二八〕曾憶在京見人畫出祇洹寺樣咸是憑虚　《法苑珠林》卷一百著録道宣撰「祇洹圖二卷」。（大53/1023c）《宋高僧傳》卷四十《道宣傳》云：「又有天人云曾撰《祇洹圖經》，計人間紙帛一百許卷，宣苦苦口占，一一抄記，上下二卷。」（大50/791a）現《大正藏》卷四十五中有《中天竺舍衛國祇洹寺圖經》一卷，題道宣撰，但有經無圖。此處大概即指此圖。義浄親至其地，故能稱其「憑虚」。

〔二九〕漏水　即漏壺，又稱漏刻、刻漏、壺漏等。古代計時的工具。盛水，水漏而計時。

〔三〇〕夜分三分　《西域記》卷二：「六時合成一日一夜。」原注：「晝三夜三。」又云：「居俗日夜分爲八時。」原注：「晝四夜四。」（頁33）寺院中用前一種分法。

〔三一〕初後制令禪誦中間隨意消息　《寄歸傳》卷三：「東夏五更，西方四節，調御之教，但列三時，謂分一夜爲三分也。初分後分，念誦思惟，處中一時，繫心而睡。」（大54/226a）

〔三二〕其漏水法廣如寄歸傳中所述　見《寄歸傳》卷三《旋右觀時》一節。

〔三三〕寺樣　今各本俱無此寺樣，寺樣在宋以前即佚。但今可參考A.Ghosh：*A Guide to Nāl-*

anda 一書所附之「那爛陀寺遺址發掘平面圖」。

〔三四〕室利那爛陀莫訶毗訶羅　梵文Śrīnālandāmahāvihāra，意譯見下文。

〔三五〕近此有龍名那伽爛陀故以爲號　那伽爛陀，梵文Nāgalanda。nāga音譯那伽，意譯龍。landa音譯爛陀。《西域記》卷九亦記載此傳説：「聞之耆舊曰：此伽藍南菴没羅林中有池，其龍名那爛陀，傍建伽藍，因取爲稱。」但同書又云：「從其實義，是如來在昔修菩薩行，爲大國王，建都此地，悲愍衆生，好樂周給，時美其德，號施無厭，由是伽藍因以爲稱。」（頁216）那爛陀一詞，梵文原文可解釋爲施無厭之意。nālamm意譯無厭，dā意譯施。但那爛陀一名實際上起源甚早。耆那教經典如《儀軌經》（Kalpasūtra）和佛經《大事》（Mahāvastu）以及本生故事（Jātaka）等都提到此名或與此相近的名字，歷史似可追遡到公元前四五世紀。義淨和玄奘記載的兩種説法，都是傳説。不過看來前一種傳説可能起源較早。

〔三六〕如觀一寺餘七同然　從考古發掘圖看，西向的八座寺院範圍大小、建築布局幾乎完全一樣。

〔三七〕世尊　指釋迦牟尼。世尊，梵文Bhagavat或Lokajyeṣṭha或Lokanātha的意譯，爲釋迦牟尼十種通號之一。佛經説釋迦牟尼具足衆多功德，能利益世間，于世獨尊，故稱世尊。

〔三八〕慕攞健陀俱胝　梵文Mūlagandhakuṭī。mūla意譯根或根本；gandha意譯香；kuṭī意譯殿；合譯根本香殿。又稱香室，即佛殿。《釋氏要覽》卷上：「西方名佛堂爲健陀俱胝，此云香室。」（大54/263c）此根本香殿可能即在今第三號窣堵波遺址的位置上，發掘證明曾多次重建。《西域記》卷九：「伽藍西不遠有精舍，在昔如來三月止此，爲諸天、人廣説妙法。」（頁218）或亦指此。

〔三九〕門北畔五十步許復有大窣堵波　此窣堵波不知指今第十三號遺址還是第十四號遺址。兩處遺址俱在北畔，規模都很大。

〔四〇〕幼日王　梵文Balāditya，意譯幼日，又音譯爲婆羅阿迭多。後期笈多王朝的國王，一般稱那羅僧訶笈多（Narasiṃhagupta），在位時間約在公元六世紀初。《西域記》卷四講他是摩揭陀國王，打敗過白匈奴（Huṇa）國王摩醯邏矩羅（Mihirakula，又譯「大族」），説他「崇敬佛法」。（頁84）卷九又講他曾在那爛陀修建寺院一座。（頁216）這與印度方面的材料相一致。見R.C.Majumdar: *HCIP*. Vol.III, pp.34, 42, 43。足立喜六説在公元四百二十年，理由見前注所引，誤。

〔四一〕婆羅門執雀請問處　《西域記》卷九：「（那爛陀）其西垣外池側窣堵波，是外道執雀於此問佛生死之事。」（頁218）

〔四二〕根本殿西有佛齒木樹非是楊柳　佛齒木樹見前《慧業傳》注。《西域記》卷九：「（那爛陀寺）次東南垣內五十餘步，有奇樹，高八九尺，其幹兩枝，在昔如來嚼楊枝棄地，因植根柢，歲月雖久，初無增減。」（頁218）義浄言「非是楊柳」，大約即因此而發。《寄歸傳》卷一：「豈容不識齒木名作楊枝？西國柳樹全稀，譯者輒傳斯號。佛齒木樹實非楊柳，那爛陀寺目自親觀。既不取信於他，聞者亦無勞致惑。」又云：「（齒木）或可大木破用，或可小條截爲。近山莊者，則柞條葛蔓爲先；處平疇者，乃楮桃槐柳隨意。預收備擬，無令闕乏。」（大54/208c）義浄説法較詳，亦較可靠。

〔四三〕戒壇　佛教徒舉行誦經修行等宗教活動時，須先選擇清浄地方，安置佛、菩薩像等，稱爲壇場。舉行授戒儀式的壇場則稱戒壇。壇，梵文maṇḍala，又音譯曼荼羅。

〔四四〕大尺　唐制，尺有大小兩種，大者稱大尺，小者稱小尺。《唐六典》卷三：「凡度以北方秬黍中者一黍之廣爲分，十分爲寸，十寸爲尺，一尺二寸爲大尺，十尺爲丈。」又云：「凡積秬黍爲度量衡者，調鍾律，測晷景，合湯藥及冠冕之制，則用之。内外官司悉用大者。」（廣雅書局光緒廿一年刻本，頁16a）民間多用大尺，大尺一尺合小尺一尺二寸。近人研究，大尺合今公制〇·二九五七六五六米。（楊寬：《中國歷代尺度考》，商務一九五五年重印版）其實古代尺度完全不可能像現代一樣嚴格、精確和統一，各時各地都有一些差異。

〔四五〕佛經行之基　即佛經行之道。《寄歸傳》卷三：「五天之地，道俗多作經行。直來直去，唯遵一路。隨時適性，無居閙處。一則痊痾，二能銷食。禺中昳時，即行時也。或可出寺長引，或於廊下徐行。若不爲之，身多病苦，遂令脚腫肚腫，臂疼髆疼。但有痰癊不銷，並是端居所致。必若能行此事，實可資身長道。故鷲山覺樹之下，皆有世尊經行之基耳。」又云：「經行乃是銷散之儀，意在養身療病。舊云行道，或曰經行。」（大54/221b）頗似今之散步。梵文caṅkrama。

〔四六〕肘 梵文hasta。古代印度的長度單位。《西域記》卷二講「分一弓爲四肘，分一肘爲二十四指」。（頁32）《俱舍論》卷十二同。（大29/62b）《慧苑音義》卷下云：「依《毗曇》中，一尺五寸爲一肘。」（弘10/120a）《翻譯名義集》卷三則云：「一肘，人一尺八寸，佛三尺六寸。」（大54/1107c）究竟多長，各説不一。Monier-Williams解釋説大約在十八英吋左右（*SED*.p.1294c）。

〔四七〕南望王城纔三十里 現代實測，王舍城（Rājagṛha，今巴特那縣境内Rajgir）在那爛陀南七英里，與此處所記「三十里」基本相符。

〔四八〕鹿苑 梵文Mṛgadāva意譯，又作鹿園，或稱鹿野苑、仙人鹿野苑、仙苑等。《法顯傳》：「復順恒水西行十二由延，到迦尸國波羅㮈城。城東北十里許，得仙人鹿野苑精舍。此苑本有辟支佛住，常有野鹿栖宿。世尊將成道，諸天於空中唱言，白凈王子出家學道，却後七日當成佛。辟支佛聞已，即取泥洹，故名此處爲仙人鹿野苑。世尊成道已，後人於此處起精舍。」（大51/864a）《西域記》卷七：「婆羅痆河東北行十餘里，至鹿野伽藍。」

（頁150）地在今瓦臘納西北約四英里處的Sārnath。據説釋迦牟尼成道後在此初轉法輪，遂成佛教重要聖迹。近代在此處發掘出著名的阿育王石柱和其它的佛教文物及塔寺遺址等，已被印度政府列爲文物保護對象。

〔四九〕積代君王給其人户永充供養　《寄歸傳》卷二：「（那爛陀寺）僧徒數出三千，封邑則村餘二百，並是積代君王之所奉施，紹隆不絶。」（大54/214a）但《慈恩傳》卷三所記略異：「國王欽重，捨百餘邑，充其供養。邑二百户，日進粳米、酥乳數百石。」又云：「僧徒主客常有萬人。」（大50/237c）R.C.Majumdar認爲三千之數是比較合理的（*HCIP*. Vol.III, p.581）。

〔五〇〕龍池龜洛　龍池或指那爛陀南菴没羅林中那伽爛陀龍池，見前注；或指菩提樹傍目支鄰陀龍王池。本書卷下《無行傳》：「每以覺樹初緑，觀洗沐於龍池。」但此處不過代指印度。龜洛指洛陽。傳説伏羲氏時有龍馬出黄河，背負「河圖」，有神龜出洛水，背負「洛書」。《周易·系辭上》：「河出圖，洛出書，聖人則之。」孔穎達疏：「河龍圖發，洛龜書感。」（《四部備要》本，頁107a）但此處也只是代指中國。足立喜六注謂龍池龜洛俱指那爛陀，殊未愜當，與下文文意亦不接。

大唐西域求法高僧傳卷下 此卷十五人并重歸南海傳①

三藏法師義淨撰②

道琳法師者，荆州江陵〔一〕人也。梵名尸羅鉢頗〔二〕。唐云戒光③。弱冠之年，披緇離俗，成人之歲，訪友④尋真。搜律藏而戒珠〔三〕瑩，啓禪門而定水清。稟性虚潔⑤，雅操廉貞。濯青溪以恬志，漱玉泉而養靈。既常坐不卧，一食全誠。後復慨大教東流，時經多載，定門鮮⑥入，律典頗虧⑦，遂欲尋流討源，遠遊西國。乃杖錫遐逝，鼓舶南溟。越銅柱而届郎迦，歷訶陵而經裸國〔四〕。所在國王，禮待極致殷厚。經乎數載，到東印度耽摩立底國。住經三年，學梵語。於是捨戒重受，學習一切有部律〔五〕。非唯學兼定慧〔六〕，蓋亦情耽呪藏〔七〕。後乃觀化中天，頂禮金剛御座、菩提聖儀。復至那爛陀寺，搜覽大乘經論，漬情⑧《俱舍》，經於數年。至於鷲嶺〔八〕、杖林⑨〔九〕、山園〔一〇〕、鵠樹〔一一〕，備盡翹仰，並展精誠。乃遊南天竺國，搜訪玄謨。向西印度，於羅荼⑩國住經年稔。更立靈壇，重稟明呪，嘗試論之曰：「夫明呪者，梵云毗睇⑪陀羅桿⑫丁澤反⑬家。毗睇譯爲明呪，陀羅是持，必桿家是藏，應云持明呪藏〔一二〕。」然相承云此呪藏梵本有十万頌，唐譯可成三百卷。現今求覓，多失少全。而大聖没後，阿離野那伽曷樹那〔一三〕，即龍樹菩薩，特精斯要。時彼弟子，厥號難陀〔一四〕，聰明博識，漬意斯典。在西印度，經十二年，專心持呪，遂便感應。每至食時，食從空下。又⑭誦呪求如意瓶，不久便獲。乃於瓶中得經，歡喜不以⑮呪結，其瓶遂去。於是難陀法師恐明呪⑯散失，遂便撮集，可十二千頌，成一家之言。每於一頌之内，離合呪印之文，雖復言同字同，實乃義别用别，自非口相傳授，而實解悟無因。後陳那〔一五〕論師見其製作巧⑰殊人智，思極情端，撫經歎曰：「嚮使此賢致意因明〔一六〕者，我復何顔之有乎！」是知智士識己之度量，愚者闇他之淺深矣。斯之呪藏，東夏未流，所以道琳意存⑱斯妙。故呪藏云：「昇天乘龍，役使百神，利生之道⑲，唯呪是親。」淨於那爛陀，亦屢入壇場，希心此要，而爲功不並就，遂泯斯懷。爲廣異聽，粗題綱目云爾。道琳遂從西境轉向北天，觀化羯濕彌羅，便入烏長那國，詢訪定門，搜求《般若》。次往迦畢試國，禮烏率膩沙〔一七〕。佛頂骨也。自爾之後，不委何託⑳。淨迴至南海羯荼國〔一八〕，有北方胡至，云有兩僧胡國逢見，説其狀跡，應是其人。與智弘相隨〔一九〕，擬歸故國，聞爲途賊斯㉑擁，還乃覆向北天，年應五十餘矣。

【校記】

①此卷十五人并重歸南海傳　《北》本、《徑》本、清本、天本、内本無此句；《麗》本、《金》本、《大》本、足本無「此卷十五人」五字。

②三藏法師義浄撰　清本、《大》本、天本在此前加「唐」字；《北》本、《徑》本作：「唐三藏法師義浄奉詔撰」；内本作：「唐沙門義浄撰」并注：「從西國還在南海室利佛逝撰寄歸」。足本未題著者名。

③唐云戒光　《磧》本、《洪》本原作大字正文；各本俱作小字注，今據改。

④友　《金》本作「釋」。

⑤潔　《金》本作「雅」。

⑥鮮　《磧》本原作「光」；《洪》本、《北》本、《徑》本、清本作「先」；今從《金》本、《麗》本、《大》本、天本、内本、足本改。

⑦虧　《磧》本、《洪》本、《北》本、《徑》本、清本原作「窺」；今從《金》本、《麗》本、《大》本、天本、内本、足本改。

⑧漬情　《金》本、《麗》本、《大》本作「注情」。

⑨杖林　《金》本作「仗林」。

⑩羅荼　《磧》本「荼」字原作「茶」；今從《金》本、《麗》本、《大》本、天本、足本改作「羅

茶」。下同。

⑪睇　《金》本、《麗》本作「䏲」。下同。

⑫棏　《麗》本作「𢭏」，足本作「禔」。下同。

⑬丁澤反　《北》本、《徑》本、清本無此三字。

⑭又　《金》本、足本無此字。

⑮以　《金》本無此字。

⑯明呪　《金》本、《麗》本、《大》本、天本作「呪明」；足本無「呪」字。

⑰巧　《大》本、天本作「功」。

⑱存　《磧》本原作「非」；各本俱作「存」，今據改。

⑲道　《金》本作「首」。

⑳託　足本作「詑」。

㉑斯　天本作「所」。

【注釋】

〔一〕荆州江陵　《舊唐書》卷三九《地理志》：「荆州江陵府，隋爲南郡。武德初，蕭銑所據。四年，平銑，改爲荆州，領江陵、枝江、長林、安興、石首、松滋、公安七縣。」（5/1551）治所在江陵，今湖北江陵縣。

〔二〕尸羅鉢頗　梵文Śīlaprabha。Śīla意譯戒，prabha意譯光。

〔三〕戒珠　戒律潔白，莊嚴人身，譬如珠玉。《梵網經》卷下：「戒如明日月，亦如纓珞珠。」（大24/1004a）唐代宗《新翻護國仁王般若經序》：「戒珠在握，明鏡入懷。」（昭3/1423b）

〔四〕裸國　即裸人國。《寄歸傳》卷一：「裸國則迴無衣服，男女咸皆赤體。」（大54/214b）本書卷下《玄逵傳》後義浄記敍甚詳。其地一般多以爲即今尼科巴羣島（Nicobar Is.）。沙畹與足立喜六均持此説。但義浄此處所指，似爲安達曼羣島（Andaman Is.）之某島。義浄謂在羯茶以北船行十餘日處，從此更西北行半月許，遂達耽摩立底。以此推算，裸人國約在羯茶至耽摩立底二地行程之中，後段行程略長于前段行程。今安達曼羣島則正約在兩地行程之中。九世紀時阿拉伯航海家們對這一帶島嶼的記載與義浄所記相同。明馬歡《瀛涯勝覽》所記亦相似：「自帽山南放洋，好風向東北行三日，見翠藍山在海中。其山三四座，惟一山最高大，番名桉篤蠻山（今譯安達曼）。彼處之人，巢居穴處，男女赤體，皆無寸絲，如獸畜之形。土不出米，惟食山芋、波羅蜜、芭蕉之類，或海中捕魚蝦而食。」（中華書局一九五五年版，頁34）參見《玄逵傳》後「義浄自述」一節。

〔五〕一切有部律　一切有部，即説一切有部，又譯薩婆多部，佛教部派之一，見本書卷上《玄照傳》「薩婆多部律攝」條注。義浄所譯律經，全屬此部。

〔六〕學兼定慧　定，梵文samādhi，指禪定之學，佛教所謂三學之一。修持者須集中思慮，以求滅除情欲煩惱，悟徹佛理。慧，梵文prajñā，指慧學，又稱般若學，亦爲佛教三學之一。謂依靠智慧而明了佛理，斷除煩惱，達到解脱。定、慧、戒，合稱三學。

〔七〕呪藏　又稱持明呪藏、禁呪藏。指各種陀羅尼（呪）經。《西域記》卷九：「復集素呾纜藏、毘奈耶藏、阿毘達磨藏、雜集藏、禁呪藏。」（頁214）解釋見下文。

〔八〕鷲嶺　即鷲峯。見本書卷上《玄照傳》中注。

〔九〕杖林　梵文Yaṣṭivana意譯。地名，在古印度摩揭陀國。《西域記》卷九：「佛陀伐那山空谷中東行三十餘里，至洩瑟知林。」（頁204）洩瑟知即梵文yaṣṭi音譯，意譯杖。《西域記》并記載了有關杖林的傳説。佛陀伐那山，一般認爲即今佛陀因（Buddhain）山。

〔一〇〕山園　未詳在何處。疑指尊足嶺。見本書卷下《智弘傳》「山穴」條注。

〔一一〕鵠樹　又稱鵠林、鶴林、雙樹林、娑羅林，在俱尸國佛涅槃處。傳説釋迦牟尼涅槃時，娑羅樹一時開花，林色變白，如白鶴降落，因此稱娑羅林爲鶴林。《南》本《大般涅槃經》卷一：「爾時拘尸那城娑羅樹林，其林變白，猶如白鶴。」（大12/608c）由鶴而訛爲鵠。《慧琳音義》卷二五解釋「白鵠、白鶴」：「鵠，胡木反。《玉篇》：似鶩，黄白色。又云：黄鵠，形如鶴，色蒼黄。詳此經文，其林變白，何得類於黄鵠？應爲鶴字，何各反。」（大54/465a）但古人確有以鵠爲白色者。《莊子·天運》：「鵠不日浴而白。」（《諸子集成》

本《莊子集釋》，頁231）所以朱駿聲《説文通訓定聲》「孚部第六」解釋「黄鵠」則云：「形似鶴，色蒼黄，亦有白者，其翔極高，一名天鵝。」（清刻本，頁30a）

〔二〕持明呪藏　毗睇陀羅必㝵家，梵文vidyādharapiṭaka。vidyā意譯明，此處譯爲明呪；dhara意譯持；piṭaka意譯藏；合譯持明呪藏。

〔三〕阿離野那伽曷樹那　梵文Āryanāgārjuna的音譯，一般意譯爲龍樹，又譯龍猛、龍勝等。古印度佛教哲學家，活動時間約在公元二世紀後期、三世紀初期。南印度人，出身婆羅門，初學小乘，後學大乘，成爲大乘佛教中觀派的建立者。其「空」「中道」「二諦」（真諦、俗諦）等學説對古印度佛教哲學的發展影響很大。姚秦鳩摩羅什譯有《龍樹菩薩傳》。主要著作漢譯有《中論》《十二門論》《大智度論》《迴諍論》等。密教傳説龍樹開南天鐵塔，從金剛薩埵受法，又傳密教教法與龍智，龍智傳金剛智和善無畏。此説雖不可信，但密教最早發展的淵源似乎和龍樹也有一些關係。

〔四〕難陀　梵文Nanda音譯，意譯歡喜。古代印度以難陀爲名者甚多，佛教傳説中稱爲難陀的人物就有好幾個，但都不是這裏講的難陀。此難陀爲龍樹弟子，與龍樹同時或稍晚，在陳那之前，應是公元三世紀左右的人。足立喜六謂即《續高僧傳》卷五《那提傳》的那提，并謂義淨下文意在批評排斥那提的玄奘等人。足立喜六解釋：那提即Nadi，又名布如烏伐邪，此言福生，但因爲言以煩多，所以用意義相近的歡喜Nanda（即難陀）相稱呼。Nanda再轉爲Nandi，Nandi又誤爲Nadi，所以那提和難陀即同爲一人。如此數轉，推理甚奇。而且兩人時間也相差很遠。足説誤。此處原文亦看不出義浄有批評玄奘等人之意。

〔一五〕陳那　梵文Dignāga。意譯域龍、大域龍或童授。古印度佛教哲學家，活動時間約在公元五世紀後期至六世紀初。南印度人。藏文佛教資料説他是世親的門人。陳那繼承古因明之學，創三支作法，被稱爲新因明。又弘揚《瑜伽師地論》，爲大乘佛教瑜伽行派的大師，對古印度哲學發展影響甚大。《西域記》卷十記載他在南印度案達羅國制《因明論》（頁244）。《寄歸傳》卷四稱：「因明著功，鏡徹陳那之八論。」八論是：「一、《觀三世論》；二、《觀總相論》；三、《觀境論》；四、《因門論》；五、《似因門論》；六、《理門論》；七、《取事施設論》；八、《集量論》。」（大54/230a）據《開元録》卷九，義浄譯陳那著作有：《集量論》四卷、《因照正理門論》一卷、《掌中論》一卷、《取因假設論》一卷、《觀總相論頌》一卷共五種。除《集量論》外，餘皆存。其它漢譯及藏譯著作尚有數種。

〔一六〕因明　梵文hetuvidyā。hetu意譯因，vidyā意譯明。古代印度的邏輯學，也包括一部分認識論的内容。佛教的因明學爲佛教哲學思想體系的重要組成部分之一。公元五世紀時無著和世親吸取正理論派的邏輯學思想而發展之因明稱古因明，推理用五支作法。五至六世紀時陳那又進行改革，創新因明，推理用三支作法。其後法稱又有所發展。陳那所著《因明入正理門論》《集量論》等都是佛教因明學的重要著作。唐初經玄奘和義浄等翻譯介紹，因明學在中國也得到發展，歷代都有人研究。藏傳佛教中研習尤盛。

〔一七〕烏率膩沙　梵文uṣṇīṣa，又譯烏瑟膩沙等。指釋迦牟尼頭上之肉髻，所謂佛陀三十二相之一。《玄應音義》卷二一：「烏瑟膩沙，女致反，或作嗢瑟尼沙，或作鬱瑟尼沙，此云髻。案《無上依經》云，頂骨涌起自然成髻是也。」（弘6/83a）佛涅槃後以此指佛舍利中的佛頂骨。在迦畢試國。參見本書卷上《玄照傳》「如來頂骨」條注。

〔一八〕羯荼國　羯荼或寫作「羯茶」。羯荼一名，僅見于義浄著作中。故地一般多以爲在今馬來西亞的吉打（kedah）州。沙畹把羯荼還原爲Kaḍa，猶存疑。高楠順次郎認爲羯荼一名，可能來源于梵語kaccha，意爲海岸，謂在蘇門答臘島西北亞齊（Atchin）一帶。（*RBR*.Introduction, p.XXX，n.3）足立喜六認爲在蘇島西北角的Kota Raja。本書卷下《玄逵傳》後記載，義浄從末羅瑜到羯荼，又「從羯荼北行十日餘，至裸人國。」又本書卷下《無行傳》中記無行曾從室利佛逝十五日到末羅瑜，又十五日到羯荼，又從羯荼西行三十日到南印度東海岸的那伽鉢亶那。G.Goedes, P.Wheatley, R.Braddell等認爲，羯荼一名，大約就是梵文文獻中的Kaṭāha、泰米爾文獻及碑銘中的Kaḍāram。Kaṭāha爲地名，見於《侏儒往世書》（Vāmanapurāṇa）、《大鵬往世書》（Garuḍapurāṇa）、《火神往世書》（Agnipurāṇa）、《故事海》（Kathāsaritsāgara）。近代因在今吉打地區發現不少的梵文碑銘及其它文物，時間最早的屬于公元四、五世紀，證明這一地區在古代曾是南海交通的一個重要過往地。所以一般多把Kaṭāha、羯荼、《諸蕃志》南毗條與《島夷志略》重迦羅條中的吉陀、《武備志》中的吉達、阿拉伯文獻中的Keda等俱指爲今吉打。P. Wheatley在其GK. 一書中有專章（Part V, Chap.XVIII）討論甚詳，可參考。又據義浄譯《根本説一切有部百一羯磨》卷五中義浄原注，武后垂拱元年（六八五），義浄離印度歸國，次年春初抵羯荼，其時羯荼似已屬室利佛逝。見本書附録二：《義浄生平編年》。

〔一九〕與智弘相隨　見本書卷下《智弘傳》。

曇光律師者，荆州江陵人也。既其出俗，遠適京師，即誠律師〔一〕之室灑。善談論，有文情，學兼内外，戒行清謹。南遊溟渤，望禮西天，承已至訶利雞羅國〔二〕，在東天之東。年在盛壯，不委何之，中方①寂無消息，應是擯落江山耳。

【校記】

①中方　《金》本、《麗》本、《大》本、天本作「中訪」。

【注釋】

〔一〕誠律師　足立喜六謂即唐終南山悟真寺釋法誠。法誠，《續高僧傳》卷二八有傳。（大50/688c。足注引作卷三八，不知爲抄誤，或所據爲别本）姓樊氏，雍州萬年人，童小出家，後居終南山悟真寺。貞觀十四年夏卒，年七十有八。貞觀十四年距義浄著書時已五十餘年，曇光若爲法誠弟子，事在五十餘年前，而傳中又稱曇光年在盛壯，兩人時間相差較遠。足説疑不確。

〔二〕訶利雞羅國　梵文Harikela。故地有數説。沙畹引S.Julien説謂在今印度東部奥里薩邦沿岸。但據本書卷下《無行傳》：「（無行）從師子洲復東北泛舶，到訶利鷄羅國。此國乃是東天之東界也。」此國位置應在東印度之極東界，今奥里薩邦沿岸則不在此範圍中。因此有人以爲在今孟加拉國沿海的巴卡爾甘杰縣（Backerganj dist.）和諾卡利縣（Noakhali dist.）；又或以爲在今梅格納河（Meghna R.）西岸；又或以爲在今吉大港（Chittagong）附近。參見B.C.Law: *HGAI*.p.221。但足立喜六謂在今緬甸阿拉干（Arakan，今稱若開邦），則已超出東印度的範圍。

又見訶利雞羅國僧，説有一唐僧，年餘五十，得王敬重，秉權一寺，多賫經像，好行楚撻，即於此國遇疾而①瘞②他鄉矣。

【校記】

①而　足本無此字。

②瘞　《金》本作「殁」。

慧命禪師①者，荆州江陵人也。戒行疎通，有懷節操，學兼内外，逸志雲表。仰祥河而標②想，念竹苑以③翹心。泛舶④行至占波〔一〕，遭風而屢遘艱苦。適馬援之銅柱，息匕景⑤〔二〕而歸唐。

【校記】

①禪師　《金》本、《麗》本、《大》本、天本、足本無「禪」字。

②標　《金》本、《麗》本、《大》本、天本、足本作「牒」。

③以　《磧》本原作「而」；今從《金》本、《麗》本、《大》本、天本、内本、足本改。

④泛舶　《麗》本、《大》本、天本在此後加一「而」字。

⑤匕景　《磧》本原作「上景」；今從足本、《寄歸傳》卷一、《音義》《水經注》卷三六、《新唐書》卷四三上及《舊唐書》卷四一改。

【注釋】

〔一〕占波　又作瞻波，此處爲梵文Campā的音譯，即指林邑。本書卷下《法振傳》「瞻波」一名下原注：「即林邑國也。」《寄歸傳》卷一：「驩州正南，步行可餘半月，若乘船纔五六朝（一本「朝」作「潮」），即到匕景，南至占波，即是臨邑。」（大54/205b）臨邑即林邑。《西域記》卷十稱爲「摩訶瞻波」，云：「摩訶瞻波國，即此云林邑也。」（頁235）即梵文Mahācampā的音譯。《舊唐書》卷一九七《南蠻西南蠻傳》：「林邑國，漢日南象林之地，在交州南千餘里，其國延袤數千里，北與驩州接。」（16/5269）《新唐書》卷二二二下《南蠻傳》稱爲占婆、占不勞，又謂「至德（七五六—七五八）後，更號環王。」（20/6297）到唐末又被稱爲占城。劉恂《嶺表録異》卷上：「乾符四年（八七七），占城國進馴象三頭。」（武英殿聚珍版，頁8b）占波是古代占人（Cham）建立的國家，公元二世紀建國，故地在今越南横山以南的中部和南部部分地區。

〔二〕匕景　又作比景，或又作北景。《新唐書》卷四三上《地理志》：「初以隋林邑郡置林州，比景郡置匕州。又更名匕州曰南景州，貞觀二年綏懷林邑，乃僑治驩州之南境，領比景、朱吾二縣，并置由文縣。」（4/1114）但《舊唐書》卷四一《地理志》中比景作北景：「北景，漢縣名，屬日南郡，在安南府南三千里。北景在南。晉將灌邃攻林邑王范佛，破其國，遂於其國五月五日立表，北景在表南，九寸一分，故自北景已南，皆北户以向日也。北字或單爲匕。」（5/1757）考比景一名，《漢書》卷二八下《地理志》（3/1630）、《晉書》卷一五《地理志》（2/466）、《南齊書》卷一四《州郡志》（1/267）、《隋書》卷三一《地理志》（3/886）俱作比景。唐以前的載籍，惟有《宋書》卷三八《州郡志》作北景（4/1208）。《水經注》卷三六亦作比景：「至比景縣，日中頭上，景當身下，與景爲比。如淳曰：故以比景名縣。闞駰曰：比讀蔭庇之庇，景在巳下，言爲身所庇也。」（《四部叢刊》影印武英殿本）《舊唐書》云「北字或單爲匕」，但實則北景一名後出，疑北字由比字之訛而來，唐以後遂成定名。古書抄刻，北比二字極易相混。舊地不能確指爲何處，大約在今越南横山以南。足立喜六指爲今順化。

玄逵律師者，潤州江寧〔一〕人也。俗姓胡。令族高宗，兼文兼武①。尚仁貴義，敬法敬僧。枝葉蟬聯，嘉聲靡墜。律師則童子出家，長而欽德，及其進具，卓爾不羣。遍閑律部，偏務禪寂。戒行嚴峻，誠罕②其流。聽諸大經，頗究玄義。博③翫文什，草隷尤精。空有三衣〔二〕，袒膊爲飾。不披覆膊，衣角搭肩。入寺徒跣，行途著履④〔三〕。縱使時人⑤見笑，高節曾不問然。不卧長坐，詎脇安眠之席；杜多〔四〕乞食，寧過酒肆之門。善人皆愛草鞋，巧知皮亦⑥無過；鑒者⑦足不履地，能閑露脚是儀。嗟乎⑧此子，闇與理諧。激揚清波，恥汩泥⑨而從俗；獨醒在旦，豈共醉而居昏。纔⑩於丹陽⑪〔五〕一面⑫，遂即同契南上。昆季留連，愴矣三荆之析〔六〕；友于攀絶，傷哉八翼之離〔七〕。以爲傳法在懷，無抑高節。行至廣州，遂染⑬風疾，以斯嬰帶，弗遂遠⑭懷。於是⑮悵恨而歸，返錫吴楚，年二十五六。後僧哲師至西國，云其人已亡，有疢⑯于懷。嗟乎⑰不幸，勝途多難，驗非虚矣！實冀還以法資，空有鬱藍之望〔八〕；復欲旋歸遺鍔，徒懷龍樹⑱之心〔九〕。乃歎曰：

俶人斯去，誰當繼來⑲？不幸短命，嗚呼哀哉！九仞希岳，一簣便摧〔一〇〕。秀而不實，嗚呼哀哉！解乎易得，行也難求。嗟爾幼年，業德俱修。傳燈念往，嬰痼情收。慨乎壯志，哀哉去留。庶傳爾之令節，秉輝曜於長秋。

于時逵師言離廣府〔一一〕，還望桂林⑳〔一二〕，去留愴然，自述贈懷云爾㉑：

標㉒心之梵宇，運想入仙洲。嬰痼乖同好，沉情阻若抽。葉落乍難聚，情難不可收。何日乘杯〔一三〕至，詳觀演法流〔一四〕。

【校記】

①武　《金》本、《麗》本、《大》本、足本作「史」。

②罕　足本作「空」。

③博　《洪》本作「傅」。

④履　《大》本作「屢」。

⑤時人　《金》本無「時」字。

⑥亦　《磧》本原作「赤」；今從《麗》本、《大》本、天本改。

⑦鑒者　《磧》本原作「監者」；今從《麗》本、《大》本、天本、内本改。

⑧乎　《洪》本作「子」。

⑨泥　足本作「没」。

⑩纔　《麗》本、《大》本作「繞」。

⑪丹陽　《金》本作「丹楊」。

⑫面　《麗》本、《大》本作「而」。

⑬染　足本作「沉」。

⑭遠　《金》本作「述」。

⑮是　《大》本作「足」。

⑯疢　《磧》本原作「疾」；今從《麗》本、《大》本、天本、内本、足本改。

⑰乎　《洪》本作「子」。

⑱龍樹　《磧》本原作「隴樹」；今從足本改。據《大》本所附校記，「宋本」及「宮本」

（即足本之底本）此亦作「龍」。

⑲誰當繼來　内本作「誰復當來」。

⑳桂林　《麗》本、《大》本作「柱林」。

㉑自述贈懷云爾　《金》本、《麗》本、《大》本在此後加大字正文：「五言」；内本、足本加小字注：「五言」。

㉒標　《麗》本、足本作「摽」。

【注釋】

〔一〕潤州江寧　《舊唐書》卷四〇《地理志》：「潤州上，隋江都郡之延陵縣。武德三年，杜伏威歸國，置潤州於丹徒縣，改隋延陵縣爲丹徒。」（5/1583）舊領縣五，江寧即其一，《舊唐書》稱爲上元縣，今江蘇南京市。足立喜六稱唐江南道潤江州江寧府誤。唐無潤江州，亦無江寧府。五代吴武義二年（九二〇）昇昇州置金陵府，治所在白下。南唐昇元元年（九三七）改金陵府爲江寧府，始見其名。

〔二〕三衣　佛教僧人所穿袈裟，分作三種，稱爲三衣。據《行事鈔》卷下，一安陀會衣，梵文antaravāsaka，意譯中着衣，襯體而着；二鬱多羅僧衣，梵文uttarāsaṅga，意譯上衣，在安陀會衣上着之；三僧伽梨衣，梵文saṅghāṭī，意譯衆集時衣，大衆集會及授戒説戒時着

之。（大40/105a）

〔三〕入寺徒跣行途著履　《寄歸傳》卷一：「准依佛教，若對形像及近尊師，除病則徒跣是儀，無容輒著鞋履，偏露右肩，衣掩左膊，首無巾帊。」（大54/206c）

〔四〕杜多　梵文dhūta的音譯，又譯杜荼、頭陀等，意譯「抖擻」。《慧琳音義》卷二：「杜多，梵語也。古曰頭陀。十二種苦行，具如本經所説也。」（大54/319c）《釋氏要覽》卷上：「頭陀十二功德：一阿蘭若處；二常乞食；三次第乞；四一受食；五節量食；六中後無飲漿；七弊衣；八但三衣；九塚間；十樹下坐；十一露地坐；十二長坐不卧。」（大54/261b）《法門名義集》（大54/197b）、《翻譯名義集》卷一（大54/1074b）、《十二頭陀經》等所載大同小異。

〔五〕丹陽　此處丹陽一名，沙畹、足立喜六俱指爲唐潤州丹陽縣，即今江蘇丹陽縣。《舊唐書》卷四十《地理志》：「丹陽，漢曲阿縣，屬會稽郡。又改名雲陽，後復爲曲阿。武德五年，於縣置簡州。八年，州廢，縣屬潤州。天寶元年，改爲丹陽縣，取漢郡名。」（5/1584）據此所記，潤州丹陽一名，至天寶初始改曲阿縣得來，義浄著書，早於此五十餘年，所言丹陽，必非此潤州丹陽。唐初實有另一丹陽縣。同書又云：「（武德八年）改蔣州置揚州大都督府。……揚州領金陵、句容、丹陽、溧水六縣。……（九年）以延陵、句容、白下三縣屬潤州，丹陽、溧陽、溧水三縣屬宣州。」（5/1584）同書宣州條云：「（武德）

九年，移揚州於江都，以溧陽、溧水、丹陽來屬。」又云：「（貞觀元年）省丹陽入當塗縣。」（5/1601）《新唐書》有關各條亦同。當塗，即秦首置丹陽縣地，亦漢丹陽縣地，屬丹陽郡。東晉成帝以江北當塗縣流人寓居於此，乃改爲當塗縣。唐初之丹陽縣即在此，其縣始屬揚州，繼屬宣州，終併于當塗。古丹陽縣地治所在今安徽當塗縣東北，現名仍稱小丹陽。義浄所指稱「丹陽」，應或指此舊丹陽縣，或指隋丹陽郡舊地。隋丹陽郡，大業初置，治江寧縣，縣有蔣山，即今南京市。見《隋書》卷三一《地理志》（3/876）。但總之不是指唐潤州丹陽縣。

〔六〕三荆之析　謂兄弟分離。《太平御覽》卷九五九引周景式《孝子傳》云：「古有兄弟，忽欲分異。出門見三荆同株，接葉連陰，歎曰：木猶欣然聚，況我而殊哉！遂還爲雍和。」（中華書局一九六〇年影宋本，4/4256a）此文又見《白氏六帖》卷六「兄弟」條（莛圃影印傅增湘藏宋本，頁30a）。足立喜六解釋三荆指荆州，誤。

〔七〕八翼之離　《孔子家語》卷五：「桓山之鳥，生四子焉。羽翼既成，將分于四海，其母悲鳴而送之。」（《四部叢刊》本，頁2a）意與三荆之析同，謂兄弟朋友分離。《白氏六帖》卷六「兄弟」條：「連枝同氣無鳴四鳥之悲，金友玉昆詎見三荆之茂。」（同上，頁28b）四鳥共八翼。

〔八〕空有鬱藍之望　鬱藍應指鬱頭藍子。空有鬱藍之望，謂玄逵無緣得聞妙法。《西域記》卷七：「菩薩浴尼連河，坐菩提樹，成等正覺，號天人師，寂然宴默，惟察應度，曰：『彼鬱頭藍子者，證非想定，堪受妙法。』空中諸天尋聲報曰：『鬱頭藍子命終已來，經今七日。』如來歎惜：『斯何不遇？垂聞妙法，遽從變化！』」鬱頭藍子本是釋迦牟尼成道後欲第一度者，唯因命終，如來「愍其薄祐」。（頁154）鬱頭藍子，梵文Udrakarāmaputra。沙畹解釋鬱爲鬱州。足立喜六解釋鬱藍即「鬱蒼」，即藍，又引《荀子》（原書誤作《筍子》）「青出于藍而青于藍」句，謂此句比喻弟子向老師學習而超過老師，因此藍即指老師教授弟子之學問，「空有鬱藍之望」意爲玄逵欲歸還故鄉，以自己的學問教授弟子。足説誤。

〔九〕徒懷龍樹之心　龍樹，《磧》本原作「隴樹」，今從足本改。但足立喜六解釋「龍」通壟、隴，龍樹即墓壟之樹。沙畹譯本所據原本亦作「隴樹」，解釋「隴」爲隴州（在今陝西）。今以龍樹對上句鬱藍，似仍爲人名。見前《道琳傳》注「龍樹」條。傳説龍樹曾入海求得佛經，豁然大悟。徒懷龍樹之心，意謂玄逵空懷求法之志，而未果行，與上句「空有鬱藍之望」相對。參見本書卷下《無行傳》「龍宮秘典海中探」句注。

〔一〇〕九仭希岳一簣便摧　《尚書·旅獒》：「爲山九仭，功虧一簣。」（《四部備要》本，頁122a）簣，盛土具。

〔一一〕廣府　即廣州。武德四年於廣州置廣州總管府。七年，改總管爲大都督。後又改爲中都督府，均駐節廣州，故稱廣府。今廣東廣州市。見《舊唐書》卷四一《地理志》（5/1711）。

〔二〕桂林　唐無桂林一名。此處當指桂林郡舊地。秦始皇三十三年置桂林郡，後歷代或立或改或廢。舊地在今廣西。唐置桂州，屬嶺南道，治臨桂（今桂林市），即在其地。

〔三〕乘杯　杯，木杯，此處指船。《高僧傳》卷十《杯度傳》：「杯度者，不知姓名，常乘木杯度水。」（大50/390b）典或出於此。《輿地紀勝》卷八九亦云：「世傳有盃（杯）渡禪師渡海來居盃渡山。」（道光二十九年刻文選樓宋鈔本，頁22a）盃度山，在廣州附近。有説在廣東原寶安縣（今改深圳）南。

〔四〕法流　佛教認爲正法相續不絶，如水之流。《楞伽經》卷四：「申暢無生者，法流永不斷。」（大16/507c）

净以咸亨元年〔一〕在西京〔二〕尋聽，于時與并部〔三〕處一法師、萊州〔四〕弘禕論師，更有三二①諸德，同契鷲峯，標②心覺樹。然而一公屬母親之年老，遂懷戀於并川〔五〕；禕師遇玄瞻於江寧，乃敦情於安養〔六〕。玄逵既到廣府，復阻先心。唯與晉州〔七〕小僧善行同去。神州故友，索爾分飛，印度新知，冥焉未會。此時躑躅，難以爲懷，戲擬《四愁》〔八〕，聊題兩絶而已。五言③：

我行之數萬，愁緒百重思；那教六尺影，獨步五天陲。

五言重自解憂曰④：

上將可陵⑤師，匹士志難移。如論惜短命，何得滿長祇〔九〕！

于時咸亨二年⑥〔一〇〕，坐夏揚府⑦〔一一〕。初秋，忽遇龔州使君〔一二〕馮孝詮，隨⑧至廣府，與波斯舶主〔一三〕期會南行。復蒙使君令往崗州〔一四〕，重爲檀主〔一五〕。及弟孝誕使君、孝軫使君、郡君〔一六〕寧氏、郡君彭氏等合門眷屬，咸見資贈，争抽上賄，各捨奇飡。庶無乏於海途，恐有勞於險地⑨。篤如親之惠⑩，順給孤之心〔一七〕。共作歸依，同緣勝境。所以得成禮謁者，蓋馮家之力也。又嶺南法俗，共鯁去留之心；北土英儒，俱懷生别之恨。至十一月，遂乃面翼軫〔一八〕，背⑪番禺〔一九〕，指鹿園〔二〇〕而遐想，望雞峯〔二一〕而太息。于時廣莫⑫初飆〔二二〕，向朱方而百丈雙挂⑬〔二三〕；離箕創節〔二四〕，棄玄朔而五兩單飛〔二五〕。長截洪溟，似山之濤横海；斜通巨壑，如雲之浪滔天。未隔兩旬，果之佛逝。經停六月，漸學聲明。王贈支持〔二六〕，送往⑭末羅瑜國。今改爲室利佛逝也〔二七〕。復停兩月，轉向羯茶。至十二月，舉帆還乘王舶，漸向東天矣。從羯茶北行十日餘，至裸人國〔二八〕。向東望岸，可一二里許，但見椰子樹、檳榔林森然可愛。彼見舶至，争乘小艇，有盈百數，皆將椰子、芭蕉及藤竹器來求市易。其所愛者，但唯鐵焉，大如兩指，得椰子或五或十。丈夫悉皆露體，婦女以片葉遮形。商人戲授其衣，即便摇手不用。傳聞斯國當蜀川西南界矣。此國既不出鐵，亦寡⑮金銀，但食椰子藷根，無多稻穀，是以盧呵⑯〔二九〕最爲珍貴。此國名鐵爲盧呵⑰。其人容色不黑，量等中形，巧織團藤箱，餘處莫能及。若不共交易，便放毒箭，一中之者，無復再生。從兹更半月許，望西北行，遂達耽摩立底國〔三〇〕，即東印度之南界也，去莫訶菩提及那爛陀可六十餘驛。於此創與大乘燈師⑱相見，留住一載，學梵語，習《聲論》⑲〔三一〕，遂與燈師同行，取正西路，商人數百，詣中天矣〔三二〕。去莫訶菩提有十日在，過大山澤，路險難通，要藉多人，必無孤進。于時浄染時患，身體疲羸，求趁商徒⑳，旋困不能及㉑，雖可勵己求進，五里終須百息。其時有那爛陀寺二十許僧，并燈上人並皆前去，唯餘單己，孤步㉒險隘。日晚晡時，山賊便至，援弓大喚，來見相陵。先撮上衣，次抽下服，空有條帶㉓，亦並奪將。當是時㉔也，實謂長辭人代，無諧禮謁之心，體散鋒端，不遂本求之望。又彼國相傳，若得白色之人，殺充天祭〔三三〕。既思此説，更輇于懷，乃入泥坑，遍塗㉕形體，以葉遮蔽。扶杖徐行，日云暮矣，營處尚遠。至夜兩更，方及徒侣，聞燈上人村外長叫。既其相見，令㉖授一衣，池内洗身，方入村矣。從此北㉗行數日，先到那爛陀，敬根本塔〔三四〕。次上㉘耆闍崛，見疊衣處〔三五〕。後往大覺寺，禮真容像〔三六〕。山東道俗所贈紽絹，持作如來等量袈裟，親奉披服。濮州㉙〔三七〕玄律師附羅蓋數萬，爲持奉上。曹州〔三八〕安道禪師寄拜禮菩提像㉚，亦爲禮訖。于時五體布地，一想虔誠。先爲東夏四恩，普㉛及法界含識〔三九〕。願龍花揔會㉜，遇慈氏尊〔四〇〕，並契真宗，獲無生智〔四一〕。次乃遍禮聖跡，過方丈〔四二〕而屆拘尸〔四三〕；所在欽誠，入鹿園而跨雞嶺〔四四〕。住那爛陀寺，十載求經〔四五〕，方始旋踵，言歸還耽摩立底〔四六〕。未至之間，遭大劫賊，僅免剚㉝刃〔四七〕之禍，得存朝夕之命。於此昇舶，過羯荼國〔四八〕。所將梵本三藏五十萬餘頌，唐譯可成千卷，權㉞居佛逝矣〔四九〕。

【校記】

①三二　《金》本、《麗》本、《大》本、天本、内本作「二三」。

②標　《金》本、《麗》本、足本作「摽」。

③五言　内本、足本作小字注；天本無「五言」二字。

④五言重自解憂曰　天本無此七字；《金》本、内本七字俱作小字注；《金》本「曰」誤作「目」。

⑤陵　《大》本作「凌」。

⑥二年　《磧》本原作「三年」，各本除足本外俱同。今改「二年」，説見注。

⑦揚府　《磧》本原作「楊府」；今從《金》本、《麗》本、足本及新舊《唐書》等改。

⑧隨　《磧》本原無此字；今從《金》本、《麗》本、《大》本、天本、内本加。

⑨地　足本作「阻」。

⑩惠　足本作「慧」。

⑪背　《磧》本原作「皆」，各本俱作「背」，今據改。

⑫廣莫　内本、足本作「廣漠」。

⑬挂　《磧》本原作「桂」；今從《金》本、《麗》本、《大》本、天本、内本改。

⑭往　《磧》本原無此字；今從《麗》本、《大》本、天本、内本加。

⑮寡　《金》本印作「宜」。

⑯盧呵　《北》本、《徑》本、清本作「盧阿」。

⑰盧呵　《磧》本原作「盧阿」；今從《金》本、《麗》本、《北》本、清本、《大》本、天本、内本、足本及上文改。

⑱大乘燈師　足本作「大乘師」，脱「燈」字。

⑲聲論　《麗》本、《大》本作「聲聞論」。

⑳商徒　《麗》本、《大》本、天本、内本、足本作「商旅」。

㉑旋困不能及　《金》本作「旋困不及」；《麗》本作「因不能逮」，《大》本作「因不能建」；天本作「困不能及」；足本作「旋因不能及」。

㉒步　《金》本、足本作「出」。

㉓ 絛帶　《金》本作「絛帶」。

㉔ 時　《金》本、足本無「時」字。

㉕ 遍塗　足本無「遍塗」二字。

㉖ 令　《磧》本原作「念」；今從《金》本、《麗》本、《大》本、天本、内本、足本改。

㉗ 北　《金》本、《麗》本、《大》本、足本無「北」字。

㉘ 上　《金》本無「上」字。

㉙ 濮州　《金》本、《麗》本印作「濮州」。

㉚ 菩提像　《金》本作「菩薩像」。

㉛ 普　足本作「晉」。

㉜ 揔會　《麗》本、《大》本、天本作「初會」。

㉝ 剸　《磧》本原作「亳」；《金》本、《麗》本作「專」；《北》本、《徑》本、清本作「亳」；《洪》本、足本作「事」；《音義》作「傳」；今從《大》本、天本、内本作「剸」。諸字皆通，以「剸」較通行。

㉞ 擁　《磧》本原作「擁」；今從《麗》本、《金》本、《大》本改。

【注釋】

〔一〕咸亨元年　咸亨，唐高宗年號，公元六七〇年。

〔二〕西京　唐代稱長安爲西京，洛陽爲東京。

〔三〕并部　即并州，見本書卷上《道方傳》注。漢武帝置十三刺史部，後遂有以某部稱某州者。本書卷下《道宏傳》：「遂過韶部，後届峽山。」《舊唐書》卷四一《地理志》：「（南詔）結構南海蠻，深寇蜀部。」（5/1697）《唐護法沙門法琳别傳》卷下：「敕從遷琳益部。」（大50/212a）并州亦漢武所置十三刺史部之一，故稱并部。足立喜六斷「并部處」爲一詞，下文「一法師」爲一詞，注謂「并部處一法師」意即并部處的某一位法師，腰斬「處一」二字，誤。

〔四〕萊州　《舊唐書》卷三八《地理志》：「萊州中，漢東萊郡，隋因之。武德四年，討平綦順，置萊州。」（5/1455），唐屬河南道，其地相當于今山東掖縣、即墨、萊陽、平度、萊西、海陽等縣地。

〔五〕并川　指并州。高楠順次郎謂一日本本即作「并州」。（*RBR*.Introduction, p.xxvii, n.4）但唐時稱某州地爲某川亦常見。《通典》卷一八七「梁益二州」原注：「今漢川、蜀川郡縣地」。（《萬有文庫》本，頁999b）同卷「巴蜀四郡」原注：「漢中、廣漢、巴郡，今漢川、巴川、蜀川地也」。（頁999c），卷一八八：「閩越」原注：「即今閩川。」（頁1005b）本書

《重歸南海傳·貞固傳》：「怡神峽谷，匠物廣川」「滎川」等。

〔六〕遇玄瞻於江寧乃敦情於安養　玄瞻，僧人名，餘不詳。安養，即安養净土，見本書卷上《常慜傳》「安養」條注。足立喜六解釋：玄即黑，指因喪親而着黑衣；瞻，仰見；《詩·小雅》：「靡瞻匪父，靡依匪母。」即仰見父親；此句指弘褘遇母喪，遂奉事父親於江寧，所以辭別了同行者。是説甚奇，誤。

〔七〕晉州　《舊唐書》卷三九《地理志》：「晉州，隋臨汾郡。……武德元年改爲晉州。」（5/1472）唐屬河東道。其地相當于今山西臨汾、霍縣、汾西、洪洞、浮山及安澤等縣地。足立喜六注作今河北晉縣。今河北晉縣古時雖確曾稱晉州，但此晉州始置于蒙古成吉思汗十年（一二一五），與前稱之晉州名同而地異，非唐代之晉州。足説誤。

〔八〕四愁　西漢張衡有《四愁詩》。戲擬《四愁》，謂倣衡之作而述愁懷。足立喜六解釋「四愁」爲羈旅愁、别離愁、薄命愁、白髮愁，謂義净詩第一首一二句即爲羈旅愁，三四句爲别離愁，第二首一二句爲薄命愁，三四句爲白髮愁。薄命指紅顔，白髮指老人。義净一僧人，愁何其多？説不確。

〔九〕長祇　祇指阿僧祇，長祇更形容其長。見本書卷下《無行傳》「三祇不倦陵二車」條注。

〔一〇〕咸亨二年　除足本外，各本原俱作「咸亨三年」。但《寄歸傳》卷四云：「至三十七，方遂所願。」又云：「遂以咸亨二年十一月附舶廣州，舉帆南海。」（大54/232c、233b）《中宗聖教序》：「三十有七，方遂雅懷，以咸亨二年行至廣府。」（昭3/1421c）《義浄塔銘》：「以咸亨二年，發自全齊，達于廣府。」（大55/871c）《開元録》卷九、《續古今譯經圖記》、《貞元録》卷十三、《宋高僧傳》卷一所記同。以義浄的生卒年推算，參核以上各家記載，可確定「三年」實爲「二年」之誤，今改正之。

〔二〕坐夏揚府　坐夏，印度佛教僧人在夏季雨期禁止外出，安居於室内三個月，致力於坐禪修行，梵文原文vārṣika，意爲雨期，中譯或譯雨安居，或譯坐夏。中國僧人因此亦有同樣規定。《西域記》卷二：「故印度僧徒依佛聖教坐雨安居，或前三月，或後三月。前三月當此從五月十六日至八月十五日，後三月當此從六月十六日至九月十五日。前代譯經律者，或云坐夏，或云坐臘，斯皆邊裔殊俗，不達中國正音，或方言未融，而傳譯有謬。」（頁33）但唐代中國僧徒多以四月十六日入安居，七月十五日解安居。見《西域記》卷八（頁197）。揚府即揚州。《舊唐書》卷四十《地理志》：「揚州大都督府，隋江都郡。」（5/1571）唐屬淮南道，治所在江都，即今江蘇揚州市。揚州當運河交通要衝，近長江，唐時爲對外貿易海港之一，極爲繁盛，時稱「揚一益二」。

〔三〕龔州使君　《舊唐書》卷四一《地理志》：「龔州下，隋永平郡之武林縣。」（5/1729）唐屬嶺南道，治所在平南縣，今廣西平南縣。使君，漢代稱州刺史爲使君。《三國志》卷三二《蜀書·先主傳》：「曹公從容謂先主曰：『今天下英雄，唯使君與操耳。』」（4/875）按劉備當時爲豫州牧。漢以後用爲對州郡長官的尊稱。

〔三〕波斯舶主　元開《唐大和上東征記》：「（廣州）江中有婆羅門、波斯、崑崙等舶，不知其數。並載香藥珍寶，積聚如山，舶深六七丈。大石國、骨唐國、白蠻、赤蠻等往來居住，種類極多。」（大51/991c）唐代中外商業貿易極盛，廣州爲當時重要商港之一。來華的外國僧人與向西方求法的中國僧人，多附商舶從此往返。波斯，一般指今伊朗。但唐宋人記載中也有稱南海中國爲波斯，即所謂南海波斯者，近代有人考定以爲在今緬甸勃生。

〔四〕崗州　崗州即岡州。《舊唐書》卷四一《地理志》：「岡州，隋南海郡之新會縣。」（5/1716）唐屬嶺南道，以地有金岡而得名。治所在新會，今廣東新會縣。

〔五〕檀主　梵文dānapati。dāna音譯檀，pati意譯主，合稱檀主，即施主。《寄歸傳》卷一原注：「梵云陀那鉢底，譯爲施主。陀那是施，鉢底是主。而云檀越者，本非正譯。略去那字，取上陀音轉名爲檀，更加越字，意道由行檀捨，自可越渡貧窮。妙釋雖然，終乖正本。」（大54/211b）

〔六〕郡君　《事物紀原》卷一：「唐制，四品妻爲郡君。」（《叢書集成》本，1/24）

〔七〕順給孤之心　給孤，指給孤獨長者，梵文Anāthapindika。佛經中講他是憍薩羅國舍衛城的富商，佛的虔誠信奉者，曾以黃金布地買下園林，建祇園精舍贈與釋迦牟尼。又常施食於貧窮孤獨者，因此被稱作「給孤獨長者」。又名須達多，意譯善施。順給孤之心，謂起善心如同給孤獨長者。

〔一八〕面翼軫　翼，翼宿，二十八宿之一，朱雀七宿之第六宿。有星二十二顆，包括巨爵座α、γ、ζ、λ、η、δ、ι、χ、ε、θ、β等星和長蛇座ν、χ等星。軫，軫宿。二十八宿之一，朱雀七宿之末一宿。有星四顆，即烏鴉座γ、ε、δ、β四星。翼宿、軫宿俱爲南方星宿。面翼軫，此處指向南行進。

〔一九〕番禺　《舊唐書》卷四一《地理志》廣州南海縣條：「今南海縣即漢番禺縣，南海郡。隋分番禺置南海縣。番山，在州東三百步。禺山，在北一里。」又番禺縣條：「番禺，漢縣名。秦屬南海郡。後漢置交州，領郡七。吴置廣州，皆治番禺也。」(5/1712)唐時廣州治南海縣，即漢番禺縣。又置有番禺縣，俱在今廣東廣州市。今番禺縣在廣州市南。此處以番禺代指廣州。背番禺，謂離廣州而去。

〔二〇〕鹿園　即鹿苑、鹿野苑。見本書卷上《慧輪傳》後「鹿苑」條注。

〔二一〕雞峯　又稱雞嶺、雞足山、尊足嶺、尊足山。見本書卷上《玄會傳》「尊足嶺」條注。

〔二二〕廣莫初飆　廣莫，一作廣漠，指北風。《説文》十三下：「風，八風也。東方曰明庶風，東南曰清明風，南方曰景風，西南曰涼風，西方曰閶闔風，西北曰不周風，北方曰廣莫風，東北曰融風。」(中華書局一九六三年影印清刻本，頁284b)。南海和印度洋上，每年季風交替，冬季爲東北風，夏季爲西南風。古代航海，全藉自然風力。所以朱彧《萍洲可談》

卷二云：「舶船去以十一月、十二月，就北風；來以五月、六月，就南風。」（《守山閣叢書》本，頁16）從廣州南航，均以冬臘月出發。《諸蕃志》卷上亦云：「闍婆國又名莆家龍，於泉州爲丙巳方，率以冬月發船，蓋藉北風之便，順風晝夜行，月餘可到。」（馮承鈞校注本，中華書局一九五六年版，頁22）而從南海北上，均在五、六月間。法顯從耽摩立底（法顯稱「多摩梨帝」）乘船到師子國，亦是「泛海西南行，得冬初信風，晝夜十四日到師子國」。而從耶婆提返國，則以四月十六日出發，東北行趣廣州。（大51/864c）廣莫初飆，謂北風初起。

〔三〕向朱方而百丈雙挂　朱方，指西南方。朱方同朱天。《吕氏春秋·有始》：「西南曰朱天。」（《諸子集成》本，頁124）《淮南子·天文訓》：「西南方曰朱天。」高誘注：「朱，陽也。西南爲少陽，故曰朱天。」（《諸子集成》本，頁37）百丈，船上的縴纜。見本書卷上《義朗傳》中注。「挂」字原作「桂」，今從《金》本、《麗》本、《大》本、天本、内本改。足立喜六斷句爲「廣漠初飆向朱方，而百丈雙桂離箕」，注謂「百丈雙桂」指月亮，因傳説月中有大桂樹。斷句不當，説亦誤。

〔四〕離箕創節　箕，箕宿。二十八宿之一，青龍七宿之末一宿。有星四顆，即人馬座γ、δ、ε、η四星。離通麗，附麗之意。《詩·小雅·漸漸之石》：「月離於畢，俾滂沱矣。」毛傳：「月離陰星則雨。」（《四部備要》本，頁351a）《尚書·洪範》：「星有好風，星有好雨。

日月之行，則有冬有夏，月之從星，則以風雨。」僞孔傳：「箕星好風，畢星好雨。」又云：「月經於箕則多風，離於畢則多雨。」孔穎達疏：「鄭玄引《春秋緯》云：月離於箕則風。」（《四部備要》本，頁117）離箕，月離箕，謂其時風起，與前句「廣莫初飆」意同。沙畹釋「離」爲星名。足立喜六和高楠順次郎理解爲「離開」之離（seperate）。俱誤。創節，謂創逢節氣，指冬至。足立喜六將「創節」二字斷入下句，誤。

〔三五〕棄玄朔而五兩單飛　玄朔，指北方。朔，北方。《尚書·堯典》：「申命和叔，宅朔方。」僞孔傳：「北稱朔，亦稱方。」（《四部備要》本，頁15b）古代以北方爲玄色。《呂氏春秋·有始》：「北方曰玄天。」高誘注：「北方十一月建子，水之中也。水色黑，故曰玄天也。」（《諸子集成》本，頁124）《廣弘明集》卷二：「魏先建國，出於玄朔，風俗淳一，與西域殊絶。」（大52/101c）五兩，古代候風器。用鷄毛五兩（或八兩）繫於高竿頂上而成。郭璞《江賦》：「覘五兩之動静。」李善注：「兵書曰：凡候風法，以鷄羽重八兩，建五丈旗，取羽繫其巔，立軍營中。許慎《淮南子注》曰：綄，候風也，楚人謂之五兩也。綄音桓。」（中華書局影印清胡刻本《文選》卷十二，頁188b）古代船上置五兩以候風。五兩單飛，謂孤船行進。高楠順次郎理解五兩爲風帆，英譯文「the pair of sails, each in five lengths, flew away」（RBR.Introduction, p.xxix）誤。沙畹譯爲「et la girouette de plumes flotta isolée」則不誤。

〔二六〕王贈支持　此佛逝王爲誰不詳。據近代在蘇門答臘島巨港附近發現的碑銘，公元六八四年前後，室利佛逝國王名叫Jayanāśa，他信仰佛教。義浄抵佛逝，時在此前十三年。義浄譯《根本説一切有部百一羯磨》卷五原注亦云：「南海諸洲，咸多敬信，人王國主，崇福爲懷。此佛逝廓下，僧衆千餘，學問爲懷，並多行鉢，所有尋讀，乃與中國不殊。沙門軌儀，悉皆無别。若其唐僧欲向西方爲聽讀者，停斯一二載，習其法式，方進中天，亦是佳也。」（大24/477c）無行與智弘到室利佛逝的時間比義浄稍晚，亦是「國王厚禮，特異常倫。布金花，散金粟，四事供養，五體呈心。見從大唐天子處來，倍加欽上。後乘王舶，經十五日，達末羅瑜州。又十五日，到羯荼國。」見本書卷下《無行傳》。

〔二七〕末羅瑜國今改爲室利佛逝也　末羅瑜國見本書卷上《常慜傳》中注。據義浄此處記載，末羅瑜在義浄赴印時尚爲一獨立國家，義浄返國時就已爲室利佛逝所併。義浄本書寫定在公元六九一年（武后天授二年）。近代在蘇門答臘島巨港與巴唐·哈利（Batang Hari）河上遊的Karang Brahi以及邦加島（Bangka）上的Kota Kapur發現的時間爲公元六八二（或六八三）至六八六年的五塊古馬來文碑銘上的銘文已證實了義浄的記載。參見G.Coed ès: *ISSA*.pp.82—84; Hall: *The History of Southeast Asia*, Second ed., London, 1964, p.42。

〔二八〕裸人國　本書卷下《道琳傳》中稱作「裸國」。見《道琳傳》中注。

〔二九〕盧呵　裸人國既不出鐵，盧呵一名定爲外來語。沙畹把盧呵還原爲梵文loha。loha，梵文意爲鐵，有時也指其它金屬。（Monier-Williams: *SED*.p.908c）沙畹是對的。足立喜六還原爲loka，又謂義浄因此指出了用語的謬誤，使人莫名其妙。loka，梵文意譯世界，佛經中常見之詞。

〔三〇〕遂達耽摩立底國　時在咸亨四年（六七三）二月八日。《寄歸傳》卷四：「至咸亨四年二月八日，方達耽摩立底國。」（大54/233b）

〔三一〕《聲論》《法門名義集》：「聲明顯示一切音聲差別，巧便言辭，名爲聲論。」（大54/200c）此或指《聲明論》。《西域記》卷二：「嘗聞波你尼仙製《聲明論》，垂訓於世。」（頁55）波你尼，梵文Pāṇini，約公元前四世紀末健陀羅國娑羅覩邏城人，古印度最傑出的梵文文法學家。《聲明論》是他著名的梵文文法著作，共有八章，因此稱《八章書》（梵文Aṣṭādhyāyī），又稱《波你尼經》（梵文Pāṇinisūtra），或略稱《蘇呾羅》（梵文Sūtra音譯，意譯經）。《寄歸傳》卷四：「《蘇呾羅》即是一切聲明之根本經也。譯爲略詮意明，略詮要義，有一千頌。是古博學鴻儒波尼儞所造也。」（大54/228b）

〔三二〕商人數百詣中天矣　時在咸亨五年（六七四）五月。《寄歸傳》卷四：「停至五月，逐伴西征，至那爛陀及金剛座，遂乃周禮聖蹤。」（大54/233b）

〔三三〕若得白色之人殺充天祭　《慈恩傳》卷三記載：玄奘從阿踰陀國往阿耶穆佉國，中途遇賊，賊見玄奘儀容偉麗，欲殺以祭天，後幸遇救。（大50/233c—234a）古代印度除了流行印度教、佛教、耆那教等宗教外，在一些偏遠地區，尤其是一些生產與文化不發達的部落地區，還流行着某些原始宗教，有的仍保持着以人作犧牲之蠻風。

〔二四〕根本塔　即那爛陀寺「根本香殿」。見本書卷上《慧輪傳》後「那爛陀寺」一節中注。

〔二五〕次上耆闍崛見疊衣處　耆闍崛，梵文Gṛdhrakūṭa的音譯，意譯鷲峯。山名。山在古印度摩揭陀國王舍城附近。見本書卷上《玄照傳》「鷲峯」條注。《西域記》卷九：「（鷲峯山）精舍東北石澗中有大磐石，是如來曬袈裟處，衣文明徹，皎如雕刻。」（頁209）即此疊衣處。

〔二六〕真容像　即大覺寺「慈氏所制真容」。見本書卷上《玄照傳》此條注。

〔二七〕濮州　《舊唐書》卷三八《地理志》：「濮州上，隋東平郡之鄄城縣也。武德四年，置濮州。」（5/1441）唐屬河南道。治鄄城，今山東鄄城北舊城。其他相當今山東鄄城及河南濮陽南部地區。

〔二八〕曹州　《舊唐書》卷三八《地理志》：「曹州上，隋濟陰郡。武德四年，改爲曹州。」唐屬河南道。治濟陰，城在今山東曹縣西北。其地相當今山東荷澤、曹縣、成武、東明及河南蘭考、民權等縣地。

〔二九〕法界含識　法界，梵文dharmadhātu的意譯，音譯達磨馱多。法界一詞，意義甚多，此處泛指一切事物。法界含識，意指一切衆生有識者。《西域記》卷二：「大王以聖德君臨，爲含識主命。」（頁52）沙畹譯「含」爲阿含（āgama），即阿笈摩，誤。

〔四〇〕願龍花揔會遇慈氏尊　見本書卷上《玄照傳》「契揔會於龍花」條注。

〔四一〕無生智　《大乘義章》卷十五：「無生智者，若依《成實》，無學聖慧，能令當苦永不更生，名無生智。」（大44/756c）佛教所謂聲聞果十智之第十。斷三界煩惱，證知自己不再受生於三界，擺脱輪廻，是阿羅漢所能達到之最高智果。見《俱舍論》卷二六（大29/134b—140a）。

〔四二〕方丈　指維摩詰（梵文Vimalakīrti，玄奘譯毗摩羅詰，又意譯净名）故宅，在薛舍離（玄奘譯吠舍釐）城。故城在今印度比哈爾邦穆札伐普爾縣（Muzaffarpur dist.）之巴莎爾（Basarh）村，見本書卷上《大乘燈傳》中注。《西域記》卷七載：吠舍釐城西北五里有一伽藍，伽藍東北三四里有窣堵波，是毗摩羅詰故宅基址。（頁161）《法苑珠林》卷二九：「唐顯慶年中，敕使衛長史王玄策因向印度，過净名宅，以笏量基，止有十笏，故號方丈之室也。」（大53/501c）舊説中國稱佛教寺院長老或住持所居處爲方丈，即源於此。或以爲此説不確，方丈之名，先唐已有。

〔四三〕拘尸　即俱尸，俱尸國。見本書卷上《道希傳》中注。

〔四四〕入鹿園而跨雞嶺　按義净在印度之遊踪，各書所記極簡，只能盡現有各種資料進行考證，得其大概。見本書附録二：《義浄生平編年》。

〔四五〕住那爛陀寺十載求經　十載，上元二年（六七五）至光宅元年（六八四）。見本書附録二：《義浄生平編年》。

〔四六〕言歸還耽摩立底　時在垂拱元年（六八五）。本書《序》：「計當垂拱元年，與無行師執別。」卷下《無行傳》：「浄來曰從那爛陀相送，東行六驛，各懷生别之恨。」

〔四七〕剸刃　張衡《思玄賦》：「梁叟患夫黎丘兮，丁厥子而剸刃。」李善注：「《漢書》蒯通曰：不敢剸刃公之腹者，畏秦法也。韋昭曰：北方人呼插物地中爲剸。」（中華書局影印清胡刻本《文選》卷一五，頁218a）

〔四八〕過羯荼國　時在垂拱二年（六八六）春初。義浄譯《根本説一切有部百一羯磨》卷五原注：「（耽摩立底）即是昇舶入海之處。從斯兩月泛舶東南，到羯荼國，此屬佛逝。舶到之時，當正、二月。」（大24/477c）

〔四九〕權居佛逝矣　義浄抵佛逝，應在垂拱三年。見本書附録二：《義浄生平編年》。

善行師者，晋州人也。少辭桑梓，訪道東山〔一〕。長習律儀，寄情明呪，温恭儉素，利物是心，則浄之門人也。隨至室利佛逝。有懷中土，既沉①痼疾，返棹而歸，年三十②許。

【校記】

①沉 《麗》本、《大》本、天本作「染」。

②三十 《金》本、《麗》本、《大》本、天本作「四十」。

【注釋】

〔一〕東山 東山何指不詳。古地以東山名者極多。或即泛指一般名山。足立喜六注引《詩·豳風·東山》篇，又引《史記·周本紀》，謂東山指殷故地，即今河南洛陽。但此處東山未必指此。足説頗牽強。

靈運師者，襄陽〔一〕人也。梵名般若提婆〔二〕。志懷耿介，情存出俗。追尋聖跡，與僧哲同遊〔三〕。越①南溟，達西國。極閑梵語，利物在②懷。所在至處，君王禮敬。遂於那爛陀畫慈氏真容、菩提樹像，一同尺量，妙簡工人。賫以歸國③，廣興佛事，翻譯聖教，實有堪能矣。

【校記】

①越 《金》本、《麗》本、《大》本作「戲」。

②在　《金》本、《麗》本、《大》本、天本作「存」。

③歸國　《金》本、《麗》本、《大》本、天本、内本作「歸唐」。

【注釋】

〔一〕襄陽　《舊唐書》卷三九《地理志》：「襄陽，漢縣，屬南郡。建安十三年，置襄陽郡。晉入爲荆州治所。梁置南雍州，西魏改爲襄州，隋爲襄陽郡，皆以此縣爲治所。」（5/1550）唐亦爲山南道襄州治所。今湖北襄樊市。

〔二〕般若提婆　梵文 Prajñādeva，可意譯爲慧天。

〔三〕與僧哲同遊　僧哲曾偕弟子玄遊到師子國。見本書卷下《僧哲傳》及《玄遊傳》。據此，靈運亦應到過師子國。三人出遊的路線似是泛舶南海，到師子國，再轉赴中印度。

僧哲禪師者，澧州①〔一〕人也。幼敦高節，早託玄門。而解悟之機，實有灌②瓶之妙〔二〕；談論之鋭③，固當重席之美〔三〕。沉深律苑，控總禪畦。《中》《百》兩門〔四〕，久提綱目。莊、劉二籍〔五〕，亟盡樞關。思慕聖蹤，泛舶西域〔六〕。既至④西土，適化隨緣。巡禮略周，歸東印度。到三摩呾吒⑤國〔七〕，國王名曷羅社跋吒⑥〔八〕。其王既深敬三寶〔九〕，爲大鄔波索迦〔一〇〕，深誠徹信，光絶前後。每於日日造拓模泥像十萬軀，讀《大般若》〔一二〕十萬頌，用鮮花十萬朶⑦親自供養。所呈薦設，積與人齊。整駕將行，觀音⑧〔一三〕先發。幡旗⑨鼓樂，漲⑩日彌空。佛像僧徒⑪，並居前引，王乃後從。於王城内僧尼有四千許人，皆受王供養。每於晨朝，令使入寺，合掌房前，急行疾問：「大王奉問法師等宿夜得安和不？」僧答曰：「願大王無病長壽，國祚安寧。」使返報已，方論國事。五天所有聰明大德、廣慧才人、博學十八部經〔一三〕、通解五明大論〔一四〕者，並集兹國矣。良以其王仁聲普洎，駿骨〔一五〕遐收之所致⑫也。其僧哲住此王寺，尤蒙别禮，存情梵本，頗有日新矣。來時不與相見，承聞尚在，年可四十許。

【校記】

①澧州　《金》本在此後加「澧陽」二字。

②灌　《金》本作「擢」。

③鋭　《金》本作「妙」。

④至　《金》本、《麗》本作「到」。

⑤三摩呾吒　足本作「三摩呾吒」。

⑥吒　《麗》本、《大》本作「乇」。

⑦朶　《金》本、《麗》本、《大》本、天本作「尋」。

⑧觀音　《金》本作「觀意」。

⑨幡旗　天本作「旗幡」。

⑩漲　《金》本作「張」。

⑪徒　《洪》本作「徙」。

⑫致　《洪》本作「到」。

【注釋】

〔一〕澧州　《舊唐書》卷四十《地理志》：「澧州下，隋澧陽郡。武德四年，平蕭銑，置澧州。」（5/1614）唐屬江南道（後爲江南西道），治所在澧陽，今湖南澧縣。

〔二〕灌瓶之妙　佛教以瀉瓶水於瓶喻師徒傳授之妙。《北》本《大般涅槃經》卷四十：「（阿難）持我所説十二部經，一經其耳，曾不再問，如瀉瓶水，置之一瓶，唯除一問。」（大12/601c）

〔三〕重席之美　《寄歸傳》卷四：「坐談論之處，己則重席表寄；登破斥之場，他乃結舌稱愧。」（大54/229a）《梵語千字文》：「文參疊席，聰過閔肆。」疊席即重席。其大正藏本《後序》中解釋：「論壇制勝者之疊墮負者之席。」（大54/1196c）

〔四〕中百兩門　《中》指《中論》，即《中觀論》。《百》指《百論》。見本書卷上《玄照傳》

「《中》《百》等論」條注。

〔五〕莊劉二籍　莊指莊周。劉應指漢淮南王劉安。莊周傳世的著作有《莊子》，劉安有《淮南子》。兩書對後世影響都很大，爲諸子百家中重要著作。足立喜六謂莊指《方廣大莊嚴經》，劉指晉代劉虬。莊劉並提，一指爲書名，一指爲人名，似未愜當。且劉虬爲晉代一隱士，傳世並無重要著作，現存僅在《出三藏記集》卷九中有短文《無量義經序》一篇（大55/68）。揣足立喜六之意，僧哲既是佛教徒，所學自然是佛教典籍。但本書卷上《明遠傳》里稱明遠「善《中》《百》，議莊周，」本書所附《重歸南海傳》中《道宏傳》里稱道宏「復翫莊周。」可知唐時僧人不僅諳佛理，亦通老莊等「外學」。《慈恩傳》卷一講玄奘之兄「好内外學，凡講《涅槃經》《攝大乘論》《阿毗曇》，兼通書傳，尤善老莊。」（大50/222a）義浄本書，亦時時引用外典。蓋一時風氣如此。沙畹謂劉指劉向。劉向著作甚多，但傳世的幾部著作在哲學思想方面影響不太大。

〔六〕泛舶西域　本書卷下《玄逵傳》：「後僧哲師至西國，云其人（玄逵）已亡。」玄逵染疾，從廣州返錫吳楚，事在咸亨二年。僧哲赴印，則應在此後數年。

〔七〕三摩呾吒國　三摩呾吒，梵文Samataṭa的音譯。三摩呾吒國爲東印度古國。《西域記》卷十：「從此（指迦摩縷波國）南行千二三百里，至三摩呾吒國。三摩呾吒國周三千餘里。濱近大海，地遂卑溼。國大都城周二十餘里。」（頁234）故地在今恒河三角洲一帶，大致包括今Tipperah、Noakhali、Sylhet等縣，或者還包括Barisal縣的一部分。故城一般認爲在今孟加拉國Comilla西十二英里處的Baḍ-kamta。見B.C.Law: *HGAI*.p.257; N.L.Dey: *GDAMI*.p.175。

〔八〕曷羅社跋吒　梵文Rājabhaṭa或Rājarājabhaṭa。七世紀後期東印度三摩呾吒國王。印度方面的材料説他是Khaḍga王朝的國王Devakhaḍga的兒子。（R.C.Majumdar: *HCIP*. Vol.III, p.143）沙畹把此名還原爲Harṣabhaṭa，但七世紀後半期統治東孟加拉地區的國王中没有稱作此名者。足立喜六還原爲Grantha Vata，傍注「文風」，莫名其妙。本書卷上《慧輪傳》後「那爛陀寺」節「曷羅社槃社」條注中，足立喜六曾引grantha一字，傍注「文飾」，已使人不解，加上vata，何以又成「文風」？

〔九〕三寶　梵文triratna。佛教稱佛（Buddha）、法（dharma）、僧（saṅgha）爲三寶。

〔一〇〕鄔波索迦　梵文upāsaka音譯，又譯伊蒲塞、優婆塞等。《西域記》卷九原注：「唐言近事男。」（頁203）或譯近善男、清信士等。指接受五戒，在家學佛的男子，即居士。

〔一一〕大般若　即《大般若波羅密多經》。見本書卷上《常慜傳》中「般若」條注。

〔一二〕觀音　即觀自在菩薩。見本書卷上《僧伽跋摩傳》中注。

〔一三〕十八部經　指古代印度十八種典籍。隋吉藏《百論疏》卷上之下：「外道十八大經，亦云十八明處。四皮陀爲四。復有六論，合四皮陀爲十。復有八論，足爲十八。四皮陀者：一、荷力皮陀（Ṛgveda），明解脱法；二、治受皮陀（Yajurveda），明善道法；三、三摩皮陀（Sāmaveda），明欲塵法，謂一切婚嫁欲樂之事；四、阿闥皮陀（Atharvaveda），明呪術算數等法。本云皮陀，此間語訛，故云韋陀。六論者：一、式叉論（Śikṣā），釋六十四能法；二、毘伽羅論（Vyākaraṇa），釋諸音聲法；三、柯剌波論（Kalpa），釋諸天仙上古以來因緣名字；四、竪底沙論（Jyotiṣa），釋天文地理算數之法；五、闡陀論（Chandas），釋作首盧伽法，佛弟子五通仙第説偈名首盧迦（śloka）；六、尼鹿多論（Nirukta），釋立一切物名因緣。復有八論：一、肩亡婆論（Kaiṭabha），簡擇諸法是非；二、那邪毘薩多論（Nayavistara），明諸法道理；三、伊底呵婆（娑？）論（Itihāsa），明傳記宿世事；四、僧佉論（Sāṃkhya），解二十五諦；五、課伽論（Garga ？ Gargya ？）明攝心法，此兩論同釋解脱法；六、陀菟論（Dhanu），釋用兵杖法；七、楗闥婆論（Gāndharva），釋音樂法；八、阿輸論（Āyur），釋醫方。」（大42/251a-b）

〔一四〕五明大論　五明，梵文pañcavidyā。《西域記》卷二記「五明大論」：「一曰聲明（梵文śabdavidyā），釋詁訓字，詮目疏別。二工巧明（梵文śilpasthānavidyā），伎術機關，陰陽歷數。三醫方明（梵文cikitsāvidyā），禁呪閑邪，藥石針艾。四曰因明（梵文hetuvidyā），考定正邪，研覈真僞。五曰内明（梵文adhyātmavidyā），究暢五乘因果妙理。」（頁36）

〔一五〕駿骨　駿馬之骨，比喻賢才。元稹《獻滎陽公詩》：「駿骨黄金買，英髦絳帳延。」典出戰國時燕昭王以千金買千里馬骨事。見《戰國策·燕策一》(《叢書集成》本，頁61)。三摩呾吒國佛教盛行。據玄奘《西域記》卷八記載，當時那爛陀寺的首席論師戒賢就是三摩呾吒國人(頁184)。

僧哲弟子玄遊者，高麗國〔一〕人也。隨師於師子國出家〔二〕，因住彼矣。

右五十人①。

【校記】

①右五十人　《北》本、《徑》本、清本無此句。

【注釋】

〔一〕高麗國　見本書卷上《阿離耶跋摩傳》注。

〔二〕隨師於師子國出家　據此，僧哲還曾到過師子國。靈運與僧哲同遊，亦應到過師子國。

智弘律師者，洛陽人也，即聘西域①大使②王玄策之姪也〔一〕。年纔弱歲，早狎沖虛，志蔑輕肥，情懷③棲④遁。遂往少林山〔二〕，飡松⑤服餌。樂誦經典，頗工文筆。既而悟朝市之諠譁，尚法門之澄寂，遂背八水而去三吴，捨素褆而擐緇服。事瑳禪師〔三〕爲師，稟承思⑥惠。而未經多載，即髣髴玄闢。復往蘄州忍禪師〔四〕處，重修定瀲。而芳根雖植，崇條未聳。遂濟湘川，跨衡嶺，入桂林而託想，遁幽泉以息心，頗經年載，仗寂禪師〔五〕爲依止。覩⑦山水⑧之秀麗，翫林薄之清虚，揮翰⑨寫衷，製⑩《幽泉山賦》，申遠遊之懷⑪。既覽三吴之法匠，頗盡芳筵；歷九江〔六〕之勝友，幾閑妙理。然而宿植善根，匪由人奬，出自⑫中府〔七〕，欲觀禮西天⑬。幸遇無行禪師，與之同契。至合浦〔八〕昇舶，長泛滄溟⑭。風便不通，漂居匕景⑮。覆向交州，住經一夏。既至冬末，復往海濱神灣〔九〕，隨舶南遊，到室利佛逝國。自餘經歷，具在行禪師傳内〔一〇〕。到大覺寺，住經二載。瞻仰尊容，傾誠勵想。諷誦梵本，月故日新。閑《聲論》，能梵書。學律儀，習《對法》。既解《俱舍》，復善因明。於那爛陀寺，則⑯披覽⑰大乘；在信者道場〔一一〕，乃專功小教。復就名德，重洗律儀。懇懇⑱懃懃⑲，無忘⑳寸影。習德光律師㉑所製《律經》〔一二〕，隨聽隨譯，實有功夫㉒。善護浮囊〔一三〕，無虧片檢㉓。常坐不卧，知足清廉。奉上謙下，久而彌敬。至於王城、鷲嶺、僊苑〔一四〕、鹿林〔一五〕、祇樹〔一六〕、天階〔一七〕、菴園㉔〔一八〕、山穴〔一九〕，備申㉕翹想，並契㉖幽心。每掇衣鉢之餘，常懷供益之念。於那爛陀寺，則上湌普設；在王舍城中，乃器供常住。在中印度，近有八年。後向北天羯濕彌羅，擬之鄉國矣。聞與琳公〔二〇〕爲伴，不知今在何所。然而翻譯之功，其人已就矣。

【校記】

①西域　《麗》本誤印作「四域」。

②大使　《磧》本原作「太史」；足本作「大史」；内本作「長史」；今從《金》本、《麗》本、《大》本、天本改爲「大使」。

③情懷　《磧》本原作「懷情」；今從《麗》本、《大》本、天本、内本、足本改。

④棲　《金》本、《麗》本作「捿」。

⑤松　《金》本、《麗》本、《大》本作「和」。

⑥思　《磧》本原作「恩」；《金》本印作「恖」，即恩；今從各本改爲「思」。

⑦覩　足本作「斯」。

⑧山水　《金》本無「山」字。

⑨揮翰　《洪》本作「撣翰」。

⑩製　《金》本、《麗》本、《大》本、天本作「掣」。

⑪懷　《磧》本原作「壞」；各本俱作「懷」；今據改。

⑫出自　《麗》本、《大》本作「出日」。

⑬西天　《北》本作「四天」。

⑭滄溟　《磧》本原作「倉溟」；各本俱作「滄溟」；今據改。

⑮匕景　《磧》本原作「上景」；足本作「匕景」；改同前。

⑯則　足本無「則」字。

⑰覽　《金》本、《麗》本作「攬」。

⑱懇懇　《洪》本、《南》本、《北》本、《徑》本、清本作「懇志」。

⑲懃懃　《金》本、《麗》本作「勤勤」。

⑳忘　《金》本作「亡」。

㉑律師　《金》本無「律」字。

㉒夫　《麗》本作「夭」。

㉓檢　《金》本、《麗》本印作「撿」。

㉔菴園　《磧》本原作「菴顯」；各本俱作「菴園」；今據改。

㉕申　《磧》本原作「中」；各本俱作「申」；今據改。

㉖並契　《金》本、《麗》本、天本作「果契」；《大》本作「東契」。

【注釋】

〔一〕即聘西域大使王玄策之姪也　王玄策見本書卷上《玄照傳》中注。智弘爲洛陽人，由此知王玄策原籍亦應在洛陽。

〔二〕少林山　即少室山。佛教名山，在今河南登封縣北。山北麓五乳峰下有少林寺，傳爲北魏孝文帝太和十九年（四九五）所建，梁大通元年（五二七）印度僧人菩提達磨來，傳説在此面壁九年，後代遂成名寺。

〔三〕瑳禪師　足立喜六注謂彭城智瑳禪師。智瑳禪師出禪宗第四祖道信禪師門下，見《景德傳燈録》卷四（大51/223b）。《慧琳音義》卷八一注謂瑳禪師：「梁朝高僧也。」（大54/835c）智弘事瑳禪師爲師，禪師何得爲梁朝時人？

〔四〕蘄州忍禪師　弘忍禪師，唐代禪宗高僧。蘄州黄梅（今湖北黄梅）人，一説潯陽（今江西九江）人。姓周氏，七歲依蘄州雙峰山東山寺道信出家，傳其禪法，爲禪宗第五祖。上元二年（六七五）卒，年七十有四。門下弟子有慧能、神秀等。事見《宋高僧傳》卷八、《景德傳燈録》卷四、《佛祖統紀》卷三九等。

〔五〕寂禪師　足立喜六謂即神秀弟子普寂禪師。但據《宋高僧傳》卷八《神秀傳》及卷九《普寂傳》，神秀爲弘忍弟子，弘忍死後，神秀始赴荆州玉泉寺傳法，普寂乃往師事凡六年，久視元年（七〇〇）普寂始度爲僧（大50/756a，760c）。此時義淨早已歸國。普寂何得爲智弘師？此處寂禪師當另爲一人。

〔六〕九江　此處「九江」與上句「三吴」相對，當泛指今湖北、江西一帶。九江一名，最早見於《尚書·禹貢》：「（荆州）九江孔殷」；「九江納錫大龜。」（《四部備要》本，頁16a，b）九江所指，後代解釋紛紜。秦始置九江郡，歷代地域沿革變化甚大。隋代有九江郡，轄境較小，唐初改爲江州。地在今江西九江一帶。義浄爲唐初時人，所稱九江，或可於此求之。足立喜六注謂唐河南道九江郡。唐無九江郡。武德四年平林士弘，改隋九江郡爲江州，天寶元年曾改爲潯陽郡，乾元元年又復爲江州。始屬江南道，後屬江南西道，非河南道。見《舊唐書》卷四十《地理志》（5/1608）。足注又謂三吴之法匠指瑳禪師，九江之勝友指寂禪師，説不確。

〔七〕中府　此處指洛陽。古代以今河南一帶地在天下之中而稱中州。唐代在洛陽曾數置府，故稱中府。見《舊唐書》卷三八《地理志》（5/1421）。智弘本洛陽人。

〔八〕合浦　《舊唐書》卷四一《地理志》：「合浦，漢縣，屬合浦郡。……隋改爲禄州。及爲合州，又改爲合浦。唐置廉州。大海在西南一百六十里。有珠母海，郡人採珠之所，云合浦也。州界有瘴江，名合浦江也。」（5/1759）唐屬嶺南道廉州，爲廉州治所，在今廣西合浦縣東北。合浦自古爲泛南海登舶之處。《漢書》卷二八下《地理志》最早記載之南海交通路線，即由合浦始。

〔九〕海濱神灣　今廣東中山縣南磨刀門東岸有一地名神灣。但原文説智弘、無行在交州住經一夏，未言又返歸廣州，疑此處神灣在交州海岸。

〔一〇〕自餘經歷具在行禪師傳内　據本書卷下《無行傳》，智弘與無行結伴南遊，先到室利佛逝，經末羅瑜洲、羯荼國，到那伽鉢亶那，轉赴師子國，復東北泛船到訶利雞羅國，停住一年，便之大覺寺。

〔一一〕信者道場　即信者寺。見本書卷上《玄照傳》中注。佛教寺院亦稱道場。《佛祖統紀》卷三九：「（大業）九年，詔改天下寺曰道場。」（大49/362a）

〔一二〕德光律師所製律經　德光，梵文Gunaprabha意譯，音譯瞿拏鉢剌婆。公元六世紀北印度鉢伐多國人。《寄歸傳》卷四：「法稱則重顯因明，德光乃再弘律藏。」（大54/229b）《西域記》卷四稱他「作《辨真》等論，凡百餘部」。「少而英傑，長而弘敏，博物強識，碩學多聞。本習大乘，未窮玄奥，因覽《毗婆沙論》，退業而學小乘，作數十部論，破大乘綱紀，成小乘執著。又製俗書數十餘部，非斥先進所作典論。」（頁95）又據《慈恩傳》卷二，玄奘曾在中印度秣底補羅國從其弟子蜜多斯那學習數月（大50/232c）。《律經》，梵文Vinayasūtra。梵文貝葉寫本現尚存北京民族文化宫圖書館，用藏文字母抄寫。無漢譯，但另有藏譯，藏文名Hdul bahi mdo。今藏譯佛經中還有德光著作數種，亦多爲律藏方面的論疏。

〔三〕善護浮囊　浮囊，泅渡時所用之氣囊，古時多爲皮製。浮囊爲佛經中常用譬喻。《釋氏要覽》卷中有「護惜浮囊」條：「《涅盤經》云，有一人渡海，假於浮囊。有一羅刹隨渡者乞其浮囊，乃至一針眼許，渡者不得。此喻持戒人，守護戒法，如渡海浮囊，不得少許穿漏，方渡生死大海。」（大54/281c）《涅盤經》即《涅槃經》。此條引文出《北》本《大般涅槃經》卷十一（大12/432b）。

〔四〕僊苑　即仙人鹿野苑、鹿苑。見本書卷上《慧輪傳》後「鹿苑」條注。傳説鹿野苑曾是仙人住處。或又説曾有五百仙人，飛行空中，因緣失去神通，一時墮落於此。因此稱僊人鹿野苑、僊苑或仙人墮處。見《大毗婆論》卷一八三（大27/917a）等。

〔五〕鹿林　又稱施鹿林。在鹿野苑，鹿野苑即因此得名。《西域記》卷七記載鹿林傳説云：昔有國王，畋遊原澤，有菩薩鹿王以身代懷孕雌鹿獻王，遂感動王，國王「悉放諸鹿，不復輪命，即以其林爲諸鹿藪，因而謂之施鹿林焉。鹿野之號，自此而興」。（頁152）亦見《大毗婆娑論》卷一八三、《六度集經》卷三等。施鹿林在鹿野伽藍側。一般也常以鹿林一名指鹿野苑。但此處義浄稍稍作了區别。

〔六〕祇樹　即祇樹給孤獨園，或稱祇園。見本書卷上《玄照傳》「祇園」條注。

〔七〕天階　又稱天梯、三寶階、三道寶階。《西域記》卷四：「（刧比他國）城東二十餘里有大伽藍。……伽藍大垣中有三寶階，南北列，東面下，是如來自三十三天降還也。」（頁

102）劫比他國，梵文Kapittha。《法顯傳》稱作僧迦施國，梵文SamkāŚya（大51/859c）。故城一般認爲在今印度北方邦法魯迦巴德縣（Farrukhabad dist.）之Sankīsa村。見B.C.Law: *HGAI*.p.120; N.L.Dey: *GDAMI*.p.92; Cunningham: *AGI*.pp.311—314。

〔一八〕菴園　指菴摩羅園，梵文Āmravana。又稱菴摩羅女園。據説是薜舍離城菴摩羅女獻給釋迦牟尼的園林。據《西域記》卷七記載，園在薜舍離城西北數里處（頁161）。但《法顯傳》説在城南三里道西處（大51/861c）。薜舍離，見本書卷上《大乘燈傳》中注。

〔一九〕山穴　指尊足嶺。本書卷下《無行傳》：「南睎尊嶺穴猶存。」《西域記》卷九稱尊足嶺：「高巒陗絶，壑洞無涯。」（頁203）尊足嶺，見本書卷上《玄會傳》中注。

〔二〇〕琳公　指道琳，見本書卷下《道琳傳》。

無行禪師者，荆州江陵人〔一〕也。梵名般若提婆〔二〕。唐云慧天。叶性虚融，禀質温雅，意存①仁德，志重烟霞。而竹馬之年〔三〕，投足石渠之署〔四〕；曁乎弱冠②，有懷金馬之門〔五〕。頗已漁獵百氏〔六〕，流睇三經〔七〕。州望推奇，鄉曲排儁③〔八〕。于時則絢彩霞開，鏡三江〔九〕而挺秀；芳思泉湧，灌七澤而流津。然宿因感會，今果現前，希慕法門，有窺玄苑④。幸遇五人之度〔一〇〕，爰⑤居等界⑥道場〔一一〕。既而創染諦門⑦，初霑法侶，事大福田寺〔一二〕慧英法師爲鄔波馱耶〔一三〕。唐云親教師，和上者訛也。斯乃吉藏法師〔一四〕之上足，可謂蟬聯碩德，固乃世不乏賢。於是標⑧心《般若》，棲⑨志禪居，屏棄⑩人間，往來山水。每因談玄⑪講肆，擊闡微言，雖年在後生⑫，望逾先進。及乎受具，同壇乃二十餘人。誦戒契心，再辰便了，咸稱上首，餘莫能加。次隱幽巖，誦《法華》妙典，不盈一月，七軸言終⑬。乃歎曰：「夫尋筌者意在得魚〔一五〕，求言者本希趣理，宜可訪名匠，鏡心神，啓定門，斷煩惑。」遂乃杖錫九江，移步三越〔一六〕，遊衡岳，處金陵，逸想嵩、華，長吟少室，濯足八水，舉袂三川〔一七〕，求善知識〔一八〕，即其志也。或擕定門而北上，獵智者禪匠〔一九〕之精微；麾戒巚而東歸，究道宣律師〔二〇〕之淳粹。聽新舊經論，討古今儀則。洋洋焉波瀾萬頃，嶷嶷也崖岸千尋。與智弘爲伴，東風泛舶，一月到室利佛逝國。國王厚禮，特異常倫，布金花，散金粟，四事供養〔二一〕，五體⑭呈心，見從大唐天子處來，倍加欽上。後乘王舶，經十五日，達末羅瑜洲。又十五日到羯荼⑮國。至冬末轉舶西行，經三十日，到那伽鉢亶那〔二二〕。從此泛海二日，到師子洲，觀禮佛牙。從師子洲復東北⑯泛舶一月，到訶利雞羅國。此國乃是東天之東界也，即贍部洲之地也。停住⑰一年，漸之東印度，恆與智弘相隨。此去那爛陀途有百驛。既停息已，便之大覺。蒙國家⑱安置入寺，俱爲主人。西國主人稍難得也。若其得主，則衆事皆同如也，爲客但食而已。禪師後向那爛陀，聽《瑜伽》，習《中觀》⑲〔二三〕，研味《俱舍》，探求律典。復往羝⑳羅荼寺〔二四〕，去斯兩驛，彼有法匠，善解因明〔二五〕。屢在芳筵，習陳那、法稱〔二六〕之作㉑，莫不漸入玄關，頗開幽鍵。每唯杖錫，乞食全軀，少欲自居，情超物外。曾因閑隙，譯出《阿笈摩經》述如來涅槃之事，略爲三卷，已附歸唐〔二七〕，是一切有部律中所出，論其進不㉒乃與會寧所譯同矣〔二八〕。行禪師㉓既言欲居西國，復道有意神州，擬㉔取北天歸乎故里〔二九〕。淨來日從那爛陀相送〔三〇〕，東行六驛，各懷生别之恨，俱希重會之心，業也茫茫，流泗交袂矣。春秋五十六。

【校記】

①存　《磧》本原作「有」；各本俱作「存」，今據改。

②冠　《磧》本原作「元」；各本俱作「冠」，今據改。

③排儁　《麗》本作「非儁」。

④玄苑　《磧》本原作「玄化」；今從《金》本、《麗》本、《大》本、天本改。

⑤爰　《金》本作「愛」。

⑥等界　《磧》本原作「等戒」；今從《金》本、《麗》本、《大》本、天本、足本及《全唐文》卷九一二改。

⑦諦門　《磧》本原作「譯門」；今從《金》本、《麗》本、《大》本、天本、内本、足本改。

⑧標 《金》本、《麗》本、足本作「摽」。
⑨棲 《金》本作「壣」。
⑩棄 《北》本作「乘」。
⑪玄 《洪》本作「王」。
⑫後生 《麗》本、《大》本、天本、内本、足本在此後加「而」字。
⑬七軸言終 《磧》本「軸言」二字原脱；今據各本補。
⑭五體 《大》本、天本、内本作「五對」。
⑮羯荼 《磧》本「荼」字原作「茶」；今從《金》本、《麗》本、《大》本、天本、内本、足本改作「羯荼」。
⑯北 《洪》本作「比」。
⑰住 《金》本作「至」；《麗》本、《大》本、内本、足本作「在」。
⑱家 《金》本、《麗》本、《大》本、足本無此字。
⑲中觀 《磧》本「中」字頗漫漶；各本俱作「中觀」。
⑳瓶 《磧》本原印作「羝」；各本俱作「瓶」，今據改。
㉑作 《磧》本原作「作者」；今從《金》本、《麗》本、《大》本、天本删「者」字。
㉒不 天本作「否」。

㉓行禪師《磧》本原在此後衍「説」字；今從《金》本、《麗》本、《大》本、天本、内本删。

㉔擬《麗》本、《大》本作「疑」。

【注釋】

〔一〕荆州江陵人　荆州江陵，見本書卷下《道琳傳》中注。無行與道琳同籍。《全唐文》卷九一二載無行文一篇，題《荆南戒壇舍利贊》，前有小傳云：「無行，乾封中（六六六—六六八）荆州等界寺沙門。」（清刻本，頁2b）

〔二〕般若提婆　梵文Prajñādeva，意譯慧天。

〔三〕竹馬之年　比喻幼年，或指七歲的年齡。《錦繡萬花谷》前集卷一六引《博物志》：「小兒五歲曰鳩車之戲，七歲曰竹馬之戲。」（明嘉靖十五年錫山秦氏校刻本，頁15a）

〔四〕投足石渠之署　石渠，石渠閣，漢代長安未央宫内藏書閣。《三輔黄圖》卷六：「石渠閣，蕭何造。其下礱石爲渠，以導水，若今御溝，因爲閣名，所藏入關所得秦之圖籍。至於成帝，又於此藏秘書焉。」又注云：「《三輔故事》曰：石渠閣在未央宫殿北，藏秘書之所。」（《經訓堂叢書》本，頁1a）投足石渠之署，謂潛心讀書。

〔五〕有懷金馬之門　金馬，漢代長安宫門名。《史記》卷一二六《滑稽列傳》：「金馬門者，宦署門也。門傍有銅馬，故謂之曰金馬門。」（10/3205）漢代實行徵辟制度，被徵辟者待詔公車，其中特優異者待詔金馬門。《漢書》卷五八《公孫弘傳》：「天子擢弘對爲第一，……待詔金馬門。」（9/2617）有懷金馬之門，謂有志於功名。

〔六〕百氏 即諸子百家。《漢書》卷三十《藝文志》載，諸子有一百八十九家，稱爲「百家」。（6/1745）

〔七〕三經《漢書》卷二七《五行志》：「聖人重之，載於三經。」顏師古注：「謂《易》《詩》《春秋》。」但《新唐書》卷四四《選舉志》則云：「凡《禮記》《春秋左氏傳》爲大經，《詩》《周禮》《儀禮》爲中經，《易》《尚書》《春秋公羊傳》《穀梁傳》爲小經。通二經者，大經、小經各一，若中經二。通三經者，大經、中經、小經各一。」（4/1160）

〔八〕州望推奇鄉曲排儁《慧琳音義》卷八一註此條，引《廣雅》云：「排，推也。」推，推重。排儁與推奇意同。《續高僧傳》卷二八《法誠傳》：「和亦鄉族所推，奉之比聖。」（大50/688c）足立喜六以爲作因嫉妒而排斥講，誤。

〔九〕三江《尚書·禹貢》揚州條：「三江既入，震澤底定。」後代對三江有多種解釋。鄭玄註：「三江，左合漢爲北江，會彭蠡爲南江，岷江居其中，則爲中江。」（《四部備要》本《尚書今古文注疏》，頁45）《周禮·夏官·職方氏》揚州條：「其川三江，其浸五湖。」唐賈公彥疏：「三江者，江至尋陽，南合爲一，東行至揚州，入彭蠡，後分爲三道而入海，故得有三江也。」（《四部備要》本《周禮注疏》，頁321b）此處泛指長江中下遊地區，與下句「七澤」相對。

〔一〇〕五人之度　傳説釋迦牟尼成道後初轉法輪，在鹿野苑度憍陳如等五人。五人之名，《佛祖統紀》卷三稱是憍陳如（梵文 Ājñātakauṇḍinya）、十力迦葉（梵文 DaŚabalakāŚyapa）、頞鞞（梵文 Aśvajit）、跋提（梵文 Bhadrika）、摩訶男俱利（梵文 Mahānāmakulika）。（大49/145b）《西域記》卷七講他們其中三人是浄飯王家族中人，二人是舅氏家人（頁153）。

〔一一〕爰居等界道場　道場，此處指寺。等界道場即等界寺。寺在荆州。《全唐文》卷九一二：「無行，乾封中荆州等界寺沙門。」（清刻本，頁2b）幸遇五人之度，爰居等界道場，謂無行受度爲僧，在等界寺出家。但足立喜六引《國語》《爾雅》及陸德明、郭璞等説，解釋爰居爲海鳥名，誤。由此其上下句斷句亦誤，考證及解釋甚繁，結論却極荒謬。不復引。

〔一二〕大福田寺　此大福田寺不詳確在何處。據《續高僧傳》卷十六《僧實傳》及《曇相傳》中記，北周武帝保定三年（五六三）曾在長安東郊門外僧實墓所建大福田寺。（大50/558a、c）但據同書卷十一《明舜傳》，隋末蘄州（治所在今湖北蘄春縣蘄州鎮西北）亦有福田寺，云：「蘄州福田寺，寺是（宋元明本「是」字作「在」）州北三里鼓吹山上。」（大50/511a）足立喜六注引《咸寧縣志》卷十二云：「福田寺在城東四十里，乾元三年建。」乾元爲唐肅宗年號（七五八—七六〇），晚義浄著書時近八十年。若足注所引書不誤，原文中大福田寺則非此大福田寺。

〔三〕鄔波駄耶　梵文upādhyāya，又譯和尚、和上。《寄歸傳》卷三原注：「駄音停夜反。既無正體，借音言之。鄔波是其親近。波字長喚中有阿字。阿駄耶義當教讀。言和尚者非也。西方汎喚博士皆名烏社，斯非典語。若依梵本經律之文，咸云鄔波駄耶，譯爲親教師。北方諸國皆喚和社，致令傳譯習彼訛音。」（大54/222a）鄔波，梵文upa；阿駄耶，梵文adhyāya；二字合聲而成upādhyāya，音譯鄔波駄耶。中國最早翻譯的佛經，多從古代中亞語言轉譯而來。和尚一名，即因轉譯而立。《宋高僧傳》卷三論「重譯」云：「如經傳嶺北，樓蘭、焉耆不解天竺語，且譯爲胡語。如梵云鄔波陀耶，疏勒曰鶻社，于闐曰和尚。」（大50/723c）不過和尚一名，後已爲人習用，義浄自己的著作中亦間有使用者。

〔四〕吉藏法師　隋代名僧，中國佛教三論宗的創始人。本姓安，原籍安息，祖避世仇而移居南海，遂家於交廣之間。後遷金陵（今南京）而生藏。年在孩童，父引之見真諦，真諦爲取名「吉藏」。七歲從興皇寺法朗出家。十九歲學有成就，善講經論。後到會稽（今浙江紹興）嘉祥寺講法，人稱「嘉祥大師」。煬帝時住長安日嚴寺，創三論宗。唐武德六年（六二三）卒，年七十有五。撰有《中論疏》《百論疏》《十二門論疏》《三論玄義》等。《續高僧傳》卷十一有傳（大50/513c）。

〔五〕尋筌者意在得魚　《莊子·外物》：「筌者所以在魚，得魚而忘筌。」郭慶藩集釋：「筌，魚笱也，以竹爲之。」（《諸子集成》本，頁407）尋筌者意在得魚，此處活用之。

〔六〕三越　三越亦有異説，或説東越、南越、西越，或説吴越、南越、閩越。此處當泛指今江浙一帶。

〔七〕三川　指黄河、雒水、伊水。戰國秦莊襄王元年（公元前二四九）置三川郡，以境内有河、雒、伊三川得名。治所在雒陽（今洛陽市東北），一説在滎陽（今縣東北）。漢高祖二年（公元前二〇五）改爲河南郡。三川，此處代指今河南洛陽一帶地。

〔八〕善知識　知識，相知，相識。指熟識的人，《管子·入國》：「子孤幼，無父母所養，不能自生者，屬之其鄉黨知識故人。」（《諸子集成》本，頁300）善知識，佛教稱能在宗教上獲得教益的友人。《法華玄贊》卷十：「善知識者，能教衆生遠離十惡，修行十善，以是義故名善知識。」（大34/851c）

〔九〕智者禪匠　指智顗。智顗，陳、隋時名僧，中國佛教天台宗的創立者。本姓陳，祖籍潁川（郡治今河南許昌），後遷荆州華容（今湖北潛江西南）。十八歲出家，後從慧思受業。陳太建七年（五七五）入天台山建草庵，講經九年，稱「天台大師」。又因隋煬帝楊廣爲晉王時曾賜號「智者」，故又稱「智者大師」。隋開皇十七年（五九七）卒，年六十有七。著作甚多，主要有《法華玄義》《法華文句》《摩訶止觀》等，由弟子灌頂集録成書。《續高僧傳》卷十七有傳（大50/564a）。

〔二〇〕道宣律師　道宣，唐代名僧，中國佛教律宗的創立者。本姓錢，潤州丹徒（今屬江蘇）人，一説長城（治所在今浙江長興）人。十五歲出家。隋大業中從智首受戒，專究律學。曾參加玄奘譯場，爲西明寺上座。唐乾封二年（六六七）卒，年七十有二。學識淵博，著述甚多。有《四分律删繁補闕行事鈔》等三大部，爲律宗重要著作。又編撰《廣弘明集》《續高僧傳》《釋迦方志》等。《宋高僧傳》卷十四有傳（大50/790b）。

〔二一〕四事供養　《無量壽經》卷上：「常以四事，供養一切諸佛。如是功德不可稱説。」（大12/269c）四事，《法華經》卷五：「衣服、卧具、飲食、醫藥。」（大9/38a）

〔二二〕那伽鉢亶那　梵文Nāgapatana，可意譯爲「龍降」。古代南印度重要港口，今印度泰米爾納德邦納加帕蒂南（Nagapattinam或Negapatam）。

〔二三〕中觀　即《中觀論》。見本書卷上《玄照傳》「《中》《百》等論」條注。

〔二四〕羝羅荼寺　沙畹還原爲Tilāḍhaka，高楠順次郎還原爲Tilaḍha。（RBR.p.184）《西域記》譯作鞮羅釋（古本「釋」或作「擇」，應是。）迦伽藍，《慈恩傳》卷三譯作低羅磔迦寺（大50/236b），卷四譯作低羅擇迦寺（大50/244a）。據《西域記》卷八，寺在波吒釐子城（華氏城）西南約三百餘里處。《慈恩傳》卷四記載在那爛陀西三踰繕那處（大50/244a）。但義浄此處所記爲兩驛。《西域記》卷八：「鞮羅釋迦伽藍，庭宇四院，觀閣三層，崇臺累仞，重門洞啓，頻毘娑羅王末孫之所建也。旌召高才，廣延俊德，異域學人，遠方髦彦，同類相趨，肩隨戾止。僧徒千數，並學大乘。」（頁180）Cunningham考定在今巴腊貢村（Barāgaon，即那爛陀遺址所在地）西北十七英里處，帕爾古河（Phalgu R.）東岸的Tillāra。（Cunningham: *AGI*,p.385）又據該地出土的碑文，寺名爲Telāḍhaka。（水谷真成譯注：《大唐西域記》，頁254，注一）足立喜六謂即本書卷上《土蕃公主嬭母息二人傳》中之天王寺，還原羝羅荼爲Therasakra。其還原及解釋甚奇，俱誤。

〔二五〕彼有法匠善解因明　《慈恩傳》卷四記載羝羅荼寺「有出家大德名般若跋陀羅，本縛羅鉢底國人，於薩婆多部出家，善自宗三藏及聲明、因明等。（玄奘）法師就停兩月，諮決所疑」。（大50/244a）此處羝羅荼寺法匠或指般若跋陀羅。般若跋陀羅，梵文Prajñābhadra，意譯智賢。但無行赴印晚於玄奘四十餘年，此般若跋陀羅若在，則已高齡。又《寄歸傳》卷四云：「其西方現在，則羝羅荼寺有智月法師，那爛陀中則寶師子大德。」（大54/229c）知智月爲當時羝羅荼寺中最有名僧人。智月，梵文Jñānacandra，印度大乘佛教瑜伽行派著名論師護法的弟子，所謂「唯識十大論師」之一。玄奘赴印時，智月在那爛陀寺。《西域記》卷九稱他「風鑒明敏」，述作論釋有十數部（頁217）。

〔二六〕法稱　梵文Dharmakīrti。古代南印度睹梨摩羅耶（Trimalaya）人，婆羅門出身。活動時期約在公元七世紀前半期。據多羅那他《印度佛教史》等記載，他從護法（Dha-rmapāla）學習唯識，又從陳那的弟子自在軍（Īśvarasena）學習因明，成爲著名佛教哲學家。主要著作有《量釋論》《量決定論》《正理一滴論》《因一滴論》《觀相屬論》《論議正理論》《成他相續論》等，都有藏譯。《寄歸傳》卷四：「法稱則重顯因明。」又稱他是近時代人（大54/229b）。但比較奇怪的是同時代的玄奘没有提到他，義浄因此是中國第一個介紹法稱的人。沙畹譯本未譯法稱一名，將中文原文斷句爲「習陳那法，稱之作者」，誤。

〔二七〕已附歸唐　無行所譯經今不存。僅《慧琳音義》卷一百著録有《荆州沙門無行從中天附書於唐國諸大德》一書名，並注音義九條。（大54/928a）但現存《大藏經》中無此書。説明唐時無行著作曾入藏，後佚。

〔二八〕與會寧所譯同矣　參見本書卷上《會寧傳》。

〔二九〕擬取北天歸乎故里　智昇《續古今譯經圖記》戍婆揭羅僧訶（即善無畏）條：「曩時沙門無行西遊天竺，學畢東歸。迴至北天，不幸而卒。所將梵本有敕迎還，比在西京華嚴寺收掌。無畏與沙門一行於彼簡得數本梵經，並總持妙門，先未曾譯。至十二年，隨駕入洛，於大福先寺安置。遂爲沙門一行譯。」（大55/372b）《宋高僧傳》卷二《善無畏傳》同（大50/715b）。善無畏，印度僧人，從北印度來華，開元四年（七一六）抵長安。後爲一行師。又慧超《往五天竺國傳》記慧超至北印度，有一寺，名多摩三磨娜。（梵文Tāmasavana，按即《西域記》卷四所譯答秣蘇伐那僧伽藍，意譯闇林寺，在至那僕底國）

「又山中有一寺，名那揭羅馱娜。有一漢僧，於此寺身亡。彼大德説，從中天來，明閑三藏聖教，將欲還鄉，忽然違和，便即化矣。」（大51/976c）慧超西行年代不詳，僅知其開元十五年（七二七）歸至安西。馮承鈞先生以爲，此漢僧似即無行（《歷代求法翻經録》，商務一九三四年版，頁84）。

〔三〕浄來日從那爛陀相送　時在垂拱元年（六八五）。見本書《序》。馮承鈞先生《歷代求法翻經録》稱此大約是在六七三年前後（同上，頁84），誤。

又禪師禀性①好上欽禮。每以覺樹初緑，觀洗沐於龍池〔一〕；竹苑新黄，奉折花於鷲嶺。此二時也，春中也，皆是大節會。無問②遠近③，道俗咸觀洗④菩提樹也。又鷲峯山此時有黄花⑤，大⑥如手許，實同金色，人⑦皆折以⑧上呈。當此之時，彌覆山野，名春女花耳〔二〕。曾於一時與無行禪師同遊鷲嶺，瞻奉既⑨訖，遐眺鄉關，無任殷憂，浄乃聊述所懷云爾⑩。雜言詩曰⑪：

觀化祇山頂，流睇古王城〔三〕。萬載池猶潔，千年⑫苑尚清〔四〕；髣髴影堅路，摧殘廣脇嶇〔五〕。七寶仙臺亡舊迹，四彩天花絶雨聲〔六〕。聲華遠⑬，自恨生何晚！既傷火宅眩中門，還嗟寶渚迷長坂〔七〕。步陟平郊望，心遊七海上〔八〕。擾擾三界溺邪津，渾渾萬品亡真匠〔九〕；唯有能仁〔一〇〕獨圓悟，廓塵静浪開玄路。創逢飢命棄身城，更爲求人崩意樹〔一一〕；施也。持囊畢契戒珠淨〔一二〕；戒也。被甲要心忍衣固〔一三〕；忍也。三祇不倦陵二車，一足忘勞超九數〔一四〕；勤也。定瀲江清沐⑭久結；定也。智劍⑮霜凝斷⑯新霧。慧也。無邊大劫無不修，六時慇生⑰遵六度〔一五〕。度有流〔一六〕，化功收⑱，金河〔一七〕示滅歸長住，鶴林⑲〔一八〕權唱演功周。聖徒往，傳餘響⑳；龍宫秘典海中探〔一九〕，石室真言山處仰〔二〇〕。流教在茲辰，傳芳代有人。沙河雪嶺〔二一〕迷朝徑，巨海鴻崖亂夜津。入萬死，求一生；投針偶穴㉑非同喻〔二二〕，束㉒馬懸車豈等程〔二三〕。不徇今生樂，無祈後代榮。誓捨危軀追勝義，咸希畢契傳燈情。勞歌勿復陳，延眺且㉓周巡。東睇女巒留二迹〔二四〕，西馳鹿苑去三輪〔二五〕，北睨舍城池尚在〔二六〕，南睎尊嶺穴㉔猶存㉕〔二七〕。五峯秀，百池分〔二八〕，粲粲鮮花明四曜〔二九〕，輝輝道樹鏡三春〔三〇〕。揚㉖錫指山阿，攜步上祇陀〔三一〕。既覩如來疊衣石，復觀天授迸餘峩〔三二〕。佇靈鎮㉗〔三三〕，凝思遍生河。金花逸掌儀前奉，芳蓋陵虚殿後過。旋遶經行砌〔三四〕，目想如神契。迴斯㉘少福潤生津㉙〔三五〕，共會㉚龍花捨塵翳。

一三五七九言：在西國懷王舍城舊之作㉛。

遊，愁；赤縣遠，丹思抽。鷲嶺寒風駛㉜，龍河〔三六〕激水流。既喜朝聞日復日，不覺頹年㉝秋更秋。已畢耆山㉞〔三七〕本願誠㉟難遇，終望持經振錫往神州㊱。

【校記】

①稟性　《金》本無「稟」字，「性」作「姓」。

②問　《麗》本、《大》本、天本作「問」。

③遠近　足本作「連近」。

④洗　《金》本無「洗」字。

⑤黄花　《金》本、《麗》本、《大》本、天本無「黄」字。

⑥大　《金》本無「大」字。

⑦人　《金》本作「又」。

⑧以　《磧》本原作「情」；今從《金》本、《麗》本、《北》本、《徑》本、清本、《大》本、天本、内本、足本改爲「以」。

⑨既　内本無「既」字。

⑩云爾　足本無「云爾」二字。

⑪雜言詩曰　《金》本、《麗》本、《大》本、足本無「詩曰」二字；内本作小字注：「雜言」。

⑫千年　内本作「十年」。

⑬聲華遠　《全唐詩》作「聲華日以遠」。

⑭沐　内本、足本作「冰」。

⑮劍 《金》本印作「殺」；《麗》本印作「釼」；足本作「歛」。
⑯斬 《金》本、足本作「漸」。
⑰愍生 足本作「改心」。
⑱度有流化功收 《磧》本原作「度有流化功德收」；《全唐詩》作「度有流光功德收」；今從《金》本、《麗》本、《大》本、天本、足本改。
⑲鶴林 《大》本作「鷄林」。
⑳聖徒往傳餘響 《磧》本原作「聖徒佳昔傳餘響」；《金》本、《北》本、《徑》本、清本、内本、《全唐詩》作「聖徒往昔傳餘響」；今從《麗》本、《大》本、天本、足本改。
㉑穴 足本作「坑」。
㉒束 《磧》本原作「速」；今從《金》本、《麗》本、《大》本、天本、内本、足本及《全唐詩》改。
㉓且 《磧》本原作「旦」；今從《金》本、《麗》本、天本、内本及《全唐詩》改。
㉔穴 《金》本、足本作「寔」。
㉕存 《金》本、《麗》本、《大》本、天本、足本作「尊」。
㉖揚 《金》本作「楊」。
㉗佇靈鎮 《全唐詩》作「佇靈鎮梵嶽」。

㉘斯　《金》本、足本作「向」。

㉙潤生津　《磧》本原作「潤生津」；《麗》本、《大》本、天本作「潤津梁」；今從《金》本、《北》本、《徑》本、内本、足本改。

㉚共會　足本作「於會」。

㉛一三五七九言在西國懷王舍城舊之作　《麗》本、《大》本、天本、内本、足本作大字正文：「在西國王舍城懷舊之作」，又加小字注：「一三五七九言」。

㉜駛　《磧》本原作「駚」；足本作「駛」；各本及《磧》本所附《音釋》俱作「駛」，今據改。

㉝頹年　《金》本「頹」印作「頽」；《磧》本所附《音釋》作「隤年」。

㉞耆山　《金》本、《麗》本、《大》本、天本作「祇山」。

㉟誠　《全唐詩》作「城」。

㊱往神州　《全唐詩》作「住神州」。

【注釋】

〔一〕覺樹初緑觀洗沐於龍池　覺樹即菩提樹。在釋迦牟尼成道處，見本書卷上《玄太傳》中注。洗沐，謂洗菩提樹。龍池，菩提樹南木真池，又稱目支鄰陀龍王池。《西域記》卷八：「（菩提樹）每至如來涅槃之日，葉皆凋落，頃之復故。是日也，諸國君王，異方法俗，

數千萬衆，不召而集，香水香乳，以溉以洗，於是奏音樂，列香花，燈炬繼日，競修供養。」（頁187）

〔二〕春女花　即羯尼迦樹花。《西域記》卷九：「（上茅宫城，即舊王舍城）崇山四周，以爲外郭。……羯尼迦樹遍諸蹊徑，花含殊馥，色爛黄金，暮春之月，林皆金色。」（頁206）羯尼迦，梵文kanika或kanaka，又譯迦尼迦，春女花是意譯名。Monier-Williams列舉了數種樹木之拉丁文名，俱指爲此樹，未詳此處究竟應指何樹（*SED*.p.248b）。

〔三〕觀化祇山頂流睇古王城　祇山，此處應指耆闍崛山，即鷲嶺、鷲峯。沙畹譯爲Jeta，即祇陀園，於音較合，但祇陀園在室羅伐國，似非此處所指。古王城，即王舍城，此處更指王舍舊城。《法顯傳》：「出（王舍新城）城南四里，南向入谷，至五山裏。五山周圍，狀若城郭，即是蓱沙王舊城。」（大51/862c）舊王城又稱矩奢揭羅補羅城或上茅宫城。《西域記》卷九稱這座城在「摩揭陀國之正中，古先國王之所都，多出勝上吉祥香茅，以故謂之上茅城也」。（頁206）矩奢揭羅補羅，梵文Kuśāgarapura，上茅宫城是其意譯。參見本書卷上《窺沖傳》「王舍城」條注。

〔四〕萬載池猶潔千年苑尚清　《西域記》卷九：「山城（指上茅宫城，即王舍舊城）北門西有毘布羅山。聞之土俗曰：山西南崖陰，昔有五百温泉，今者數十而已。……泉流之口並皆彫石，或作師子、白象之首，或作石筒懸流之道，下乃編石爲池。諸方異域咸來洗浴，浴者宿痧多差。温泉左右諸窣堵波及精舍，基址鱗次，並是過去四佛座及經行遺迹之所。」（頁209）又山城北門一里餘處有迦蘭陀竹園，園北有迦蘭陀池，如來在世，多此説法（頁214）。所以後面又説「北睨舍城池尚在」，「五峯秀，百池分」等。苑，指迦蘭陀竹苑（園）。見本書卷上《玄照傳》「竹苑」條注。

〔五〕髣髴影堅路摧殘廣脇嶇　影堅，梵文Bimbisāra，音譯頻毗娑羅，又意譯影勝、影牢等。古印度摩揭陀國國王，與釋迦牟尼同時。《西域記》卷九記載：佛在鷲峯山「廣説妙法，頻毘娑羅王爲聞法故，興發人徒，自山麓至峯岑，跨谷凌巖，編石爲階，廣十餘步，長五六里」。（頁208）廣脇，王舍城山名。見本書卷上《阿離耶跋摩傳》中此條注。

〔六〕七寶仙臺亡舊迹四彩天花絶雨聲　七寶仙臺，即七寶塔，或稱多寶塔。《法華經》卷四：「爾時佛前有七寶塔，高七百由旬，縱廣二百五十由旬，從地踊出，住在空中。……爾時寶塔中，出大音聲，嘆言：善哉！善哉！釋迦牟尼世尊，能以平等大慧，教菩薩法，佛所護念，《妙法華經》，爲大衆説。」（大9/326）傳説釋迦牟尼在鷲峯山説《法華經》。七寶仙臺亡舊迹，謂佛説法處舊迹難尋。四彩天花絶雨聲，傳説釋迦牟尼説《法華經》時，天雨四花。《寄歸傳》卷四：「莊嚴經室，若鷲嶺之天雨四華。」（大54/232b）《法華經》卷一：「（佛）説是經已，即於大衆中結加趺坐，入於無量義處三昧，身心不動。是時天雨曼陀羅華、摩訶曼陀羅華、曼殊沙華、摩訶曼殊沙華。」（大9/4a）四彩天花絶雨聲，謂佛説法事已成過去。

〔七〕既傷火宅眩中門還嗟寶渚迷長坂　《法華經》卷二《譬喻品》以火起之宅比喻人世間。有一長者，其家廣大，唯有一門。火起焚燒舍宅，長者諸子不知火起，於火宅中樂著嬉戲，無求出意。長者設方便法，引諸子出火宅。意謂世人沉溺，只有佛才能引導世人脱離危難（大9/12b）。寶渚即寶處，典亦出《法華經》卷三《化城喻品》。見本書卷上《會寧傳》「終期寶渚，權居化城」條注。坂，坡也。

〔八〕心遊七海上　佛教傳説世界以須彌山（梵文Sumeru）爲中心，共有九山八海。八海中七爲内海，一爲外海。見《俱舍論》卷十一（大29/57a）。七海即指七内海。《寄歸傳》卷四：「殊因類七海而無窮。」（大54/226c）

〔九〕擾擾三界溺邪津渾渾萬品亡真匠　三界，梵文triloka或trailokya。佛教認爲衆生所住的世界分爲三個層次：一、欲界（kāmadhātu），此界中食欲和淫欲特盛；二、色界（rūpadhātu），在欲界之上，已離食、淫二欲；三、無色界（arūpadhātu），更在色界之上，爲無形色衆生所居；三者合稱三界。每界又分若干天。見《俱舍論》卷八（大29/40c）等。此處即指世俗衆生，下「渾渾萬品」意同。真匠，能開示真理之大匠。

〔一〇〕能仁　即釋迦牟尼。《修行本起經》卷上：「佛告童子，汝却後百劫，當得作佛，名釋迦文。」原注：「漢言能仁。」（大3/462b）《魏書》卷一一四《釋老志》：「所謂佛者，本號釋迦文者，譯言能仁。謂德充道備，堪濟萬物也。」（8/3027）但實際上這是Śākyamuni之誤譯，大概是因早期的譯經師不甚通解梵文的緣故所造成。此譯名後來就用得比較少了。

〔二〕創逢飢命棄身城更爲求人崩意樹　身城比喻身體，如城護心。《南》本《大般涅槃經》卷一：「頭爲殿堂，心王處中，如是身城，諸佛世尊之所棄捨，凡夫愚人常所味著。」（大12/606c）本書《重歸南海傳》中《貞固傳》：「隙駟不留，身城難保。」創逢飢命棄身城，似指佛在雪山爲飢餓羅刹舍生事。見《貞固傳》「雪山小偈」條注。意樹，比喻人之意如樹，善果惡果皆依意而結，此處亦指身體。《集沙門不應拜俗等事》序：「身城浪溢，飛寶刃以沖天；意樹紛披，聳珍翹而拂漢。」（大52/443b）更爲求人崩意樹，仍是説佛舍身布施。佛經中有關於此的故事極多，所以原注：「施也。」

〔三〕持囊畢契戒珠浄　持囊畢契，善持浮囊之意。見本書卷下《智弘傳》「善護浮囊」條注。戒珠浄，比喻慎守戒律，清浄如珠，所以原注：「戒也。」

〔三〕被甲要心忍衣固　忍衣，所謂忍辱衣。《法華經》卷四《法師品》：「如來衣者，柔和忍辱心是。」（大9/31c）佛教認爲忍受各種侮辱煩惱而心無怨恨，就能防止一切外障，如有甲胄被覆，所以原注：「忍也。」

〔四〕三祇不倦陵二車　一足忘勞超九數　三祇指三阿僧祇。阿僧祇，梵文asaṅkhya，意爲無數。或又稱阿僧祇劫，梵文asaṅkhyakalpa，意譯無數劫。三祇意謂三個無量長的時間。《大乘起信論》：「而實菩薩種性根等，發心則等，所證亦等，無有超過之法。以一切菩薩皆經三阿僧祇劫故。」（大32/581b）三祇不倦，謂精進不懈，終求佛果。二車，指羊車、鹿車。加上牛車，合稱三車。大乘佛教用三車分別比喻聲聞、緣覺、菩薩三乘（梵文triyāna），認爲人有三種「根器」，通過不同的修持途徑獲得三種不同的結果，聲聞乘證「阿羅漢果」，緣覺乘證「辟支佛果」，菩薩乘證「佛果」。其中菩薩乘，即大乘獲得的利益最高。見《法華經》卷二《譬喻品》（大9/13b）。陵二車，意謂超過聲聞、緣覺二乘而得大乘妙理。九數，指九界。大乘佛教有十法界的説法。十法界是：地獄、餓鬼、畜生、阿修羅、人、天、聲聞、緣覺、菩薩、佛。除去佛界爲九界，佛界爲最高境界。超九數，謂虔心信佛，勤于修持，就能超越前面九界，達到佛界。所以原注：「勤也。」

〔一五〕六時慇生遵六度　六時，《西域記》卷二：「六時合成一日一夜（原注：晝三夜三）。」但同書又云：「又分一歲以爲六時。」此處泛指一切時候。度，梵文pāramitā的意譯，或譯到彼岸，音譯波羅蜜多或波羅蜜。佛教謂由生死此岸度人到涅槃彼岸，有六種法門，稱六度或六波羅蜜多：一、布施，梵文dāna；二、持戒，梵文Śīla；三、忍辱，梵文kṣānti；四、精進，梵文vīrya，或稱勤；五、禪定，梵文dhyāna或samādhi，或稱靜慮；六、智慧，梵文prajñā，或稱般若。義浄在前數句詩及注里已分别講到了。

〔一六〕有流　《止觀輔行傳弘決》卷一之四：「有謂三有，流即四流。於此三處，因果不亡，故名爲有。爲此四法，漂溺不息，故名爲流。」（大46/172b）《摩訶止觀》卷一下：「三界無常，一篋偏苦，四山合來，無逃避處。唯當專心戒定智慧，竪破顛倒，横截死海，超度有流。」（大46/8a）《重歸南海傳》中《道宏傳》：「慶爾拔擢於有流，庶福資於無量。」

〔一七〕金河　梵文Hiranyavatī的意譯，又譯有金河。音譯尸賴拏伐底河、希連禪河、醯連河等。《西域記》卷六稱爲阿恃多伐底河（梵文Ajitavatī），説在俱尸城西北三四里處，西岸娑羅林是釋迦牟尼涅槃地（頁141）。據現代實地調查，即流經今印度北方邦西境哥拉克普爾縣（Gorakhpur dist.）的小甘達克河（Little Gandak R.）。見B.C.Law: *HGAI*.p.85。

〔一八〕鶴林　指釋迦牟尼涅槃處的娑羅樹林。見本書卷下《道琳傳》「鵠樹」條注。

〔一九〕龍宮秘典海中探　傳説龍樹出家後讀大乘經典，妙理有所未盡，「獨在靜處水精房中，大龍菩薩見其如是，惜而愍之，即接之入海，於宮殿中開七寶藏，發七寶華函，以諸方等深奥經典無量妙法授之。」見《龍樹菩薩傳》（大50/184c）。沙畹注引《宋高僧傳》卷四《元曉傳》（大50/730a）龍王鈐海獻經事，恐未愜當。元曉爲新羅國僧，與義浄爲同時人，義浄不可能在此用以爲典。

〔二〇〕石室真言山處仰　石室真言，指釋迦牟尼的言教。鷲嶺山有大石室，釋迦牟尼曾於中止。《西域記》卷九：「（鷲峯山）精舍南山崖則有大石室，如來在昔於此入定。」（頁208）又《西域記》中記載釋迦牟尼在石室説法之處頗多，如同卷：「小孤山，山壁石室廣衮，可坐千餘人矣。如來在昔于此三月説法。」（頁205）等等。沙畹把此處石室解釋爲漢代長安宮中藏書之蘭臺石室。足立喜六的解釋也不確切。

〔二一〕沙河雪嶺　今甘肅敦煌以西到新疆羅布泊附近一帶的沙漠，唐以前稱爲沙河，自古爲通西域之交通要道。《法顯傳》：「燉煌太守李浩供給度沙河。沙河中多有惡鬼熱風，遇則皆死，無一全者。上無飛鳥，下無走獸。遍望極目，欲求度處，則莫知所擬，唯以死人枯骨爲幖幟耳。行七十日，計可千五百里，得至鄯鄯國。」（大51/857a）《慈恩傳》卷一：「從是（指玉門關）已去，即莫賀延磧，長八百餘里，古曰沙河，上無飛鳥，下無走獸，復無水草。」（大50/224b）雪嶺見本書卷上《玄照傳》中注。

〔二二〕投針偶穴非同喻　此句不知典出何處。《寄歸傳》卷四：「儻有傍人勸作，即犯針穴之言。」（大54/231c）似有相似處。

〔二三〕東馬懸車豈等程　此句亦不能確指典出何處。《長春真人西遊記》卷上記邱處機西行，從「天池」南下山，賦詩：「天池海在山頭上，百里鏡空含萬象，縣車東馬西下山，四十八橋低萬丈。」（《叢書集成》本，頁12）與此句恰有一處相似。天池，向達先生謂即今新疆天山西部賽里木湖，四十八橋即棧道之類。見向達校注《西遊録》（中華書局一九八一年版，頁7）。但邱處機西行是出居庸關，過今張家口，北行經達里泊到克魯倫河；再向西，橫穿蒙古地區，過杭愛山；向西南過阿爾泰山，穿過准噶爾盆地，然後更西南行，才經過「天池」更向西行。此與唐代一般通西域的道路頗不相同。

〔二四〕東睇女巒留二迹　二迹不知何指。女巒在鷲嶺東。足立喜六注謂即《西域記》卷九所記「小孤山」。但據《西域記》，小孤山、孤山俱在上茅宮城西，上茅宮城又在鷲嶺西南，從鷲嶺不得「東睇」。

〔二五〕西馳鹿苑去三輪　鹿野苑在鷲嶺西，爲釋迦牟尼初轉法輪處。三輪，指三轉法輪事。傳説釋迦牟尼最初説法，從不同角度講了三次，後世稱爲「三轉法輪」。見義浄譯《三轉法輪經》（大2/504）。去三輪，謂佛説法事已成過去。

〔二六〕北睨舍城池尚在　舍城，王舍城，此指王舍新城，城在鷲嶺之北。池指迦蘭陀池，在王舍新城附近稍南處。《西域記》卷九：「迦蘭陀池，如來在世多此説法。水既清澄，具八功德。佛涅槃後，枯涸無餘。」（頁2/4）沙畹譯舍城爲Kuśāgārapura，意指舊王城，即上茅宮城。據《西域記》卷九：「宮城東北行十四五里，至姞栗陀羅矩吒山。」（頁208）舊王城因此在鷲嶺西南十四五里處。北睨者，非舊城，新城也。

〔二七〕南睎尊嶺穴猶存　尊足嶺在鷲嶺南。《西域記》卷九稱尊足嶺「高巒陗絶，壑洞無涯」（頁203）。《法顯傳》：「到一山，名鷄足。大迦葉今在此山中，擘山下入。入處不容人下，入極遠，有旁孔。迦葉全身在此中住，孔外有迦葉本洗手土。」（大51/863c）

〔二八〕五峯秀百池分　五峯，古王城周五山環繞。《法顯傳》：「出城（指王舍新城）南四里，南向入谷，至五山裏。五山周圍，狀若城郭，即是蓱沙王舊城。」（大51/862c）《西域記》卷九也説古王城是「崇山四周，以爲外郭」。（頁206）五山是：一、城西北的鞞婆羅跋怒山，梵文Vaibhāravana，即《西域記》的毘布羅山，今鞞婆羅山（Vaibhāragiri）；二、城南的薩多般那求呵山，梵文Saptaparṇaguhā，即七葉窟山，今索那山（Sonagiri）；三、因陀羅勢羅求呵山，梵文Indraśailaguhā，即帝釋窟山，今吉里也克山（Girijek）；四、城東北薩簸恕魂直迦鉢婆羅山，梵文Sarpiṣkuṇḍikāprāgbhāra，今毘布羅山（Vipulagiri）；五、城東北鷲峯山，即耆闍崛山，梵文Gṛdhrakūṭa，今薩伊羅山（Śailagiri）。參見Soothill: *DCBT*. p.117a; Cunningham: *AGI*.pp.390—394。百池，見前「萬載池猶潔」條注。

〔二九〕四曜　足立喜六注謂四曜即四陽，指四季。

〔三〇〕輝輝道樹鏡三春　道樹，即菩提樹。三春，孟春、仲春、季春。

〔三一〕祇陀　即祇陀園。見本書卷上《玄照傳》「祇園」條注。

〔三二〕復觀天授迸餘衰　天授，梵文Devadatta意譯，音譯提婆達多、調達多或調達。《西域記》卷九：「（鷲峯山精舍東）有大石，高丈四五尺，周三十餘步，是提婆達多遥擲擊佛處也。」（頁208）《法顯傳》：「佛在石室前東西經行，調達於山北嶮巇間，横擲石，傷佛足指處，石猶在。」（大51/862c）天授據説是釋迦牟尼從弟、斛飯王之子、阿難之兄。他出家學神通，身具三十大人相，誦持八萬法藏，但後來親近惡友，造三逆罪，生墮於地獄。在佛經里，他被描寫成佛的死敵，破壞佛教，罪大惡極，但實際上可能只是釋迦牟尼在世時佛教内部的反對派，其思想和行爲對後代佛教發展的影響值得研究。法顯、玄奘、義浄實地所見，直到七世紀後期，印度還有他的信徒。義浄還親自與他們交談過。

〔三三〕靈鎮　即鷲嶺。鷲嶺又稱靈鷲山、靈山、靈嶽、靈鎮。

〔三四〕旋遶經行砌　經行砌，即佛經行之基。參見本書卷上《慧輪傳》後「那爛陀寺」一節中注。旋遶，古代印度風俗，周旋右遶表示敬意。《西域記》卷九：「執香爐往佛精舍，周旋右繞。」（頁218）《寄歸傳》卷三：「若其右繞佛殿，旋遊制底，别爲生福。」（大54/221c）

〔三五〕生津　《寄歸傳》卷一：「依行則俱昇彼岸，棄背則並溺生津。」（大54/205c）本書所附《重歸南海傳》中《道宏傳》：「再想生津，實無論於性命。」

〔三六〕龍河　即尼連禪河，又稱祥河。見本書卷上《玄照傳》「祥河」條注。傳説河中有龍。義浄譯《根本説一切有部毗奈耶破僧事》卷五：「尼連禪河龍名伽陵伽，以先業緣，住此河中，兩目皆盲。若佛出世，眼即得明。若佛滅後，其眼還盲。」（大24/122c）《寄歸傳》卷一：「創成正覺龍河。」（大54/205a）河在釋迦牟尼成道處附近。

〔三七〕耆山　即耆闍崛山、鷲嶺。

法振禪師者，荊州人也。景行高尚，唯福是修。濯足禪波，棲心戒海。法侶欽肅，爲導①爲歸。諷誦律經，居山居水②。而思禮聖迹，有意西遄。遂共同州僧乘悟禪師〔一〕，梁州〔二〕僧乘如律師，學窮内外，智思鈎深，其德不孤，結契遊踐③。於是攜二友④，出三江，整帆匕景⑤之前，鼓浪訶陵之北，巡歷諸島，漸至羯茶⑥。未久之間，法振遇疾而殞，年可三十五六。既而一人斯委⑦，彼二情疑，遂附舶東歸，有望交阯⑧。覆至瞻波〔三〕，即⑨林邑國也。乘悟又卒。瞻波人至，傳説如此，而未的委。獨有乘如言歸故里。雖不結實，仍嘉令秀尒⑩，獨何爲三無一就耳！

【校記】

① 爲導 《金》本無此二字。

② 居山居水 《金》本作「居山水」。

③ 遊踐 《麗》本、《大》本、天本作「由踐」。

④ 二友 《麗》本作「一友」。

⑤ 匕景 《磧》本原作「上景」；足本作「匕景」；改同上。

⑥ 羯茶 《磧》本「茶」字原作「茶」；今從《金》本、《麗》本、《大》本、天本、内本、足本同

前改作「羯茶」。

⑦委　內本、足本作「萎」。

⑧交阯　內本、足本「阯」作「趾」。

⑨即《磧》本原作「弗」；今從《麗》本、《大》本、天本、內本、足本改。

⑩嘉令秀尒　《金》本作「喜合秀尒」；足本作「嘉合秀爾」；清本作「嘉令爾」。

【注釋】

〔一〕同州僧乘悟禪師　同州，謂乘悟與法振同爲荆州人。本書《序》：「荆州乘悟禪師。」足立喜六誤爲關內道同州。唐關內道同州在今陝西。

〔二〕梁州　《舊唐書》卷三九《地理志》：「梁州興元府，隋漢川郡。」（4/1528）唐屬山南道，其地約相當於今陝西城固以西的漢水流域一帶。

〔三〕瞻波　即占波。見前《慧命傳》中「占波」條注。

大津法師者①，澧州②人也。幼染法門，長敦節儉，有懷省欲，以乞食爲務。希禮聖跡，啟望王城，每歎曰：「釋迦悲父既其不遇，天宮慈氏宜勗我心。自非覩覺樹之真容，謁祥河之勝躅，豈能收情六境〔一〕，致想三祇〔二〕者哉？」遂以永淳二年〔三〕振錫南海。爰初結旅③，頗有多人，及其角立，唯斯一進。乃賫經像，與唐使相逐，泛舶月餘，達尸利佛逝洲④〔四〕。停斯多載，解崑崙語〔五〕，頗習梵書，潔行齊⑤心，更受圓具。浄於此見，遂遣歸唐，望請天恩於西方造寺。既覩利益⑥之弘廣，乃輕命而復滄溟。遂以天授二年⑦五月十五日附舶而向長安矣〔六〕。今附新⑧譯雜經論十卷〔七〕、《南海寄歸内法傳》⑨四卷、《西域求法高僧傳》⑩兩卷。賛⑪曰：

嘉爾幼年，慕法情堅；既虔誠於東夏，復請益於西天⑫。重指神州，爲物淹流；傳⑬十法之弘法〔八〕，竟千秋而不秋！

右揔五十六人⑭。

【校記】

①大津法師者　《磧》本原無「者」字；《金》本、《麗》本、《大》本、天本、足本無「法」字；今從《金》本、《麗》本、《大》本、天本、足本、内本補「者」字。

②澧州　天本、内本「澧」作「灃」。

③旅　《洪》本作「放」。

④尸利佛逝洲　内本「尸」作「室」。

⑤齊　天本作「齋」。

⑥利益　《金》本作「舍利」。

⑦二年　《磧》本原作「三年」；今從《金》本、《麗》本、《大》本、天本、内本改。説見附録二：《義浄生平編年》。

⑧新　足本無「新」字。

⑨南海寄歸内法傳　《麗》本、《大》本、天本、内本脱「法」字。

⑩西域求法高僧傳　《金》本、《麗》本、《大》本脱「傳」字。

⑪賛　《北》本、《徑》本、清本、《大》本、天本、内本、足本作「讚」。

⑫天　《麗》本作「尺」。

⑬傳　《麗》本作「專」。

⑭右揔五十六人　《北》本、《徑》本、清本無此句。

【注釋】

〔一〕收情六境　六境，又稱六塵。塵，梵文guṇa。佛教稱眼、耳、鼻、舌、身、意六種人的感覺器官爲「六根」，這六種感覺器官的對象稱作「六境」。六境是：色、聲、香、味、觸、意。收情六境，謂克制物質世界對主觀意識的影響，所謂「六塵不染」。

〔二〕致想三祇　三祇指三阿僧祇劫。見前《無行傳》中「三祇不倦陵二車」條注。致想三祇，意謂欲經三阿僧祇劫而求證佛果。

〔三〕永淳二年　永淳，唐高宗年號。永淳二年，公元六八三年。

〔四〕與唐使相逐泛舶月餘達尸利佛逝洲　此唐使未詳爲誰。《新唐書》卷二二二下《南蠻傳》：「（室利佛逝）國王號曷蜜多。咸亨至開元間，數遣使者朝，表爲邊吏侵掠，有詔廣州慰撫。」（20/6305）唐使或與此有關。尸利佛逝即室利佛逝。同書同卷同條：「室利佛逝，一曰尸利佛誓。」泛舶月餘，義浄從廣州泛舶，至室利佛逝「未隔兩旬」。海上航行，俱以風便爲準，時無定也。

〔五〕崑崙語　見本書卷上《運期傳》「崑崙音」條注。

〔六〕遂以天授二年五月十五日附舶而向長安矣　各本或作「天授二年」，或作「天授三年」。今取「二年」說。說見附録二：《義浄生平編年》。天授二年，公元六九一年。

〔七〕新譯雜經論十卷　義浄從南海寄歸之經論，除《寄歸傳》四卷、《求法高僧傳》二卷外，其餘十卷「新譯雜經論」爲何，原書未曾明言，僅可間接考定之。《寄歸傳》卷二：「令一能者誦《無常經》，半紙一紙，勿令疲久。」原注：「其經別録附上。」（大54/216c）同書卷四：「其《一百五十讚》及《龍樹菩薩書》，並別録寄歸。」（大54/228a）可知同時寄歸者有此三種書。《無常經》，一卷，今存，《大正藏》收在卷十七。但《開元録》卷九云：「《無常經》一卷，亦名《三啟經》，大足元年九月二十三日於東都大福先寺譯。」未言是重綴，誤。《一百五十讚》即《一百五十讚佛頌》，一卷，今存，《大正藏》收在卷三二。《開元録》卷九：「尊者摩咥里制吒造，於中印度那爛陀寺譯，至景云二年於薦福寺重更迴綴。」《龍樹菩薩書》即《龍樹菩薩勸誡王頌》，一卷，今存，《大正藏》收在卷三二。《開元録》卷九：「第三出，與舊《勸發諸王要偈》等同本，於東印度耽摩立底國譯，至都重綴。」又《根本説一切有部毘奈耶頌》五卷亦可能在其中。《開元録》卷九：「《根本説一切有部毘奈耶頌》五卷，尊者毘舍佉造，景龍四年於大薦福寺翻經院譯，先在西域那爛陀寺譯出，還都删正，景龍奏行。」但今《大正藏》本裁爲三卷，收在《大正藏》卷二四。卷末原跋：「在那爛陀已翻此頌，還至都下，重勘疎條。」又義浄自己提到的幾部書，未見其它任何著作著録，但與《寄歸傳》《求法高僧傳》相提並論，並謂互相參見，似亦爲義浄自己的著作並同時寄歸者，即：《中方録》《南海録》《西方記》《西方十德傳》共四種。本書卷上《慧輪傳》後「那爛陀寺」節：「具如《中方録》及《寄歸傳》所述。」《寄歸傳》卷一：「廣如《南海録》中具述。」（大54/205b）同卷：「其花蓋法式，如《西方記》中所陳矣。」（大54/211b）卷四：「廣如《西方十德傳》中具述。」（大54/229b）如以上數種書都包括在内，則十卷之數足矣，但後數種書至今已不見，不能十分肯定。過去多以《開元録》卷九在著録《求法高僧傳》與《寄歸傳》後即著録《别説罪要行法》一卷、《受用三水要法》一卷、《護命放生軌儀》一卷三書，以爲同時寄歸者。但《開元録》著録各書次序，大致以經、律、論爲先後，並不以著譯時間早晚爲根據。比較各經譯時及排列次序，便可知道。以爲後三種書爲《求法高僧傳》《寄歸傳》同時著作，并無確實根據。

〔八〇〕傳十法之弘法　佛教謂佛教徒應弘揚佛法，對佛教經典有十種行法：一、書寫；二、供養；三、施他；四、諦聽；五、披讀；六、受持；七、開演；八、諷誦；九、思惟；十、修習。見《辯中邊論》卷下（大31/474b）。

又《重歸南海傳》有師資四人。

苾芻貞固律師者，梵名娑羅笈多〔一〕，譯爲貞固。即鄭地滎川〔二〕人也。俗姓孟，粵以驅烏之歲〔三〕，早蘊慈門，揔角之秋〔四〕，棲心慧苑。年甫十四，遂丁荼蓼①〔五〕。眷流俗②之難保，知法門之可尚，爰興正念，企步勝場。遂於汜水③等慈寺遠法師〔六〕處伸④侍席之業。意存教綱，便誦大經〔七〕。經三兩歲，師遂淪化。後往相州林慮諸寺〔八〕，尋師訪道，欲致想禪扃。自念教檢未窺，難辨⑤真僞⑥，即往東魏〔九〕，聽覽《唯識》〔一〇〕。復往安州大猷禪師〔一一〕處習學方等〔一二〕。數旬未隔，即妙相現前。復往荊州，歷諸山水⑦，求善知識，希覓未聞。復往襄州〔一三〕，遇善導禪師〔一四〕，受彌陀勝行〔一五〕。當尒之時，交望弃索訶之穢土〔一六〕，即欲趣安養之芳林。覆思獨善傷大士⑧行，唯識所變，何非浄方。遂往峴山恢覺寺澄禪師處〔一七〕，創蒙半字之訓，漸通完器之言〔一八〕。禪師則沉研律典，荷世尊五德〔一九〕之重寄；轥轢經論，當末代四依之住持〔二〇〕。定瀲波深，灌⑨八解而流派〔二一〕；慧峯岳峻，聳六度而疏巘⑩。五塵無雜，九惱非驚〔二二〕。外跨四流，内澄三定〔二三〕。法俗欽望，推爲導首。特蒙綸旨召入神都〔二四〕，在魏國東寺〔二五〕，居多聞之數。固師年餘二十，即於禪師足下而進圓具。纔經一載，揔涉律綱。覆向安州秀律師〔二六〕處，三載端心，讀宣律師文鈔〔二七〕。可謂問絶鄔波離，貫五篇之表裏〔二八〕；受諧毗舍女，洞七聚之幽關〔二九〕。律云五歲得遊方，未至歲而早契；十年離依止，不届年而預⑪合〔三〇〕。其秀律師即蜀郡興律師〔三一〕之上足，既進圓具，仍居蜀川，於和上處學律四載。後往長安宣律師處爲依止之客⑫。投心乳器，若飲鵝之善識精麁〔三二〕；竭智水瓶，等歡喜之妙持先後〔三三〕。經十六年，不離函丈⑬〔三四〕。幽窮⑭諸部，鑄鍊⑮數家，將首律師⑯疏〔三五〕以爲宗本。然後去三陽⑰〔三六〕之八水，復向黄州〔三七〕，報所生地。次往安州，大興律教。諸王刺史，咸共尊承。故律云：「若有律師處，與我身不殊。」居十力寺，年七十餘，方始寂化，戒行清素，耳目詳知〔三八〕。嗟乎！代有其人，棟梁佛日，蟬聯靡絶，繼踵相承。實謂漢珍⑱荆玉，雖別川而俱媚；桂枝蘭葉，縱異節⑲而同芳。固師既得律典斯⑳通，更㉑披經論。又復誦《法華》《維摩》〔三九〕，向一千遍。心心常續，念念恒持，三業〔四〇〕相驅，四儀〔四一〕無廢。覆往襄州，在和上處，重聽蘇呾羅㉒〔四二〕，披尋對法藏〔四三〕。頗通蘊處，薄㉓檢衣珠〔四四〕，化城是息，終期寶渚。遂乃濯足襄水，顧步廬山。仰上德之清塵，住東林〔四五〕而散志。有意欲向師子洲，頂禮佛牙，觀諸聖迹。以垂拱㉔之歲〔四六〕，移錫桂林，適化遊方，漸之清遠峽谷〔四七〕。同緣赴感，後届番禺㉕，廣府法徒請開律典。時屬大唐聖主天下普置三師〔四八〕，欲令佛日再明，法舟長泛。既而威儀者律也，固亦衆所欽情㉖，三藏道場，講毗奈耶教〔四九〕。經乎九夏〔五〇〕，爰竟七篇〔五一〕。善教法徒，泛誘㉗時俗。于時制旨寺恭闍梨〔五二〕每於講席㉘親自提奬，可謂恂恂善誘，弘濟忘倦。闍梨則童真㉙出家〔五三〕，高行貞節，年餘七十而恒敬五篇。有福之人，可逢上智。實乃禪池淼漫，引法海而通波；思嶺崔嵬，踈㉚慧嶽而騰峭。深明幻本，巧悟心源。雖閑㉛諸法體空，而利物之用盛㉜集。構有爲之福業，作無上之津梁。而屢㉝寫藏經，常㉞營衆食，實亦衆所知識。應物感㉟生，勸悟諸人，共敦律教。

固師既法侶言散，還向峽山〔五四〕。冀託松林之下，用畢幽棲之志。蒙謙寺主〔五五〕等㊱特見賓迎。寺主乃道冠生知，體含仁恕，供承四海，靡倦三朝㊲〔五六〕，屈己申他，卑辭是務。固師意欲息想山門，有懷營搆。傾廊通直道㊳脱階正邪基。曲制山池，希流八解之清潤；傍開壇界，冀闡七聚之芳規。復欲於戒壇後面造一禪龕，立方等道場，修法華三昧〔五七〕。功雖未就，而情已㊴決然。布薩軌儀〔五八〕，已紹綱目。又每歎曰：「前不遭釋父，後未遇慈尊。未代時中，如何起行！」既沉吟㊵於空有之際〔五九〕，復躑躅於多師之門矣。淨於佛逝㊶江口昇舶，附書凭信廣州，見求墨紙，抄寫梵經，并雇手直。于時商人風便，舉帆高張。遂被載來，求住無路〔六〇〕。是知業能裝飾，非人所圖㊷。遂以永昌㊸元年〔六一〕七月二十日達于廣府，與諸法俗重得相見。于時在制旨寺，處衆嗟曰：「本行西國，有望流通，迴㊹住海南，經本尚闕。所將三藏五十餘萬頌㊺，並在佛逝國㊻，事須㊼覆往。既而年餘五十，重越流波㊽，隙㊾駟不留〔六二〕，身城難保，朝露溘至，何所囑焉？經典既是要門，誰能共往收取？隨譯隨受，須得其人。」衆僉告曰：「去斯不遠，有僧貞固，久探律教，早蘊精誠，儻得其人，斯爲善伴。」亦即纔聞此告，髣髴雅合求心，於是裁封山扃，薄陳行李。固乃啟封暫觀，即有同行之念。譬乎遼城㊿一發，下三將之雄心〔六三〕；雪山小偈，牽大隱之深志〔六四〕。遂乃喜辤幽澗，歡去(51)松林。攘臂石門(52)〔六五〕之前，褰衣制旨之內。始傾一蓋，合襟情於撫塵〔六六〕；既投五體，契虛懷於曩日。雖則平生未面，而實冥符宿心。共在良宵，頗論行事。固乃答曰：「道欲合，不介而自親(53)；時將至，求抑而不可。謹即共弘三藏，助燭千燈者歟。」於是重往峽山，與謙寺主等言別。寺主乃照機而作，曾不留連。見述所懷，咸助隨喜〔六七〕。已闕無念，他濟是心。並爲資裝，令無少乏。及廣府法俗，悉贈資粮。即以其年十一月一日附商舶(54)，去番禺(55)。望占波而陵帆，指佛逝以長驅。作含生之梯隥(56)，爲欲海之舟艫。慶(57)有懷於從(58)志，庶無廢於長途。固師年四十矣。讚曰：

智者植業，稟自先因。童年潔想，唯福是親。情求勝己，意仗明仁。非馨香於事利(59)，固寶愛(60)於賢珍。其一。

受持妙册(61)，貞明固意。大善敦心，小瑕興畏。有懷脱屣，無望榮貴。若住犛(62)之毛尾弗虧〔六八〕，等遊蜂(63)之色香靡費〔六九〕。其二。

孤辭榮澤〔七〇〕，隻步漢陰〔七一〕。哲人務本，律教是尋。既知綱領，更進(64)幽深。致遠懷於覺樹，遂杖藜於桂林。其三。

怡神峽谷，匠物廣川〔七二〕。既而追舊聞於東夏，復欲請新教以(65)南遄。希布揚(66)於未布，冀傳流(67)於未傳。慶斯人之壯志，能爲物而身捐。其四。

爲我良伴，共(68)届金洲〔七三〕。能持(69)梵行，善友之由。船車(70)遞濟，手足相求。儻得契傳燈之一望，亦是不憖生於百秋。其五。

既至佛逝，宿心是契。得聽未聞之法，還觀不覩之例。隨譯隨受，詳檢通滯。新見新知，巧明開制。博識多智，每勵朝聞之心；恭儉勤懷，無憂夕死之計〔七四〕。恐衆多而事撓，且逐静而兼濟。縱一焰之隨風，庶千燈(71)而罔翳。其六。

【校記】

①荼蓼　内本作「蓼莪」。

②俗　《洪》本作「今」。

③汜水　《大》本、天本、足本作「汜水」。

④伸　《金》本作「申」；《麗》本作「甲」。

⑤辨　《麗》本、《北》本、《徑》本、清本、《大》本、天本、内本、足本作「辯」。

⑥真僞　《磧》本原作「其僞」；各本俱作「真僞」，今據改。

⑦山水　《麗》本、《大》本、天本作「山寺」。

⑧大士　内本作「大土」。

⑨灌　《金》本、《麗》本、《大》本、天本作「濯」。

⑩巘　《金》本、《麗》本作「巖」。

⑪預　足本作「務」。

⑫之客　《磧》本原作「有客」；足本無「之」字；今從《金》本、《麗》本、《大》本、天本、内本改。

⑬函丈　《金》本作「函杖」。

⑭幽窮　《麗》本、《大》本、天本、内本作「研窮」。

⑮鑄鍊《金》本、《洪》本作「濤鍊」；其它各本作「淘鍊」。
⑯首律師《磧》本原作「守律師」；今從《金》本、《麗》本、《大》本、天本、内本及《宋高僧傳》卷十四改。
⑰三陽《磧》本原作「三楊」；今從《大》本、《麗》本、天本、内本、足本改。
⑱珍《麗》本、《大》本、天本作「珠」。
⑲異節《磧》本原作「易節」；今從《麗》本、《大》本、天本、内本、足本改。
⑳斯《磧》本原作「所」；各本俱作「斯」，今據改。
㉑更《磧》本原作「便」；各本俱作「更」，今據改。
㉒蘇呾羅足本「呾」作「咀」。
㉓薄足本作「溥」。下同。
㉔垂拱《磧》本「拱」原作「栱」；今從各本改。
㉕番禺《南》本作「番隅」。
㉖情《磧》本原作「請」；今從《金》本、《麗》本、《大》本、天本、内本改。
㉗誘《洪》本作「謗」。
㉘席《磧》本原作「帝」；各本俱作「席」，今據改。
㉙童真《金》本作「童年」。

㉚ 踈《金》本、《麗》本、《大》本、天本、内本作「聳」。

㉛ 閑《金》本作「聞」。

㉜ 盛《洪》本、《南》本、《徑》本、清本作「咸」。

㉝ 屢《金》本作「屬」。

㉞ 常 清本作「當」。

㉟ 感 足本作「咸」。

㊱ 等《金》本、内本、足本無「等」字。

㊲ 三朝《麗》本「三」作「二」。

㊳ 直道《金》本作「真道」。

㊴ 情已《金》本倒作「已情」。

㊵ 吟《磧》本原作「今」；各本俱作「吟」，今據改。

㊶ 佛逝《金》本脱「逝」字。

㊷ 圖《磧》本原印作「啚」；今從各本改。

㊸ 永昌《麗》本誤作「水昌」。

㊹ 迴 足本無「迴」字。

㊺ 五十餘萬頌《磧》本「頌」原作「言」；今從《麗》本、《大》本、天本、内本、《開元録》卷

九、《宋高僧傳》卷一及上文改。

㊻佛逝國　《麗》本、《大》本、天本無「國」字。

㊼事須　《麗》本、《大》本、天本作「終須」。

㊽流波　《麗》本、《大》本、天本、内本作「滄波」。

㊾隙　《金》本印作「隟」；《麗》本作「巢」。

㊿遼城　《金》本、《麗》本、《大》本、天本作「聊城」。

51 去　足本作「喜」。

52 石門　《金》本作「石箭」。

53 自親　《麗》本「自」作「目」。

54 舶　《磧》本原印作「[虫白]」；今從各本改。

55 番禺　《磧》本原作「悉禺」；今從各本改。

56 梯隥　《金》本、《麗》本、《大》本、天本作「梯橙」。

57 慶　《磧》本原作「愛」；今從《金》本、《麗》本、《洪》本、《南》本、《北》本、《徑》本、清本、《大》本、天本、内本改。

58 從　《洪》本、《南》本、《北》本、《徑》本、清本作「促」。

59 事利　《洪》本、《南》本作「東利」。

⑥⓪ 寶愛　《磧》本原作「實受」；《洪》本、《南》本、《北》本、《徑》本、清本、足本作「實愛」；今從《金》本、《麗》本、《大》本、天本、内本改爲「寶愛」。

⑥① 妙册　《麗》本、《大》本、天本、内本作「妙典」。

⑥② 猫　《磧》本原印作「描」；今從各本及《磧》本所附《音釋》改爲「猫」；《音義》作「犛」。

⑥③ 蜂　《磧》本原印作「艂」；今從各本改。

⑥④ 更進　《金》本作「進影」。

⑥⑤ 以　《北》本作「峽」。

⑥⑥ 布揚　《磧》本原作「敷揚」；《金》本、《麗》本、天本、《大》本作「揚布」；今從《洪》本、《南》本、《北》本、《徑》本、清本、内本改。

⑥⑦ 傳流　《磧》本原作「傳芳」；《麗》本、《大》本、天本作「流傳」；今從《洪》本、《南》本、《北》本、《徑》本、清本、内本改。

⑥⑧ 共　《大》本作「其」。

⑥⑨ 持　《麗》本、《大》本、天本作「堅」。

⑦⓪ 船車　《麗》本「船」作「舩」。

⑦① 千燈　《麗》本、《大》本作「十登」；天本作「十燈」。

【注釋】

〔一〕娑羅笈多　梵文Śalagupta，意譯貞固。

〔二〕鄭地滎川　鄭地，指今河南鄭州一帶地，爲春秋時鄭國（都新鄭，今新鄭）故地。滎川，《磧》本所附《音釋》：「水名，在鄭州也。」此指滎澤縣，唐屬河南道鄭州，地在今鄭州市西北。下文有「孤辭滎澤」句。其地古有滎澤、滎水。《周禮·夏官·職方氏》：「（豫州）其川滎雒，其浸波溠。」鄭玄注：「滎，兖水也。出東垣，入於河，泆爲滎。」（《四部備要》本《周禮注疏》，頁322a）

〔三〕驅烏之歲　指年齡在七至十三歲之間。《摩訶僧祇律》卷二九：「沙彌有三品。一者從七歲至十三，名爲驅烏沙彌；二者從十四至十九，是名應法沙彌；三者從二十上至七十，是名名字沙彌。」（大22/461b）出典見《四分律》卷三四（大22/810c）。

〔四〕揔角之秋　《詩·齊風·甫田》：「總角丱兮。」《禮記·內則》：「拂髦，總角。」鄭玄注：「總角，收髮結之。」（《四部備要》本，頁328a）

〔五〕遂丁荼蓼　指父母亡故。《顏氏家訓·序致》：「年始九歲，便丁荼蓼。」（《諸子集成》本，頁1）丁，當，遭遇。《後漢書》卷一七《岑彭傳》：「我喜我生，獨丁斯時。」（3/663）荼蓼，苦菜。

〔六〕汜水等慈寺遠法師　汜水，《大》本、天本、足本作「氾水」，《舊唐書》卷三八亦作「氾水」。（5/1426）古「汜」「氾」二字多混。足本正文作「氾」，注中却作「汜」。今作汜水。唐初河南道鄭州領有汜水縣，地在今河南滎陽縣。本書所指即此。汜水，古水名，故道在今山東曹縣北，久湮。等慈寺遠法師事不詳。

〔七〕大經　此指《佛説無量壽經》。《觀經疏傳通記》卷三：「大經者，《無量壽經》，三經中此經廣故，對餘二經名大經也。」（大57/524b）《無量壽經》，梵文Aparimitāyursūtra。與《阿彌陀經》《觀無量壽經》合稱「净土三經」。

〔八〕相州林慮諸寺　唐河北道相州林慮縣。《舊唐書》卷三九《地理志》：「林慮，漢隆慮縣。武德三年，置巖州，領林慮一縣。五年，巖州廢，縣屬相州。」（5/1492）今河南林縣。縣西有林慮山，本名隆慮山，因避東漢殤帝劉隆諱改名。

〔九〕東魏　指今河南洛陽以東一帶地。今河南北部與山西西南部戰國時爲魏國地。其後三國時有曹魏，南北朝時有東魏。東魏都鄴（今河北臨漳縣西南），即領有今洛陽以東地。

〔一〇〕唯識　指《唯識二十論》，梵文Vijñaptimātrasiddhiviṃśakārikāśāstra。古印度世親著，玄奘譯，一卷。主張萬法唯識，外境是内識顯現，爲大乘佛教瑜伽行派的重要理論著作。凡二十一頌，但最後一頌爲結歎。漢譯除玄奘譯本外，還有北魏菩提流支譯《唯識論》一卷，南朝陳真諦譯《大乘唯識論》一卷。

〔一一〕安州大猷禪師　安州，《舊唐書》卷四〇《地理志》：「安州中都督府，隋安陸郡。武德四年，平王世充，改爲安州。」（5/1581）唐屬淮南道，治所在安陸（今縣），轄境相當於今湖北安陸、雲夢、應城等縣地。大猷禪師事不詳。

〔二〕方等　指大乘佛教經典。《閱藏知津》卷二：「方等亦名方廣……是則始從《華嚴》，終《大涅槃》，一切菩薩法藏，皆稱方等經典。」（昭3/1034c）方等，梵文vaipulya意譯，又譯方廣。

〔三〕襄州　《舊唐書》卷三九《地理志》：「襄州，緊上，隋襄陽郡。武德四年，平王世充，改爲襄州，因隋舊名。」（5/1549）唐初屬山南道，治所在襄陽（今襄樊市）。轄境相當於今湖北襄陽、谷城、光化、南漳、宜城等縣地。

〔四〕善導禪師　善導，唐初僧人。或説爲臨淄（今山東淄博）人。貞觀中曾師事道綽。後在長安光明寺，大倡浄土宗，追隨者「不可勝數」。高宗時卒。見《續高僧傳》卷二七《會通傳》（大50/684a）、《佛祖統紀》卷二六（大49/263a）、卷二七（大49/276b）等。足立喜六注謂《景德傳燈録》卷四所載慧忠禪師門下白馬善導禪師，即另一善導。此善導《大正藏》本作「善道」（大51/223c、225c）。但據同書同卷記載，慧忠大歷四年（七六九）卒，年八十七（大51/229b），則生年爲永淳二年（六八三），時代晚於義浄。慧忠門下兩世出三十六人，善道爲其中之一，時代則更晚。且慧忠所傳，爲所謂「牛頭禪宗」。此處善導則傳「彌陀勝行」，爲浄土宗人，即浄土善導。足説顯誤。

〔一五〕彌陀勝行　彌陀，即阿彌陀佛。見本書卷上《常慜傳》「彌陀佛」條注。彌陀勝行，指淨土宗教法，日日念誦「南無阿彌陀佛」。

〔一六〕索訶之穢土　索訶，梵文sahā的音譯，又譯娑婆等，意譯忍、堪忍。《法華文句》卷二：「娑婆，此翻忍。其土衆生安於十惡，不肯出離，從人名土，故稱爲忍。」（大34/24b）《希麟音義》卷六：「梵語也，此云堪忍，即釋迦如來所主忍土也。」（大54/959a）即世俗世界。穢土，謂此世界充滿煩惱，污穢惡濁，與下文「安養之芳林」相對。

〔一七〕峴山恢覺寺澄禪師　峴山，又名峴首山。《唐六典》卷三：「峴山，在襄州襄陽縣。」（廣雅書局光緒廿一年刻本，頁56）《讀史方輿紀要》卷七九：「峴山，府南七里，亦曰南峴。」（中華書局一九五五年版，4/3377）在今湖北襄陽縣南，東臨漢水。恢覺寺澄禪師事不詳。足立喜六謂即《景德傳燈録》卷四所載「京兆章敬寺澄禪師」。（大51/226b）但據同書同卷，此澄禪師爲普寂弟子。又據《宋高僧傳》卷九《普寂傳》，普寂爲神秀弟子，久視元年（七〇〇）始度爲僧（大50/760c）。普寂時代已晚於義淨，其弟子何得爲貞固師？足説甚誤。

〔一八〕創蒙半字之訓漸通完器之言　《寄歸傳》卷四：「教小童則誘之以半字，誠無按劍之疑；授大機則瀉之於完器，實有捧珍之益。」（大54/232a）舊謂梵文有所謂「半字」與「滿字」。《出三藏記集》卷一：「梵書製文有半字滿字。所以名半字者，義未具足，故字體半偏，猶漢文『月』字虧其傍也。」（大55/4b）此處比喻啓蒙初學。《南》本《大般涅槃經》卷五：「譬如長者，唯有一子，心常憶念，憐愛無已，將詣師所，欲令受學。懼不速成，尋便將還。以愛念故，晝夜慇懃，教其半字，而不教誨毘伽羅論。何以故？以其幼稚，力未堪故。……半字者，謂九部經。毘伽羅論者，所謂方等大乘經典。以諸聲聞無有慧力，是故如來爲説半字九部經典，而不爲説毘伽羅論方等大乘。」（大12/603c）完器亦比喻。《大智度論》卷五：「譬如完器，水不漏散。」（大25/95c）

〔一九〕五德　五德有種種五德，此處應指所謂「師者五德」。《天台菩薩戒疏》卷上：「爲師者應具五德：一堅持净戒，二年滿十臘，三善解律藏，四師師相授，五定慧窮玄。」（大40/582b）

〔二〇〕轥轢經論當末代四依之住持　轥轢，車輪輾過。司馬相如《上林賦》：「徒車之所轥轢。」（中華書局影印清胡刻本《文選》卷八，頁128a）轥轢經論，此處比喻鑽研經論。末代，澆末之世代。佛經裏説釋迦牟尼入滅後五百年爲正法時，次一千年爲像法時，後萬年爲末法時。末代即末法時。四依，此處指所謂「人四依」。佛經裏説在末世宣傳佛教有四種人，此四種人爲人天所依止。《南》本《大般涅槃經》：「有四種人，能護正法，建立正法，憶念正法，能多利益，憐愍世間，爲世間依，安樂人天。何等爲四？有人出世，具煩惱性，是名第一；須陀洹人，斯陀含人，是名第二；阿那含人，是名第三；阿羅漢人，是名

第四。」（大12/637a）

〔二〕定瀲波深灌八解而流派　八解，即八解脱。解脱，梵文mokṣa。佛教謂脱離三界煩惱，解脱其束縛之八種禪定爲八解脱。據《法門名義集》，八解脱是：一、内有色外觀色解脱；二、内無色外觀色解脱；三、浄解脱；四、空處解脱；五、識處解脱；六、無處有處解脱；七、非想非非想處解脱；八、滅盡定解脱。亦名八背捨（大54/197a）。鳩摩羅什譯《維摩經》卷中：「八解之浴池，定水湛然滿。」（大14/549c）

〔三〕五塵無雜九惱非驚　五塵，又稱五境。塵，梵文guṇa，原字可意譯爲「性」「屬性」，或譯爲「德」。佛教以爲色、聲、香、味、觸五種感覺現象能污染真性，因此譯爲「塵」。《摩訶止觀》卷四上：「五塵六欲，不暇貪染。」（大46/40a）參見本書卷下《大津傳》「收情六境」條注。九惱，《法門名義集》：「九惱，憎我善友，愛我怨家，及憎我身，此三種違情，各有三世，是爲（九惱）。」（大54/196b）足立喜六引《大智度論》卷九，謂即九難，即傳説佛在世時所遇九種灾難。説不確。

〔三〕外跨四流内澄三定　《祖庭事苑》卷一：「四流，一見流、二欲流、三有流、四無明流。」（續貳/18/1/11a）《止觀輔行傳弘決》卷一之四：「見流，三界見也；欲流，欲界一切諸惑，除見及癡；有流，上二界一切諸惑，除見及癡；無明流，三界癡也。」又云：「爲此四法，漂溺不息，故名爲流。」（大46/172b）三定，三禪定，所謂上定、中定、小定。《摩訶止觀》卷五上：「禪定者，禪自是其境。……三定攝之，上定攝菩薩二乘，中小二定攝八境。」（大46/52a）足立喜六解釋爲三禪天，不確。

〔二四〕神都　唐光宅元年（六八四），武則天定都洛陽。洛陽原稱東都，至是改稱神都。神龍元年（七〇五）又復稱東都。《新唐書》卷三八《地理志》：「（洛陽）顯慶二年曰東都，光宅元年曰神都，神龍元年復曰東都。」（4/981）即今洛陽市。

〔二五〕魏國東寺　即洛陽大福先寺。《宋高僧傳》卷二《天智傳》：「（天智）水昌（應作「永昌」）元年來，届於此，謁天后於洛陽，敕令就魏國東寺（原注：後改大周東寺）翻譯。」（大50/719b）或稱魏國寺。《唐會要》卷四八：「福先寺，遊藝坊，武太后母楊氏宅。上元二年，立爲太原寺。垂拱三年二月，改爲魏國寺。天授二年，改爲福先寺。」（中華書局一九五五年版，中/848）

〔二六〕安州秀律師　安州見前。秀律師，安州十力寺僧，黄州人。《宋高僧傳》卷十四有傳（大50/794c），文大致與此同。疑贊寧撰是文時亦剪裁自義浄此書。唯贊寧文云：「釋秀公者，齊安人也。」天寶元年曾改黄州爲齊安郡，事在秀律師卒後五十餘年。見《舊唐書》卷四十《地理志》（5/1580）。

〔二七〕宣律師文鈔　宣律師即道宣。見本書卷下《無行傳》「道宣律師」條注。宣律師文鈔，指道宣著《四分律删繁補闕行事鈔》，十二卷，或分上、中、下三卷，每卷又分四卷，仍合十二卷。道宣還著有《四分律拾毗尼義鈔》六卷，或分三卷；《四分比丘尼鈔》六卷，或分三卷；以及《四分律比丘含注戒本》三卷；《四分律删補隨機羯磨》二卷；與前書合稱五大部，爲中國佛教律宗重要著作。

〔六〕問絶鄔波離貫五篇之表裏　鄔波離，梵文Upāli音譯，又譯優婆離、優婆利、優波釐等，意譯近取、近執。釋迦牟尼弟子，精通戒律，稱「持律第一」。見《佛本行集經》卷五三、五五四、五五五中《優婆離因緣品》等。《西域記》卷五説他在第一次結集時「持律明究，衆所知識，集毗奈耶藏。」（頁214）五篇，佛經中根據僧尼犯戒情況的輕重和後果把戒律分别歸爲幾類，稱爲篇門或聚門（梵文skandha），有五篇、六聚、七聚、八聚、九聚之説。《行事鈔》卷中一：「五篇名者，一波羅夷，二僧殘，三波逸提，四提舍尼，五突吉羅。」（大40/48c）波羅夷，梵文pārājika。意譯斷頭，其罪最重，如斷頭而不能再生，不復得爲比丘。依《四分律》，比丘有四戒，比丘尼有八戒。僧殘，梵文saṅghāvaśeṣa。比丘犯此罪，殆瀕於死，僅有殘餘之命，必須向僧衆懺悔，以全殘命。比丘有十三戒，比丘尼有十七戒。波逸提，梵文prāyaścitta，意譯墮或墮獄。比丘有一百二十戒，比丘尼有二百零八戒。提舍尼，梵文pratideśanīya，意譯向彼悔。比丘有四戒，比丘尼有八戒。突吉羅，梵文duṣkṛta，意譯惡作。比丘有一百零九戒，比丘尼同。《釋氏要覽》卷上則云：「比丘並尼各一百。」（大54/272b）各部派每篇聚下戒條各有異。貫五篇之表裏，謂精通戒律。

〔二九〕受諧毗舍女洞七聚之幽關　毗舍女，即毗舍佉女，梵文Viśākhā的音譯。又稱鹿子母。《慧琳音義》卷二五：「毗舍佉優婆夷，毗舍佉是星名，此女因星得名。《五分律》云：鹿子母是也。」（大54/464b）毗舍佉星，即中國二十八宿中之氐宿。優婆夷，梵文upāsikā，即女居士。毗舍佉女傳説是室羅伐城給孤獨長者之妻，與夫建祇園精舍獻釋迦牟尼，同是佛的虔誠信徒。《中阿含經》卷五八：「於是毗舍佉優婆夷聞法樂比丘尼所説，善受，善持，善誦習。」（大1/788a）七聚，五篇加上偷蘭遮與惡説兩種，合稱七聚。亦見《行事鈔》卷中一（大40/48c）。偷蘭遮，梵文sthūlatyaya，意譯大障善道。惡説，梵文durbhāṣita。《寄歸傳》卷一：「若泛爲俗侶，但略言其五禁；局提法衆，遂廣彰乎七篇。」（大54/205a）五禁即五篇，七篇即七聚。洞七聚之幽關，與上句「貫五篇之表裏」意同。

〔三〇〕律云五歲得遊方未至歲而早契十年離依止不届年而預合　《寄歸傳》卷三：「若其解律，五夏得離本師。人間遊行，進求餘業，到處還須依止。十夏既滿，依止方休。」（大54/222a）

〔三一〕蜀郡興律師　指道興。唐初僧人，姓劉，本住秦州。年十九出家，至蜀川年滿進具。後至京師，就學智首律師（見下文注）。還蜀後講律。顯慶四年（六五九）卒於益州福勝寺，年六十有七。明本《續高僧傳》卷二九有傳。《大正藏》本附於卷二二後（大50/623a）。

〔三二〕投心乳器若飲鵝之善識粗麁　傳説置水乳於一器，鵝能分別水乳，飲乳而留水。《祖庭事苑》卷五：「《正法念經》云：譬如水乳同置一器，鵝王飲之，但飲其乳汁，其水猶存。」

（續貳/18/1/70b）

〔三三〕竭智水瓶等歡喜之妙持先後　水瓶，見本書卷下《僧哲傳》「灌瓶之妙」條注。歡喜，梵文Ānanda的意譯，音譯阿難、阿難陀。見本書卷上《玄會傳》「阿難陀」條注。兩句俱喻秀律師聰慧善學。

〔三四〕函丈　《禮記·曲禮上》：「若非飲食之客，則布席，席間函丈。」鄭玄注：「謂講問之客也。函，猶容也。講問宜相對容丈，足以指畫也。」（《四部備要》本，頁111a）後以此代指受教師長。

〔三五〕首律師疏　首律師，指智首，隋唐時名僧。本姓皇甫，漳濱人。幼從相州雲門寺智旻出家，後從道洪聽受律學，慨歎當時五部律互相混雜，於是研覈古今學説，撰《五部區分鈔》二十一卷。又以道雲《四分律疏》爲基礎，概括各部異同，决定去取，撰成《四分律疏》，世稱《廣疏》，又稱《大疏》。四分律宗實際就出於他的法系。弟子中最著名者有道宣。上文中「蜀郡興律師」亦其弟子。貞觀九年（六三五）卒於長安弘福寺，年六十有九。《續高僧傳》卷二二有傳（大50/614a）。首律師疏即指《四分律疏》。

〔三六〕三陽　指咸陽、涇陽、櫟陽。此處代指長安一帶地。唐初長安所在京兆府稱雍州，長安附近西有咸陽，北有涇陽，東有櫟陽。櫟陽，秦置，東漢廢入萬年縣。唐武德元年改萬年復置。治所在今臨潼北。元至元初並入臨潼縣。咸陽、涇陽，今地尚在。

〔三七〕黄州 《舊唐書》卷四十《地理志》：「黄州下，隋永安郡。武德三年，改爲黄州。」（5/1580）唐屬淮南道，治所在黄岡（今縣北）。轄境相當今湖北黄岡、黄陂、麻城一帶地。足立喜六注稱隋承安郡，誤「永」爲「承」。

〔三八〕戒行清素耳目詳知 《宋高僧傳》卷十四《唐安州十力寺秀律師傳》：「釋秀公者，齊安人也，髫年天然有離俗之意焉。既丁荼蓼，便往蜀郡禮興律師。諷誦經典，易若温尋。又依之進具，果通達毘尼，乃爲興公傳律上足弟子歟。如是四載。入長安造宣律師門，爲依止之客。勤以忘勞，涉十六年不離函丈。窮幽諸部，陶練數家，將首疏爲宗本。然向黄州報所生地，次往安陸大揚講訓。聲望所聞，諸王牧守，攸共尊奉。正化緇徒，咸慕細行。有貞固律師居於上席，解冠諸生，最顯清名，餘皆後殿。其諸成業，不可勝算。春秋七十餘，卒於十力寺本房焉。」（大50/794c）

〔三九〕維摩 指《維摩詰所説經》，梵文Vimalakīrtinirdeśasūtra。有三種漢譯：一、吴支謙譯，題《維摩詰經》，二卷；二、姚秦鳩摩羅什譯，題《維摩詰所説經》，三卷；三、唐玄奘譯，題《説無垢稱經》，六卷。一般通行鳩摩羅什本。維摩詰是毗耶離城（義浄譯薜舍離）一位佛教居士。經的内容描述他與文殊師利等人共論佛法，宣傳所謂解脱境界超出思議，而以維摩詰的默然來表示對這一道理的體會，是大乘佛教著名經典。中國漢文注疏頗多。

〔四〇〕三業　《大毗婆沙論》卷一一三：「三業者，謂身業、語業、意業。」（大27/587b）身業，梵文kāyakarma；語業，梵文vākkarma；意業，梵文cittakarma。佛教認爲身之所作，口之所言，意之所想都會産生業（karma），業影響來世，帶來或好或壞的結果。

〔四一〕四儀　亦稱四威儀。《釋氏要覽》卷下：「威儀，經律中皆以行、住、坐、卧名四威儀。」（大54/298c）指佛教僧人在此四方面必須遵守的儀則。

〔四二〕蘇呾羅　梵文sūtra音譯，意譯經。指佛經。此處尤指佛教三藏中經藏。

〔四三〕對法藏　梵文abhidharmapiṭaka意譯，即三藏中論藏。

〔四四〕衣珠　衣中之寶珠。典出《法華經》卷四：「譬如有人至親友家，醉酒而卧。是時親友官事當行，以無價寶珠繫其衣裏，與之而去。其人醉卧，都不覺知。起已遊行，到於他國。爲衣食故，勤力求索，甚大艱難，若少有所得，便以爲足。於後親友會遇見之，而作是言：『咄哉丈夫，何爲衣食，乃至如是！我昔欲令汝得安樂，五欲自恣，於某年日月，以無價寶珠，繫汝衣裏，今故現在，而汝不知，勤苦憂惱，以求自活，甚爲癡也。汝今可以此寶貿易所須，常可如意，無所乏短。』」（大9/29a）《法華文句記》卷三下：「衆生身中，有昔種緣，名爲衣珠。」（大34/210b）即所謂佛性。

〔四五〕東林　指廬山東林寺。慧遠於東晉孝武帝太元九年（三八四）建，太元十一年寺成。在廬山山北。見《廬山記》卷一、卷三。（大51/1027c、1039b）上句「仰上德之清塵」，上德即指慧遠。

〔四六〕垂拱之歲　垂拱，武則天年號，公元六八五至六八八年。

〔四七〕清遠峽谷　《舊唐書》卷四一《地理志》：「清遠，隋縣。武德六年，廢政賓縣併入，所治也。」（5/1713）唐屬嶺南道廣州。漢稱中宿縣，隋改清遠縣。今廣東清遠縣。清遠峽谷，今北江自東北而西南流經清遠縣境，切割山地，形成一系列峽谷，有著名的「北江小三峽」。

〔四八〕三師　比丘受具足戒，要三師七證。三師是：一、戒和尚，正受戒者；二、羯磨師，讀表白及羯磨文；三、教授師，教授以威儀作法。見道宣《行事鈔》卷上三（大40/24b）。

〔四九〕毗奈耶教　毗奈耶，梵文vinaya音譯，意譯律。毗奈耶教即佛教戒律。

〔五〇〕九夏　指夏季的九十天。陶潛《榮木詩》詩序：「日月推遷，已復九夏。」中國佛教徒夏日安居，自四月十六日起，七月十五日迄，共九十日，亦稱九夏，或稱九旬。參見本書卷下《玄逵傳》後「義淨自述」一節中「坐夏揚府」條注。

〔五一〕七篇　即七聚，見前「七聚之幽關」注。

〔五二〕制旨寺恭闍梨　制旨寺在廣州，明清時稱光孝寺。《羊城古鈔》卷三：「光孝寺，在城內西北一里。本尉陀元孫建德故宅。三國吳虞翻謫南海，居此，廢其宅爲苑囿。……翻卒，妻子還吳，施其宅爲寺。扁曰制止。……宋武帝永初元年，梵僧求那跋陀飛錫至此，始創戒壇，立制止道場。……普通八年，達磨初祖自天竺至此。唐正觀間改制止王園爲乾明法性寺。」唐宋數易名。成化十八年敕賜光孝禪寺扁額，始稱光孝寺。（北大善本室藏清刻本，頁34—35）闍梨，即阿闍梨。義浄在《寄歸傳》卷三中又譯爲阿遮利耶，並注云：「譯爲軌範師，是能教弟子法式之義，先云阿闍梨訛也。」（大54/222a）即梵文ācārya音譯。原爲印度婆羅門教授《吠陀》時弟子對師傅的稱呼，佛教沿用，又有所謂出家、受戒、教授、授經、依止五種阿闍梨。恭闍梨事不詳。足立喜六引智昇《續古今譯經圖記》，謂即神龍元年在制旨寺譯經的印度僧人般剌蜜帝（此云極量），理由是：一、極量曾居制旨寺；二、通三學；三、時間相合；四、《續古今譯經圖記》原文稱極量「利物爲心，敷斯秘賾」，語句與義浄此文類似。足注因此云：由於以上理由，可以明白極量與恭闍梨是同一個人，《開元釋教録》《宋高僧傳》等都稱爲般剌蜜帝paramātra（極量），是因爲智昇將般剌蜜那帝Paramāneti誤譯的緣故，如此極量不就是極恭即恭闍梨嗎？按足説甚奇，其説俱不可成立：一、制旨寺爲廣州有名佛寺，來往經過並住於此的僧人極多，有名的就有劉宋時來華的印度僧人求那跋陀羅，梁朝時來華的菩提達磨等。二、足注中第二、第四兩條所舉文字幾乎在所有僧傳裏都會見到。第三條理由亦有可疑處。義浄文中已稱恭闍梨「年餘七十」，而這至遲是永昌元年前事（貞固於永昌元年隨義浄赴佛逝，貞固在制旨寺講律應在此前數年），般剌蜜帝譯經在神龍元年，其間相差十六年。如果般剌蜜帝就是恭闍梨，般刺蜜帝此時就年已九十左右。但《續古今譯經圖記》又説般刺蜜帝「傳經事畢，泛舶西歸」，以如此高齡，仍泛舶歸國，事有可疑。三、般刺蜜帝一名，梵文應還原爲Paramiti或Pramiti，意譯「極量」，對音亦合。Paramātra雖也可勉强譯爲「極量」，但對音上不合。而説智昇因此誤譯了般刺蜜那帝，更不知根據何在，而且般刺蜜那帝與Paramāneti對音亦不合。更不可解是，Paramāneti並不是一個正規的梵文詞，只有巴利文動詞man的致使動詞第三人稱單數可以有這樣一個寫法，並不是一個名詞。不知爲什麽足立喜六在此處指爲人名。足説甚誤。從義淨原文看，恭闍梨似乎是中國僧人，可能就是制旨寺的住持。

〔五三〕童真出家　《慧琳音義》卷四四：「童真，是沙彌別名式。又此言學，亦云隨順。」（大54/600a）

〔五四〕峽山　在廣東清遠縣東，又稱禺山、二禺山。《輿地紀勝》卷八九：「峽山，在清遠縣東三十里。崇山峻峙，如擘太華，中通江流。廣慶寺居峽山之中，有殿，甚古，梁武帝時物也。」（道光二十九年刻文選樓影宋鈔本，頁11a）《讀史方輿紀要》卷一〇一廣州府清遠縣條：「峽山，縣東三十里。一名中宿峽。崇山挺峙，中通江流。舊記黄帝二庶子，曰禺陽，曰禺號，南採阮禺之竹，爲黄鍾之管。今山上小竹，節間長九寸，圓徑三分。疑此山即阮禺也。亦曰禺山，亦曰二禺。有兩峯，穹窿對峙，束隘江流，故曰峽也。」（中華書局

一九五五年版，5/4185）

〔五五〕謙寺主　事不詳。大約即是廣慶寺主。

〔五六〕三朝　《漢書》卷八一《孔光傳》：「歲之朝曰三朝。」顔師古注：「歲之朝、月之朝、日之朝，故曰三朝。」（10/3359）敦煌唐寫本P.2721《雜抄》則云：「何名三朝？冬臘歲。」未解其意。

〔五七〕立方等道場修法華三昧　方等，見前注。方等道場即大乘道場。立方等道場，此處指根據大乘佛教儀規，立壇（梵文maṇḍala）修習，即方等壇。《大宋僧史略》卷下：「稟順方等之文而立戒壇，故名方等壇也。」（大54/250c）法華三昧，佛教天台宗認爲，三諦（空諦、假諦、中道諦）圓融爲一實，攝一切法，使歸於一實相，稱「法華三昧」。《法華文句記》卷二下：「實道所證一切，名法華三昧。」（大34/186c）天台宗智顗曾著有《法華三昧行法》一書，專講修法華三昧行法儀式。三昧一詞，從梵文samādhi音譯來。此處引伸爲指事物的精義或訣要。

〔五八〕布薩軌儀　布薩，梵文poṣatha，巴利文uposatha。前者似來源於後者。後者又來源於梵文upavasatha。（Takakusu: *RBR*,p.88, n.1）upavasatha原意指蘇摩祭前的齋戒日，佛教用指一種説戒、懺悔的儀式。又音譯褒灑陀、布沙他，意譯浄住、善宿、長養等。《寄歸傳》卷二：「半月半月爲褒灑陀，朝朝暮暮憶所犯罪。」（大54/217c）《釋氏要覽》卷下：「布薩，此律居常式也。此云共住，又云净住。《毗奈耶》云：裒灑陀，唐言常養净，謂破除戒垢，長養清净故。意令半月半月，憶所犯事，對無犯人説露，畢改前愆。一則遮現在之更爲，二則懲未來之慢法故。」（大54/302c）布薩軌儀即指這種宗教儀式。

〔五九〕沉吟於空有之際　空有，指大乘佛教空宗和有宗，又稱中觀派和瑜伽行派。《寄歸傳》卷一：「大乘無過二種：一則中觀，二乃瑜伽。中觀則俗有真空，體虛如幻。瑜伽則外無内有，事皆唯識。斯並咸遵聖教。」（大54/205c）

〔六〇〕遂被載來求住無路　義净第一次返廣州，似因無意而致，但頗疑此不過是義净的一個借口。

〔六一〕永昌元年　永昌，武則天年號。永昌元年，公元六八九年。

〔六二〕隙駟不留　《莊子·知北遊》：「人生天地之間，如白駒之過郤，忽然而已。」成玄英疏：「白駒，駿馬也，亦言日也。」陸德明釋文：「郤，本亦作隙。隙，孔也。」（《諸子集成》本《莊子集釋》，3/325）

〔六三〕遼城一發下三將之雄心　此典不知確出何處。遼城似指遼東城（今遼寧遼陽市）。唐貞觀十九年，太宗率李勣、張亮、江夏王道宗等出兵高麗。夏五月，攻遼東城，是役至爲激烈。拔遼城，置遼州。軍更進，高麗大震。《舊唐書》卷一九九上《東夷傳》：「初，帝自定州命每數十里置一烽，屬於遼城，與太子約，克遼東，當舉烽。是日，帝令舉烽，傳入塞。」（16/5323）此句或即指此事。足立喜六注謂遼城即唐河東道遠州遼陽府。但河東道並無遠州一名。遠州或爲遼州之誤。唐河東道遼州，武德三年置，治遼山（今山西左權縣）。唐亦無遼陽府一名。遼陽府，契丹天顯十三年（九八三）置府，治遼陽（今遼寧遼陽市）。不知二名如何合而爲一？足注又謂三將指李世民、劉文静、裴叔（即指裴寂），下三將之雄心指三人共謀舉兵事，但不知此與遼城有何關係？

〔六四〕雪山小偈牽大隱之深志　佛本生故事：佛在過去世修菩薩道，於雪山苦行。天帝釋化身爲飢餓羅刹，説過去佛所説四句偈：「諸行無常，是生滅法，生滅滅已，寂滅爲樂。」佛於是爲此而捨生。見《北》本《大般涅槃經》卷十四（大12/450a）。此偈即稱「雪山偈」。全句此處喻求法心切。

〔六五〕石門　《輿地紀勝》卷八九：「石門，在（廣州）州西北二十里。兩山對峙，横截巨浸，據南北往來之衝，屹若門闕。」（道光二十九年刻文選樓影宋鈔本，頁11a）

〔六六〕始傾一蓋合襟情於撫塵　《孔子家語·致思》：「孔子之郯，遭程子於塗，傾蓋而語終日，甚相親。」（《四部叢刊》本，頁8b）《漢書》卷五一《鄒陽傳》：「有白頭如新，傾蓋如故。」（8/2345）

〔六七〕隨喜　佛教謂見人作善事而心中歡喜。《法華玄贊》卷十：「隨者順從之名，喜者欣悦之稱，身心順從，深生忻悦。」忻即欣。（大34/836b）此指給予資助。

〔六八〕若住牳之毛尾弗虧　牳即犛字之異體。《慧琳音義》卷八一此句即作「犛之毛尾」。下注：「夘包反。西南夷人犛牛也。或從毛作氂，亦通。傳文中作牳，非也。」（大54/835c）由牳又常訛作猫或貓。《蠻書》卷四：「（望苴子蠻）兜鍪上插犛牛尾。」（向達校注本，頁101）《新唐書》卷二二二上《南蠻傳》同處即訛作「插貓牛尾」。（20/6268）致文理難解。沙畹與足立喜六亦俱以爲「牳」即「貓」，因此翻譯及解釋盡誤。犛牛有長毛，又有尾，尾毛蓬生，亦長。傳説犛牛愛尾。《法華經》卷一：「深著於五欲，如犛牛愛尾。」此處犛字一本亦作牳，一本作猫（大9/9b）。《法華玄贊》卷四解釋：「世間犛牛，由自愛尾，藏身護尾。」又云：「犛牛，《説文》：西南夷長髦牛也。有作猫字，人間捕鼠者，非此中義。有作猫、牳，不知所從。」（大34/729a）住牳即犛牛，與下句「遊蜂」相對。毛尾弗虧，此處比喻貞固守身嚴謹，品行無虧。

〔六九〕等遊蜂之色香靡費　義净譯《根本薩婆多部律攝》卷十四：「譬如蜂採花，不壞色與香，但取其味去，苾芻入聚然。彼佛世尊，教諸苾芻，行入聚落乞食之時，不應壞彼施主敬心。喻若遊蜂在於花處，少持輕蘂，無損色香，趣得充虚，勿生惱壞。」（大24/609b）

〔七〇〕滎澤　唐縣名，亦古澤名。見前「鄭地滎川」條注。貞固即滎澤人。

〔七一〕漢陰　指漢水以南。唐有漢陰縣，但似非此處所指。漢陰，唐屬山南西道金州，至德二年（七五七）二月改安康縣爲漢陰縣，始見其名。見《舊唐書》卷三九《地理志》

（5/1540）。今陝西漢陰縣。

〔七二〕廣川　指廣州。

〔七三〕金洲　梵文Suvarṇadvīpa的意譯，此指室利佛逝。蘇門答臘島古時稱金洲，古希臘和羅馬的地理學家稱Khrysē或Chrysē。據説其地古代多産金，故有此名。但此名古代有時也用來指今緬甸南部或馬來半島。

〔七四〕博識多智每勵朝聞之心恭儉勤懷無憂夕死之計　《論語·里仁》：「子曰：朝聞道，夕死可矣。」（《諸子集成》本，1/78）

又貞固弟子一人，俗姓孟，名懷業，梵號僧伽提婆〔一〕。祖父本是北人，因官遂居嶺外。家屬權停廣府，慕法遺奉師門。雖可年在弱冠，而實志逾強仕①。見師主懷弘法之念，即有隨行之心。割愛抽悲，投命溟渤，至佛逝國。解骨崙語②〔二〕，頗學梵書，誦《俱舍論》偈。雖事憑於一獵，冀有望於千途。儻能③勤於熟思，希比迹於生芻〔三〕。且爲侍者，現供翻譯，年十七④耳。

【校記】

①強仕　《洪》本、《南》本、《北》本、《徑》本、清本作「弘仕」。

②骨崙語　内本、足本作「崑崙語」。
③能　《金》本、《麗》本、《大》本、天本、内本作「策」。
④十七　《磧》本原倒作「七十」；今從《金》本、《麗》本、《大》本、天本、内本、足本改。

【注釋】

〔一〕僧伽提婆　梵文Sanghadeva，可意譯爲衆天。
〔二〕骨崙語　即崑崙語。見本書卷上《運期傳》「崑崙音」條注。
〔三〕生芻　《詩·小雅·白駒》：「皎皎白駒，在彼空谷，生芻一束，其人如玉。」

苾芻道宏者，梵名佛陀提婆〔一〕，唐云覺天。汴州雍丘〔二〕人也。俗姓靳。其父早因商侶，移步南遊，遠歷三江，遐登五嶺〔三〕。遂過韶部〔四〕，後届峽山。覩巖谷之清虚，翫川源之澄寂。逢善知識，披緇釋素。于時道宏其年尚小，任業風而萍轉，隨父師而遊涉。入桂林以翹想，步幽泉而疊息。父名大感禪師。遂於寂禪師〔五〕處學秘心①關，頗經年載。薄知要義，還之峽谷。道宏隨父亦復出家，年滿二十，此焉進具。往來廣府，出入山門〔六〕，雖可年望未高，而頗懷節槩。既聞浄至，走赴莊嚴〔七〕，詢訪所居，云停制旨。一申禮事，即有契於行心；再想生津，實無論於性命。聞説滔天之浪，蔑若小池；觀横海之鯨，意同鰭鱓。尋即重之清遠，言別山庭，與貞固師同歸府下。於是乎畢志南海，共赴②金洲③，擬寫三藏，德被千秋。識悟聰敏，叶性溫柔，頗功④草隸，復翫莊周。體《齊物》之篇虛誕，知指馬之説悠悠⑤〔八〕。不憑河而徒涉〔九〕，能臨懼而善籌。雖功未厠於移照，終有慶於英猷。英猷何陳？求法輕身，不計樂而爲樂，不將親而作親。欲希等生靈於己體，豈若媲芻狗⑥而行仁〔一〇〕。既至佛逝，敦心律藏，隨譯隨寫，傳燈是望。重瑩戒珠，極所欽尚。求寂滅之圓成，弃生津⑦之重障。畢我大業，由斯小匠。慶尒拔擢於有流，庶福資於無量。年二十二⑧矣。

【校記】

①心　內本作「密」。

②共赴　《金》本作「赳意」。

③金洲　《磧》本原作「金州」；今從《金》本、《麗》本、《大》本、天本、內本、足本改。

④功　《磧》本原作「攻」；內本、足本作「工」；《金》本、《麗》本、《大》本、天本作「功」，今據改。

⑤悠悠　《磧》本原印作「攸攸」；今從《南》本、《麗》本、《洪》本、《北》本、《徑》本、清本、《大》本、天本、內本、足本改。

⑥狗《金》本印作「苟」。

⑦生津《麗》本、《大》本、天本作「迷津」。

⑧二十二《磧》本原作「二十三」；今從《金》本、《麗》本、《大》本、天本、内本、足本改。

【注釋】

〔一〕佛陀提婆　梵文Buddhadeva，意譯覺天。

〔二〕汴州雍丘　汴州，北周宣帝改梁州置，因州城臨汴水得名。《舊唐書》卷三八《地理志》：「汴州，上，隋滎陽郡之浚儀縣也。武德四年，平王世充，置汴州總管府。」（5/1432）唐屬河南道。治浚儀，今河南開封市。同書：「雍丘，隋縣。武德四年，於縣置杞州。……貞觀元年，廢杞州……（以）雍丘屬汴州。」故地在今河南杞縣。杞，新點校本新舊《唐書》作杞，今作杞。

〔三〕五嶺　指越城、都龐、萌諸、騎田、大庾五嶺，在湖南、江西和廣東、廣西等省區邊境。《史記》卷八九《陳餘傳》：「南有五嶺之戍。」（8/2573）一説有揭陽而無都龐。但《輿地紀勝》卷八九引裴閔《廣州記》則云：「五嶺：大庾、始安、臨賀、桂陽、揭陽也。」（道光二十九年刻文選樓影宋鈔本，頁10b）

〔四〕韶部　即韶州。隋開皇九年（五八九）改東衡州置，以州北有韶石得名。旋廢。唐貞觀初復置。《舊唐書》卷四一《地理志》：「韶州，隋南海郡之曲江縣。武德四年，平蕭銑，置番州。……貞觀元年改爲韶州。」（5/1714）唐屬嶺南道，治曲江縣（今廣東韶關市西南）。地當嶺南交通要道。

〔五〕寂禪師　此寂禪師應與本書卷下《智弘傳》中寂禪師是一人。

〔六〕山門　佛寺的大門，此處代稱佛寺。

〔七〕莊嚴　即莊嚴寺。宋稱浄慧寺。《羊城古鈔》卷三：「浄慧寺，在府西北半里。梁大同三年廣州刺史梁譽及僧曇裕建舍利塔，曰寶莊嚴寺。五代南漢爲長壽寺。宋端拱中改名浄慧。」明稱六榕寺。廣州人稱花塔寺。（北大善本室藏清刻本，頁35b）寺近代猶存，民初還稱六榕寺。

〔八〕體齊物之篇虛誕知指馬之説悠悠　《莊子·齊物論》：「以指喻指之非指，不若以非指喻指之非指也。以馬喻馬之非馬，不若以非馬喻馬之非馬也。天地一指也，萬物一馬也。可乎可，不可乎不可。道行之而成，物謂之而然。」（《諸子集成》本《莊子集釋》，3/33）

〔九〕不憑河而徒涉　《詩·小雅·小旻》：「不敢暴虎，不敢馮河。人知其一，莫知其他。戰戰兢兢，如臨深淵，如履薄冰。」毛傳：「馮，陵也。徒涉曰馮河。」（《四部備要》本，頁278a）馮即憑。

〔一〇〕媿芻狗而行仁　《老子》：「天地不仁，以萬物爲芻狗。聖人不仁，以百姓爲芻狗。」河上

公注：「天地生萬物，人爲最貴，天地視之，如芻草狗畜。」「聖人視百姓，如芻草狗畜。」（《四部叢刊》本卷上，頁5a）

苾芻法朗者，梵名達磨提婆〔一〕，唐云法天。襄州襄陽人也。住靈集寺。俗姓安，實乃家傳禮義，門襲冠纓。童年出家，欽修是務。遂離桑梓，遊涉嶺南。浄至番禺①，報知行李。雖復學悟非遠，而實希尚情深。意喜②相隨，同越滄海。經餘③一月，届乎佛逝。亦既至此，業行是修。曉夜端心，習因明之秘典④；晨昏勵想，聽《俱舍》之幽宗。既而一簣已傾，庶罔隤於九仞；三藏⑤虔念，擬剋成乎⑥五篇。弗憚劬勞，性有聰識。復能志託弘益，抄寫忘疲。乞食自濟，但有三衣。祖膊塗⑦跣，尊修上儀。雖未成於角立〔二〕，終有慕於囊錐〔三〕。凡百徒侣，咸希⑧自樂，尒獨標心利生是恪。恪勤何始？專思至理。若能弘廣願於悲生，冀⑨大明於慈氏。年二十四矣。

【校記】

①番禺　《磧》本原作「番隅」；各本俱作「番禺」，今據改。

②意喜　《磧》本原在「意」後衍一「存」字；今據《金》本、《麗》本、《洪》本、《南》本、《北》本、《徑》本、清本、《大》本、天本、内本删；足本作「意喜存」。

③經餘　《金》本、《麗》本、《大》本、天本、内本作「未經」。
④秘典　《金》本、《麗》本、《大》本、天本、内本、足本作「秘册」。
⑤三藏　足本作「三歲」。
⑥乎　《金》本無「乎」字。
⑦塗　内本作「徒」。
⑧咸希　《磧》本原作「咸布」；各本俱作「咸希」，今據改。
⑨冀　《麗》本作「異」。

【注釋】

〔一〕達磨提婆　梵文Dharmadeva，意譯法天。

〔二〕角立　卓然特立。《後漢書》卷五三《徐穉傳》：「至於穉者，爰自江南卑薄之域，而角立杰出。」（6/1747）

〔三〕囊錐　《史記》卷七六《平原君傳》：「夫賢士之處世，譬若錐之處囊中，其末立見。」（7/2366）

其僧貞固等四人〔一〕，既而附舶俱至佛逝，學經三載，梵漢漸通。法朗頃①往訶陵國，在彼經夏，遇疾而卒。懷業戀居佛逝，不返番禺②。唯有貞固、道宏相隨俱還廣府，各並淹留且住，更待後追。貞固遂於三藏道場敷揚③律教，未終三載，染患身亡。道宏獨在嶺南，爾來迥絶消息。雖每顧問，音信不通。嗟乎四子，俱泛滄海④，竭力盡誠，思然法炬。誰知業有長短，各阻去留。每一念來，傷歎無極⑤。是知麟喻〔二〕難就，危命易虧。所有福田，共相資濟。龍花初會，俱出塵勞耳！

【校記】

①頃 《磧》本原作「項」；《金》本、《麗》本、《大》本作「須」；其餘各本作「頃」，今據改。

②番禺 《磧》本原作「番隅」；足本作「番偶」；其餘各本俱作「番禺」，今據改。

③揚 《金》本作「楊」。

④滄海 《金》本、《麗》本、天本、《大》本作「滄波」。

⑤極 《麗》本、《大》本、天本作「及」。

【注釋】

〔一〕其僧貞固等四人 此段顯爲義浄證聖歸國數年後方始增入，因其中言及證聖元年（六九五）後貞固「未終三載，染患身亡」等事。寫成應在神功元年（六九七）或更晚。

〔二〕麟喻　所謂麟角喻。《俱舍論》卷十二：「諸獨覺有二種殊：一者部行，二者麟角喻。部行獨覺先是聲聞，得勝果時轉名獨勝……麟角喻者，謂必獨居。二獨覺中麟角喻者，要百大劫，修菩提資糧，然後方成麟角喻獨覺。」（大29/64a）傳說麟唯有一角，遂比喻獨覺。獨覺，又作緣覺，梵文pratyekabuddha的意譯，音譯辟支佛，大乘佛教所謂三種佛果之一。

附録

一、求法僧一覽表

姓名	籍貫	出發時間	路綫及其他
1 玄照	太州仙掌	貞觀十五年以後（第一次） 麟德二年或乾封元年（第二次）	陸路去。背金府，出流沙，踐鐵門，登雪嶺，漱香池，陟葱阜，途經速利，過覩貨羅，遠跨胡疆，到土蕃國。蒙文成公主送往北天，漸向闍蘭陀國。住此，經于四載。到中印度。麟德元年取道泥波羅、土蕃返，麟德二年正月抵洛陽。 陸路去，至北印度，復向西印度，過信度國，到羅荼國，安居四載。轉歷南天，旋之大覺寺、那爛陀等地，與義淨相見。因陸路阻隔，遂停留於印度。在中印度菴摩羅跋國遘疾而卒。

2	道希	齊州歷城	永徽末或顯慶年間	陸路去。經土蕃到印度。在菴摩羅跋遇疾而終。
3	師鞭	齊州	麟德二年或乾封元年	陸路去。隨玄照從北天到西印度。在菴摩羅割波城卒。
4	阿離耶跋摩	新羅	貞觀年中	去路不詳，似從陸路去。卒於那爛陀。
5	慧業	新羅	貞觀年中	去路不詳，似從陸路去。卒於那爛陀。
6	玄太	新羅	永徽年中	陸路去。經土蕃、泥波羅，到中印度。旋踵東土，行至土峪渾，逢道希，復相引致，還向大覺寺。後歸唐國。
7	玄恪	新羅	貞觀十五年以後	陸路去。隨玄照到印度（指玄照第一次赴印事）。至大覺寺，遇疾而亡。
8	新羅僧	新羅	不詳	海路去。至室利佛逝西婆魯師國，遇疾而亡。
9	新羅僧	同上	同上	同上
10	佛陀達摩	覩貨速利國	不詳	去路不詳。在那爛陀與義淨相見，後乃轉向北印度。
11	道方	并州	不詳	陸路去。經泥波羅到印度，數年後還向泥波羅，於今現在。
12	道生	并州	貞觀末年	陸路，經土蕃到中印度。歸，行至泥波羅，遇疾而亡。

13 常慜	并州	不詳	海路去。經訶陵到末羅瑜，復從此國欲往中印度，舶沉而亡。
14 常慜弟子	不詳	同上	海路去。同上。
15 末底僧訶	京師	麟德二年或乾封元年	陸路去。與師鞭、玄照等同。入北印度，到中印度。思還故里，於泥波羅遇患身亡。
16 玄會	京師	不詳	陸路去。從北印度入羯濕彌羅。後乃南遊，至大覺寺。陸路返，到泥波羅而卒。
17 質多跋摩	不詳	不詳，或在顯慶三年	陸路去。與北道使人相逐至縛渴羅。取北路而歸，莫知所至。
18 19 土蕃公主嬭母之息二人	不詳	不詳	在泥波羅國。初並出家，後一歸俗。
20 隆法師	不詳	貞觀年内	陸路去。從北道出到北印度，到健陀羅國，遇疾而亡。
21 明遠	益州清城	約在麟德年間	海路去。經交阯、訶陵、師子洲，到南印度，後無消息。
22 義朗	益州成都	不詳	海路去。經扶南、郎迦戍，到師子洲，後無消息。
23 智岸	益州	同上	同上。在郎迦戍國遇疾而亡。

24 義玄	益州成都	同上	同上。義朗弟。後無消息。
25 會寧	益州成都	麟德年中	海路去。到訶陵洲，停住三載，共訶陵國僧智賢譯經。往印度，後無蹤緒。
26 運期	交州	麟德年中	海路至訶陵，奉會寧命賫經還至交府，馳驛京兆。旋迴南海，十有餘年。後歸俗，住室利佛逝國，于今現在。
27 木叉提婆	交州	不詳	從海路到印度，卒於此。
28 窺沖	交州	約在麟德年間	海路去。與明遠同舶到師子洲。向西印度，見玄照，共詣中印度，卒於王舍城。
29 慧琰	交州	不詳	海路去。隨智行到僧訶羅，遂停彼國，莫辨存亡。
30 信冑	不詳	不詳	陸路去。取北道到印度，卒於信者寺。
31 智行	愛州	不詳	海路去。到僧訶羅。至中印度，卒於信者寺。
32 大乘燈	愛州	約在顯慶年間	海路去。到師子國，過南印度，復届東印度，往耽摩立底，淹停斯國十二年。與義浄共詣中印度。卒於俱尸城。

33 僧伽跋摩	康國	在顯慶年内	陸路去。奉敕與使人相隨至印度。後還唐國，歸路不詳。又奉敕往交阯，卒於此。
34 彼岸	高昌	不詳	海路去。偕智岸隨漢使泛舶海中，遇疾而亡。
35 智岸	同上	同上	同上
36 曇閏	洛陽	麟德年中	海路去。附舶至訶陵北渤盆國而卒。
37 義輝	洛陽	不詳	海路去。到郎迦戍國而亡。
38 39 40 唐僧三人	不詳	不詳	陸路去。從北道到烏長那國，存亡不詳。烏長僧至，傳説如此。
41 慧輪	新羅	麟德二年或乾封元年	陸路去。奉敕隨玄照到北印度，復到中印度。義浄來日尚存。
42 道琳	荆州江陵	不詳	海路去。越銅柱而届郎迦，歷訶陵而經裸國。到東印度耽摩立底國，住經三載。後觀化中印度，遊南印度，復向西印度羅荼國。轉向北印度，到羯濕彌羅、烏長那，次往迦畢試。與智弘相隨，擬歸國，聞爲途賊斯擁，還乃復向北印度。
43 曇光	荆州江陵	不詳	海路去。至訶利鷄羅國，後不委何之。

44唐僧一人	不詳	不詳	去路不詳，似爲海路。在訶利鷄羅國，卒於此。
45慧命	荆州江陵	不詳	海路去。泛舶行至占波，屢遭艱難，遂返棹歸唐。
46玄逵	潤州江寧	咸亨二年	偕義淨欲取海路赴印，至廣州而染風疾，不果行。
義淨	齊州山莊	咸亨二年十一月	海路去。經室利佛逝、末羅瑜、羯荼、裸人國，到耽摩立底。復到那爛陀，並周遊諸聖迹。在那爛陀留學十年。垂拱元年東歸。返程與去時相同。證聖元年抵洛陽。
47善行	晉州	同上	隨義淨取海路到室利佛逝，染疾而歸國。
48靈運	襄陽	不詳	海路去。與僧哲同遊。曾到師子國、那爛陀等地。後返國，應是取海路而歸。
49僧哲	澧州	咸亨二年以後數年	海路去。巡禮略周，歸東印度，到三摩呾吒國。承聞尚在。
50玄遊	高麗	不詳	海路去。爲僧哲弟子，隨僧哲到師子國，因住於彼。

51 智弘	洛陽	不詳	海路去。偕無行於合浦昇舶，風便不通，漂居匕景。復向交州，住經一夏。至冬末復往海濱神灣附舶，到室利佛逝。自餘經歷與無行同。在中印度近有八年。後向北印度羯濕彌羅，擬之鄉國。聞與道琳爲伴，不知今在何所。
52 無行	荆州江陵	不詳	海路去。與智弘爲伴，汎舶一月到室利佛逝。後乘王舶，經十五日到末羅瑜洲，又十五日到羯茶國。至冬末轉舶西行，經三十日到那伽鉢亶那。從此汎海二日到師子洲。從此復東北汎舶一月到訶利鷄羅國。停住一年，便之大覺寺等地。擬取北印度歸乎故里。卒於北印度。
53 法振	荆州	不詳	海路去。偕乘悟、乘如經匕景、訶陵，至羯茶。於此遇疾而殞。乘悟、乘如遂附舶東歸。
54 乘悟	同上	不詳	同上。未至印度而返，卒於瞻波。
55 乘如	梁州	不詳	同上。未至印度而返。
56 大津	澧州	永淳二年	海路去。與唐使相逐到室利佛逝。於此見義浄，被遣歸唐。以天授二年五月十五日附舶而向長安。

重歸南海傳：

姓名	籍貫	出發時間	路綫及其他
1 貞固	鄭州滎澤	永昌元年十一月一日	自廣州附舶至室利佛逝，襄助義浄譯經。長壽三年夏隨義浄返廣州。未經三載而亡。
2 懷業	祖父本是北人	同上	同上。未返廣州，留居佛逝。
3 道宏	汴州雍丘	同上	與貞固同，返國後獨在嶺南。
4 法朗	襄州襄陽	同上	同上。未返廣州。往訶陵國，在彼經夏，遇疾而卒。

二、義浄生平編年

太宗貞觀九年乙未（六三五）生。

齊州山莊人氏，本姓張，字文明。高祖爲東齊郡守。爰祖及父，俱隱居不仕。《義浄塔銘》：「師諱文明，字義浄，俗姓張氏，齊郡山莊人也。」又云：「以先天二年正月乙丑朔十七日辛巳示疾（寂）終于薦福寺譯經之院，春秋七十有九。」（大55/871c）以此逆推。《中宗聖教序》《續古今譯經圖記》《開元録》卷九、《宋高僧傳》卷一等所記略同。一説籍貫爲范陽，辨見附録三。

貞觀十年丙申（六三六）年二歲。

貞觀十一年丁酉（六三七）年三歲。

貞觀十二年戊戌（六三八）年四歲。

貞觀十三年己亥（六三九）年五歲。

貞觀十四年庚子（六四〇）年六歲。

貞觀十五年辛丑（六四一）年七歲。

入齊州城西四十里許土窟寺，侍善遇法師及慧智禪師。《寄歸傳》卷四：「且如浄親教師，則善遇法師也；軌範師則慧智禪師也。年過七歲，幸得親侍。斯二師者……於土窟寺式修浄居，即齊州城西四十里許。」（大54/231c）

貞觀十六年壬寅（六四二）　年八歲。

貞觀十七年癸卯（六四三）　年九歲。

貞觀十八年甲辰（六四四）　年十歲。

領師教誨，但猶未閑深旨。《寄歸傳》卷四：「又（慧智）禪師每於閑夜，見悲齠丱，曲申進誘。……既而童子十歲，但領其言，而未閑深旨。每至五更，就室參請。」（大54/233a）

貞觀十九年乙巳（六四五）　年十一歲。

貞觀二十年丙午（六四六）　年十二歲。

善遇法師去世，窆於土窟寺之西園。《寄歸傳》卷四：「法師亡日，浄年十二矣。」（大54/232b）

貞觀二十一年丁未（六四七）　年十三歲。

貞觀二十二年戊申（六四八）　年十四歲。

《寄歸傳》卷四：「十四得霑緇侶」。（大54/232b）

貞觀二十三年己酉（六四九）年十五歲。

《續古今譯經圖記》：「年十有五，志遊西域。」（大55/370a）《開元録》卷九、《貞元録》卷十三、《宋高僧傳》卷一所記同。但《義浄遺書》云：「年始一十有七，思遊五印之都。」《寄歸傳》卷四則云：「十八擬向西天。」

高宗永徽元年庚戌（六五〇）年十六歲。

永徽二年辛亥（六五一）年十七歲。

《義浄遺書》：「年始一十有七，思遊五印之都。」（大55/870b）

永徽三年壬子（六五二）年十八歲。

《寄歸傳》卷四：「十八擬向西天。」（大54/232b）

永徽四年癸丑（六五三）年十九歲。

永徽五年甲寅（六五四）年二十歲。

永徽六年乙卯（六五五）年二十一歲。

受具足戒，以慧智禪師爲親教師。《宋高僧傳》卷一：「先天二年卒，春秋七十九，法臘五十九。」（大50/711a）《寄歸傳》卷四：「及至年滿受具，還以（慧智）禪師爲和上。」（大54/233a）自此年約至顯慶四年間，精求律典。《寄歸傳》卷四：「於是

五稔之間，精求律典。礪律師之文疏，頗議幽深；宣律師之鈔述，竊談中旨。」（大54/233a）

顯慶元年丙辰（六五六） 年二十二歲。

顯慶二年丁巳（六五七） 年二十三歲。

顯慶三年戊午（六五八） 年二十四歲。

顯慶四年己未（六五九） 年二十五歲。

顯慶五年庚申（六六〇） 年二十六歲。

出遊東魏，學習《對法論》《攝論》。繼遊長安，學習《俱舍論》《唯識論》。《寄歸傳》卷四：「乃杖錫東魏，頗沈心於《對法》《攝論》；負笈西京，方閱想於《俱舍》《唯識》。」（大54/233b）

顯慶六年辛酉（六六一）三月，改元龍朔 年二十七歲。

龍朔二年壬戌（六六二） 年二十八歲。

龍朔三年癸亥（六六三） 年二十九歲。

麟德元年甲子（六六四） 年三十歲。

是年二月五日，玄奘在長安去世。

麟德二年乙丑（六六五）年三十一歲。

乾封元年丙寅（六六六）年三十二歲。

乾封二年丁卯（六六七）年三十三歲。

乾封三年戊辰（六六八）三月，改元總章　年三十四歲。

總章二年己巳（六六九）年三十五歲。

總章三年庚午（六七〇）三月，改元咸亨　年三十六歲。

在長安尋聽。與并州處一法師，萊州弘禕論師及二三同志相約遊印。然而處一屬母親之年老，而不果行。是年秋，自長安返齊州。請命於慧智禪師，又就善遇法師墓前辭禮。見《求法高僧傳》卷下。《寄歸傳》卷四：「來日從京重歸故里，親請（慧智）大師。」（大54/233b）又云：「浄來日就（善遇師）墓辭禮。于時已霜林半拱，宿草填塋。」（大54/232c）

咸亨二年辛未（六七一）年三十七歲。

自齊州出發。夏，坐夏揚府。秋初，隨龔州使君馮孝詮往廣州。弘禕遇玄瞻於江寧，乃敦情於安養，不果行。過丹陽，遇玄逵，同契南下。至廣州，玄逵染風疾，經桂林而返歸吴楚。復蒙馮孝詮命往岡州，爲作檀越。馮家合門咸見資贈。冬十一月，與門人晉州小僧善行附波斯舶南行。未隔兩旬，抵佛逝，停於此。見《求法高僧傳》卷下。《寄歸傳》卷四：「至三十七，方遂所願。」（大54/232c）又云：「遂以咸亨二年十一月附舶廣州。舉帆南海。」（大54/233b）《塔銘》：「以咸亨二年，發自全齊，達于廣府。」（大55/871c）其餘各書所記略同。

咸亨三年壬申（六七二）　年三十八歲。

停佛逝六月，漸學聲明。善行感疾，遂返棹而歸。佛逝王贈支持，送往末羅瑜國（後改爲室利佛逝）。復停兩月。轉向羯荼。至十二月，又乘王舶北行。見《求法高僧傳》卷下。按陰曆十二月略等于今公曆次年一、二月。

咸亨四年癸酉（六七三）　年三十九歲。

十日餘到裸人國。從此西北行半月許，二月八日抵東印度耽摩立底國。留住一載，學梵語，習《聲論》。與大乘燈禪師相見。譯成《龍樹菩薩勸誡王頌》一卷。後返國又重綴。見《求法高僧傳》卷下。《寄歸傳》卷四：「緣歷諸國，振錫西天。至咸亨四年二月八日，方達耽摩立底國。」（大54/233b）及《開元録》卷九。

咸亨五年甲戌（六七四）八月，改元上元　年四十歲。

五月，偕大乘燈及商人數百，取正西路詣中印度。去大覺寺有十日程處，過大山澤，適染時患，身體疲羸，衆人並皆前去，唯餘單己。日晡時遇山賊，幾瀕於險。至夜兩更，方追及徒侶，入村。從此北行數日，先到那爛陀，敬根本塔。次上耆闍崛山，見疊衣處，到王舍城。後西南往大覺寺，禮真容像。次乃遍禮聖迹。北行至薜舍離，謁維摩詰故宅（方丈）。又西北行至拘尸城，瞻仰佛涅槃處雙林、般彈那寺等。又西北行至佛本生處劫比羅伐窣堵（梵文Kapilavastu）。又西行至室羅伐悉底國（梵文Śrāvastī，義淨譯室羅伐國），觀瞻祇樹園。又西行至僧迦施國（梵文Samkāśya，玄奘稱作劫比他國），觀瞻佛從天降下三道寶階。順道應過曲女城（梵文Kānyakub-ja）。又東南行至婆羅痆斯（梵文Vānạsī），巡禮鹿野苑。從僧迦施至婆羅痆斯，應是順恒河而下，經鉢邏耶伽（梵文Prayāga）。城東朱木拿河、恒河交流處，日數百人自溺而死。《寄歸傳》卷四：「恒河之內，日殺幾人。」即指此（大54/231c）。又東南行至雞足嶺，嶺在那爛陀正南七驛。從此還往那爛陀。見《求法高僧傳》卷下。《寄歸傳》卷四：「停止五月，逐伴西征，至那爛陀及金剛座，遂乃周禮聖蹤。」（大54/233b）按義淨在印度遊踪，頗難詳細追尋，此僅據《求法高僧傳》及《寄歸傳》等考定。《根本說一切有部毗奈耶雜事》卷三八原注中義淨自述云：「比於西方，親見如來一代五十餘年居止之處，有其八所：一本生處；二成道處；三轉法輪處；四鷲峯山處；五廣嚴城處；六從天下處；七祇樹園處；八雙樹涅槃處。」（大24/399a）由此八所，亦可作以上考定。又《中宗聖教序》云：「漸届天竺，次至王城。佛説《法華》，靈峯尚在，如來成道，聖躅仍留。吠奢城中，獻蓋之跡不泯；給孤園内，布金之地猶存。三道寶階，居然目覩；八大靈塔，邈矣親觀。所經三十餘國，凡歷二十餘年。」（昭3/1421c）《開元録》卷九等所記同。《義浄遺書》亦自稱：「歷三十之外國。」（大55/870b）三十，或就海道所經并言之。上述印度地名僅爲可確知者。又義浄似亦到過中印度菴摩羅跋國。俱見《求法高僧傳》卷下。

上元二年乙亥（六七五）年四十一歲。

上元三年丙子（六七六）十一月，改元儀鳳　年四十二歲。

儀鳳二年丁丑（六七七）年四十三歲。

儀鳳三年戊寅（六七八）年四十四歲。

儀鳳四年己卯（六七九）六月，改元調露　年四十五歲。

調露二年庚辰（六八〇）八月，改元永隆　年四十六歲。

永隆二年辛巳（六八一）九月，改元開耀　年四十七歲。

開耀二年壬午（六八二）二月，改元永淳　年四十八歲。

永淳二年癸未（六八三）十二月，改元弘道　年四十九歲。

嗣聖元年甲申（六八四）二月，改元文明。九月，武后改元光宅　年五十歲。

自上元二年至光宅元年，住那爛陀寺，十載求經。相遇唐僧，有玄照、佛陀達摩、僧哲、慧輪、道琳、智弘、無行等。嘗與無行同遊鷲嶺，又在王舍城懷舊，俱賦詩述懷。見《求法高僧傳》卷上及下。在那爛陀，受學於寶師子。又曾往羝羅荼寺（去那爛陀西兩驛處），受學於智月。亦可能至南印度某地，問學於呾他揭多揭婆。見《寄歸傳》卷四：「其西方現在，則羝羅荼寺有智月法師，那爛陀中則寶師子大德，東方即有地婆羯羅蜜呾囉，南裔有呾他揭多揭娑（婆？）……此諸法師，浄並親狎筵機，飡受微言。」（大54/229c）在那爛陀譯出《根本説一切有部毘奈耶頌》五卷（《大正藏》本作三卷）、《一百五十讚佛頌》一卷，返國後又删正。見《開元録》卷九。

垂拱元年乙酉（六八五）　年五十一歲。

離那爛陀寺東歸。無行相送，東行六驛，始執手言別。未至耽摩立底間，遭大劫賊，僅免於難。冬，自耽摩立底昇舶，攜梵本三藏五十萬餘頌，東南行兩月。見《求法高僧傳》卷上及下。

垂拱二年丙戌（六八六）　年五十二歲。

春初，到羯荼國。在羯荼國遇北方胡人，云有兩僧胡國逢見，説其狀迹，應是道琳、智弘。停此至冬，後泛舶南行。見《求法高僧傳》卷下。《根本説一切有部百一羯磨》卷五原注：「(耽摩立底)即是昇舶入海歸唐之處，從斯兩月泛舶東南，到羯荼國，此屬佛逝。舶到之時，當正二月。……停此至冬，汎舶南上，一月許到末羅遊洲，今爲佛逝多國矣，亦以正二月而達。」(大24/477c)按義浄此注，原是爲中國求法僧介紹歸國路程而言，亦可視爲義浄返國時路程實録。

垂拱三年丁亥(六八七)年五十三歲。

船行一月許，抵末羅瑜，時亦當正二月間。再往佛逝，遂停留於此。

垂拱四年戊子(六八八)年五十四歲。

留室利佛逝。請學於佛逝國名僧釋迦雞栗底。《寄歸傳》卷四：「南海佛逝國則有釋迦雞栗底(原注：今現在佛誓國，歷五天而廣學矣。)……(浄)親狎筵机，飡受微言。」(大54/229c)

永昌元年己丑(六八九)以十一月爲載初元年正月　年五十五歲。

在佛逝江口昇舶，附書廣州，欲求墨紙，抄寫梵經，并雇手直。于時商人風便舉帆，被載回國，於七月二十日達於廣州。住制旨寺，邀貞固等往佛逝襄助譯事。十一月一日，偕貞固、懷業、道宏、法朗，再附商舶。經餘一月，又抵佛逝。見《求法高僧傳》後附《重歸南海傳》。

載初元年庚寅（六九〇）九月，武后改國號曰周，改元天授　年五十六歲。

住室利佛逝，譯寫佛經。

天授二年辛卯（六九一）　年五十七歲。

撰成《大唐西域求法高僧傳》《南海寄歸内法傳》等。五月十五日，遣大津歸唐，請朝廷於西方造寺，并携回兩傳及新譯雜經論十卷。見兩傳。按大津歸唐，各本或作天授二年，或作天授三年。《寄歸傳》卷四：「自耽摩立底國，已達室利佛誓，停住已經四年，留連未及歸國矣。」（大54/229c）義浄於垂拱三年春初抵末羅瑜，然後到佛逝，至天授二年五月，恰好四年。同書卷二：「幸希萬一而能改，亦寧辭二紀之艱辛。」（大54/219a）二紀，此指二十年，非二十四年。義浄以咸亨二年赴印，至此年亦正好二十年。

天授三年壬辰（六九二）四月，改元如意。九月，改元長壽　年五十八歲。

停於佛逝。

長壽二年癸巳（六九三）　年五十九歲。

停於佛逝。

長壽三年甲午（六九四）五月，改元延載　年六十歲。

夏，從室利佛逝泛舶一月餘，抵廣州。貞固、道宏相隨同行。見《求法高僧傳》所附《重歸南海傳》。按各書僅記載義浄於證聖元年（六九五）仲夏返抵洛陽，義浄離開佛逝，亦在夏半，只可能在本年五月。《根本説一切有部百一羯磨》卷五原注：「停止夏半，汎舶北行，可一月餘，便達廣府。」（大24/477c）

證聖元年乙未（六九五）九月，改元天册萬歲。十二月，改元萬歲登封　年六十一歲。

五月仲夏，還抵洛陽。將梵本經律論近四百部，合五十萬頌，金剛座真容一鋪，舍利三百粒。武后親迎於上東門外。敕於佛授記寺安置。所將梵本，并令翻譯。十月，住大福先寺，參與編定《大周刊定衆經目録》。又與實叉難陀、復禮、法藏等共譯《華嚴經》。見《開元録》卷九、《續古今譯經圖記》、《宋高僧傳》卷一、《中宗聖教序》《大周刊定一切衆經目録》等。

萬歲登封元年丙申（六九六）三月，改元萬歲通天　年六十二歲。

萬歲通天二年丁酉（六九七）九月，改元神功　年六十三歲。

聖曆元年戊戌（六九八）　年六十四歲。

聖曆二年己亥（六九九） 年六十五歲。

自證聖元年至此年，在洛陽共實叉難陀等譯《華嚴經》，是年十月八日譯畢。見《續古今譯經圖記》《開元録》卷九等。

聖曆三年庚子（七〇〇）五月，改元久視 年六十六歲。

是年起方自翻譯。住大福先寺。五月五日，譯出《入定不定印經》一卷。武后爲作《大周新翻聖教序》。十二月二十三日，譯出《長爪梵志請問經》一卷、《根本薩婆多部律攝》二十卷（或作十四卷，今《大正藏》本作十四卷）。見《開元録》卷九。

大足元年辛丑（七〇一）十月，改元長安 年六十七歲。

住洛陽大福先寺。九月二十三日，譯出《八無暇有暇經》一卷、《妙色王因緣經》一卷、《大乘流轉諸有經》一卷、《莊嚴王陀羅尼呪經》一卷、《善夜經》一卷、《彌勒下生成佛經》一卷。見《開元録》卷九。又《無常經》一卷，《開元録》稱是年譯出，但據《寄歸傳》卷二，「此經别録附上。」（大54/216c）是本年乃重綴。十月，隨駕返長安。

長安二年壬寅（七〇二） 年六十八歲。

長安三年癸卯（七〇三） 年六十九歲。

住長安西明寺。十月四日，譯出《六門教授習定論》一卷、《取因假設論》一卷、《掌中論》一卷、《根本説一切有部百一羯磨》十卷、《根本説一切有部尼陀那目得迦》十卷（或作八卷，今《大正藏》本作十卷，其中《尼陀那》五卷、《目得迦》五卷）、《根本説一切有部毗奈耶》五十卷、《曼殊室利菩薩呪藏中一字呪王經》一卷、《能斷金剛般若波羅蜜多經》一卷、《金光明最勝王經》十卷。又《龍樹菩薩勸誡王頌》一卷，原在東印度耽摩立底國譯，至都重綴，時在久視元年至長安三年之間。此三年間，於洛陽大福先寺及長安西明寺共譯經二十部一百一十五卷。以上俱見《續古今譯經圖記》《開元録》卷九等。十月，隨駕返洛陽。

長安四年甲辰（七〇四） 年七十歲。

居洛陽。四月，應少林寺僧邀請，赴少林寺，重結戒壇，爲作《少林寺戒壇銘并序》。見《全唐文》卷九一四、《金石萃編》卷七十。

中宗神龍元年乙巳（七〇五）二月，復國號曰唐 年七十一歲。

於東都内道場譯出《大孔雀呪王經》三卷。七月十五日，於大福先寺譯出《佛爲勝光天子説王法經》一卷、《一切功德莊嚴王經》一卷。又於大福先寺譯出《香王菩薩陀羅尼呪經》一卷。中宗爲製《大唐龍興三藏聖教序》。見《續古今譯經圖記》《開元録》卷九。

神龍二年丙午（七〇六） 年七十二歲。

十月，隨駕歸長安。敕於大薦福寺别置翻經院處之。見《續古今譯經圖記》《開元録》卷九。

神龍三年丁未（七〇七）九月，改元景龍 年七十三歲。

夏，帝召入内，并同翻經沙門九旬坐夏。又奉敕於大内佛光殿翻《藥師琉璃光七佛本願功德經》一部二卷。見《續古今譯經圖記》《開元録》卷九。

景龍二年戊申（七〇八） 年七十四歲。

景龍三年己酉（七〇九） 年七十五歲。

景龍四年庚戌（七一〇）六月，温王改唐隆。七月，睿宗改景雲 年七十六歲。

四月十五日，於大薦福寺譯出《浴像功德經》一卷（《大正藏》本題作《浴佛功德經》）、《數珠功德經》一卷（《大正藏》本題作《曼殊室利咒藏中校量數珠功德經》）、《成唯識寶生論》五卷、《觀所緣論釋》一卷。是年又譯出《佛爲難陀説出家入胎經》二卷（《大正藏》本題作《入胎藏會》）、《觀自在菩薩如意心陀羅尼咒經》一卷、《佛頂尊勝陀羅尼經》一卷、《撥除罪障咒王經》一卷、《五藴皆空經》一卷、《三轉法輪經》一卷、《譬喻經》一卷、《療痔病經》一卷、《根本説一切有部苾芻尼毗奈耶》二十卷、《根本説一切有部毗奈耶雜事》四十卷、《根本説一切有部戒經》一卷、《根本説一切有部苾芻尼戒經》一卷、《根本説一切有部毗奈耶雜事攝頌》一卷、《根本説一切有部尼陀那目得迦攝頌》一卷。又先在那爛陀譯出《根本説一切有部毗奈耶頌》五卷，還都删正，是年奏行（今《大正藏》本作三卷）。

景雲二年辛亥（七一一）　年七十七歲。

閏六月二十三日，於大薦福寺翻經院譯出《稱讚如來功德神呪經》一卷、《佛爲海龍王説法印經》一卷、《略教誡經》一卷。是年又譯出《能斷金剛般若波羅蜜多經論釋》三卷、《能斷金剛般若波羅蜜多經論頌》一卷、《因明正理門論》一卷、《觀總相論頌》一卷、《止觀門論頌》一卷、《手杖論》一卷、《法華論》五卷、《集量論》四卷。又先在那爛陀譯《一百五十讚佛頌》一卷，是年重綴。以上多取奏行年月，所以出日多同。迄此共譯出經五十六部總二百三十卷。除前在室利佛逝撰《大唐西域求法高僧傳》二卷、《南海寄歸内法傳》四卷外，又撰《别説罪要行法》一卷（或無「别」字）、《受用三水要法》一卷（或作《受用三水要行法》）、《護命放生軌儀》一卷（或作《護命放生軌儀法》），凡五部合九卷。又出説一切有部跋窣堵約七八十卷，但出其本，未遑删綴，遽入泥洹，其文遂寢。又於一切有部律中，抄諸緣起，别部流行。以上見

《續古今譯經圖記》及《開元録》卷九。又據《貞元録》卷十三，譯有《根本説一切有部毗奈耶藥事》二十卷（今《大正藏》本作十八卷）、《根本説一切有部毗奈耶破僧事》二十卷（原注：「内欠二卷。」今《大正藏》本實作二十卷）、《根本説一切有部毗奈耶出家事》五卷（原注：「内欠一卷。」今《大正藏》本實作四卷）、《根本説一切有部毗奈耶安居事》一卷、《根本説一切有部毗奈耶隨意事》一卷、《根本説一切有部毗奈耶皮革事》二卷、《根本説一切有部毗奈耶羯恥那事》一卷（《大正藏》本題作《根本説一切有部毗奈耶羯恥那衣事》）。《貞元録》并云：「右此上從《藥事》下七部共五十卷，並從大周證聖元年，至大唐景云二年以來兩京翻譯，未入《開元釋教録》。今搜撿乞入《貞元目録》。於内由欠三卷，爲訪本未獲，旦（且？）附闕本録中收。切依前遺失，兼誤爲别生，故重標於此耳。」（大55/869a）《續貞元録》則所云更詳：「右上七部五十卷，（原注：内元欠二（三？）卷）是大唐三藏義浄從大周證聖元年，止大唐景雲二年以來兩京宣譯。准長安四年十二月十四日敕及景雲二年閏六月二十六日敕，編入經目。今准《開元釋教録》中遺漏不收，今拾遺補闕，編入《貞元釋教録》。」（大55/1052c）但《大唐龍興翻經三藏義浄法師之塔銘并序》其文則稱：「（義浄）前後所翻經總一百七部，都四百二十八卷。并敕編入一切經目。」（大

55/871c）此數却與現存義浄所譯著作品部數卷數相差甚殊。

太極元年壬子（七一二）五月，改元延和。八月，玄宗改元先天　年七十八歲。

二月二十二日，門人崇勗爲摹真像，叡宗皇帝製贊。見《貞元録》卷十三。

先天二年癸丑（七一三）　年七十九歲。

卧疾不愈，欲歸齊州。正月六日，太上皇詔内常侍輔令問何日歸向已東。法師道茂年衰，卒難勝致，氣力漸劣。正月十七日夜初，便命紙筆，對諸弟子作遺書。二更遺書訖。至後夜分，示寂於大薦福寺譯經院，春秋七十有九。二月七日，葬於長安延興門東陳張村閣院内。門人萬餘送葬。詔遣中使吊慰，贈鴻臚卿，賜物一百五十段，葬事官供。五月十五日，靈塔修成。銀青光禄大夫行秘書少監固安侯盧璨（盧璨，新舊《唐書》俱有傳，作盧粲）撰塔銘，開業寺沙門智詳書字，題云：「大唐龍興翻經三藏義浄法師之塔銘并序。」肅宗乾元元年（七五八），於塔院所置金光明寺。見《貞元録》卷十三。義浄一生，著譯之功甚巨。《開元録》卷九稱其行事云：「浄雖遍翻三藏，而偏功律部。譯綴之暇，曲授學徒。凡所行事，皆尚其急。濾漉滌穢，特異常倫。學侶傳行，遍於京洛。美哉亦遺法之盛事也。」（大55/569a—b）《宋高僧傳》卷一《義浄傳》中贊寧「系」又云：「東僧往西，學盡梵書，解盡佛意，始可稱善。傳譯者宋齊已還，不無去彼迴者。若入境觀風，必聞其政者，奘師法師爲得其實。此二師者，兩全通達，其猶見璽文知是天子之書可信也。《周禮》象胥氏通夷狄之言，净之才智，可謂釋門之象胥也歟！」（大50/711a—b）

三、義淨籍貫考辨

義淨的籍貫，歷來有兩種説法。一説范陽（今河北涿縣），一説齊州（唐時治歷城，今山東濟南市，轄數縣，地域更寬）。主張范陽的人較多。近代人梁啟超、蔣維喬、馮承鈞等均持范陽説〔一〕。外國學者如沙畹、高楠順次郎等亦持此説。解放前出版、最近又重印的《中國人名大辭典》採是説。解放後出版的書籍雜誌仍然如此〔二〕。主張齊州説的人較少。陳援庵先生編《釋氏疑年録》，即持齊州説。一九七九年新版《辭海》和最新出版的《宗教詞典》則兩説并列。范陽齊州兩説，各有所據。范陽説的主要依據是《宋高僧傳》，齊州説的主要依據是《開元釋教録》，兩種不同説法，其實是古已有之。因此，要決定兩説孰是孰非，惟有首先考察古人的記載。

現存有關義淨的史料，除了義淨自己的兩部著作《大唐西域求法高僧傳》《南海寄歸内法傳》外，保存在唐代著作中的，有智昇的《續古今譯經圖記》和《開元釋教録》卷九、圓照的《貞元新定釋教目録》卷十三中的義淨的傳記。義淨自己的著作没有講到他自己的籍貫。不過三個傳記説法都相同：「沙門釋義淨，齊州人。」唯一的例外是唐中宗寫的《大唐龍興三藏聖教序》，其中稱義淨爲范陽人。唐人的著作已是兩種説法，後代的争論，其源蓋出於此。

宋代的著作也是兩種説法。撰成於北宋端拱元年（九八八）的《宋高僧傳》記載的是：「釋義浄，字文明，姓張氏，范陽人也。」〔三〕但撰成於南宋紹興十三年（一一四三）的《翻譯名義集》却仍然記載的是：「義浄，齊州人。」〔四〕非獨集《三寶感應要略録》亦稱：「三藏法師義浄，齊州人。」〔五〕元代念常編《佛祖歷代通載》則揉二説爲一説：「法師姓張，齊州范陽人。」〔六〕但唐時齊州范陽實爲兩地，一屬河南道，爲州；一屬河北道，爲縣（非指范陽郡）。范陽并不屬齊州。齊州范陽人實在是一種含混不清，或者根本上可説是錯誤的説法。

明代以後，似乎就都是范陽一説了。明覺岸撰《釋氏稽古略》，稱義浄「范陽張氏子」。〔七〕《全唐文》卷九一四、《全唐詩》卷八〇八中的義浄小傳俱同。

細考諸家記載，應該説齊州一説是正確的。

一、智昇的《續古今譯經圖記》和《開元釋教録》，成書時間是開元十八年（七三〇），上距義浄卒年即先天二年（七一三）僅十七年。智昇的著作，有《開元釋教録》等共五部二十五卷，俱題爲開元十八年撰，其中《開元釋教録》二十卷，搜求勘定甚細，後代稱其「最爲精要」，非十數年功夫不能爲。智昇撰書在長安崇福寺，義浄晚年也在長安大薦福寺，從時間和當時的情況推測，智昇極可能是親自見過義淨的。《開元釋教録》説義淨「學侶傳行，遍於京洛」〔八〕。退一步説，智昇至少也與義淨門下的弟子們廣有接觸。他了解的材料應該最可靠，記載也最可信。

二、義淨自己的著作中雖然没有直接講到他自己的籍貫，但也並非毫無踪迹可尋。《寄歸傳》卷四義淨自述七歲時入齊州城西四十里許的土窟寺出家。〔九〕如籍出范陽，齠齔之年，似不大可能到距范陽有七八百里地之遥的齊州出家。

同書同卷又云：「來日從京重歸故里，親請（慧智）大師曰……。」〔一〇〕慧智在齊州土窟寺，故里即指齊州。高楠順次郎翻譯此段文字，注謂「故里」爲范陽，致使上下文文理難通，實在是錯誤地理解了原文。〔一一〕義淨於咸亨元年秋從西京（長安）返回齊州，次年從齊州出發南下。《求法高僧傳》卷下記義淨到印度後，「住大覺寺，禮真容像。山東道俗所贈紽絹，持作如來等量袈裟，親奉披服。濮州玄律師附羅蓋數萬，爲持奉上。曹州安道禪師寄拜禮菩提像，亦爲禮迄。」濮州、曹州，唐時治所均在今山東南部，與齊州同屬河南道。從齊州南下，正好經過此兩地。此亦義淨行踪之一間接證明。

三、《貞元新定釋教目録》卷十三中的義淨傳記，前部分抄自《開元録》，但圓照在抄完《開元録》後，又增補進很長一段文字，叙義淨去世時的情況極詳，其中包括義淨臨終時的《遺書》和盧璨撰寫的《大唐龍興翻經三藏義浄法師之塔銘並序》。因爲《貞元録》中有關開元十八年以前譯經的史料幾乎全抄自《開元録》，所以過去似乎很少有人注意到這段文字。《貞元録》傳記稱：「（先天）二年癸丑，義浄三藏卧疾不愈，欲歸齊州。」〔一二〕《義浄遺書》：「齊州孤妹諸親眷屬，並言好住。」〔一三〕前引《寄歸傳》卷四義浄自稱其「來日從京重歸故里」。《義浄塔銘》序文中即作：「以咸亨二年，發自全齊，達于廣府。」而其第一句則説得更加明明白白：「師諱文明，字義浄，俗姓張氏，齊郡山莊人也。」〔一四〕此爲肯定義浄籍貫爲齊州之最有力證據，可惜很少有人注意到。

那末爲什麽唐中宗《聖教序》又是另一種説法呢？唐中宗的原文是這樣：「大福先寺翻經三藏法師義浄者，范陽人也。俗姓張氏。」下文接着又説：「五代相韓之後，三台仕晉之前，朱紫分輝，貂蟬合彩。高祖爲東齊郡守……爰祖及父，俱厭俗榮，放曠一邱。」〔一五〕所謂義浄范陽人，實際上只是指張氏祖籍范陽。義浄高祖居官東齊，爰祖及父則定居於此。義浄生於齊州，在此出家，亦自認此爲「故里」。義浄自印度歸國後，雖然一直在長安和洛陽兩地譯經，但直到他去世時，所有親屬都還在齊州。他臨終前甚至還想回到齊州去。爲義浄撰寫塔銘的盧璨和編經録的智昇、圓照等人，雖然也見過唐中宗的《聖教序》，但還是没有把他的籍貫弄錯。義浄籍貫確實是齊州。只是到了贊寧編《宋高僧傳》時，才又題爲范陽。大概贊寧也是見了中宗《聖教序》，以爲聖天子之言，不會錯的，便採取了范陽的説法。陳援庵先生批評《宋高僧傳》道：「贊寧之書，不提倡高蹈與慧皎異；又沾染五代時鄉愿習氣，以媚世爲當，故持論與道宣又異。」〔一六〕言誠不虚也。不過宋代的其它著作也還仍然堅持齊州一説。但到了元代，就變得更加混亂，出現了「齊州范陽」這樣的説法。而明代以後，一般人多以《宋高僧傳》爲根據，范陽與齊州，就幾乎只有范陽一説了。代代傳抄，此即兩種不同的説法的由來。

結論：義浄祖籍范陽，但本人籍貫齊州。又山莊一地，名不見經傳，未詳在齊州何地，似爲一小地名。頗疑「山莊」爲「山茌」之誤。唐初齊州轄數縣，山茌爲其一。《新唐書》卷三八《地理志》：「武德元年析置山茌縣，天寶元年曰豐齊，元和十年省。」〔一七〕即古山茌邑。《舊唐書》卷三八《地理志》所記稍異，稱「元和十五年」併入長清縣。即今濟南市西長清縣。義浄七歲時入齊州城西四十里許的土窟寺出家，恰好離山茌縣舊地不遠。但核之《高麗藏》本此節文字，此刻作「山莊」，「莊」應即「莊」；《大正藏》本、《弘教藏》本、《頻伽藏》本則俱作山莊，因此未敢定此是非。

補記：唐人重門閥，好稱郡望。張氏爲范陽大姓。中宗《聖教序》稱義浄爲范陽張氏後人，或者不過是爲表示嘉美之意。其作法與後代有人稱李白爲「隴西李氏」，與義浄同時的張説稱其先本范陽人等相似，所謂「遥遥華胄」之類耳。唐初此風頗盛。陳寅恪先生治唐史，於此多所論列。〔一八〕此條意見最初承中國社會科學院南亞研究所方廣錩同志提示。此亦進一步證明范陽一説之不可靠。

【注釋】

〔一〕見梁啟超《翻譯文學與佛典》《中國印度之交通》等，俱載於《飲冰室合集》第十四；蔣維喬《中國佛教史》卷二；馮承鈞《歷代求法翻經録》。

〔二〕如《歷史教學》一九六二年第三期；翦伯贊主編《中國史綱要》第二册；一九八一年新出版的《中國歷史人物生卒年表》等。

〔三〕卷一（大50/710b）。

〔四〕卷一（大54/1071c）。

〔五〕卷中（大51/841b）。

〔六〕卷十二（大49/584c）。

〔七〕卷三（大49/820b）。

〔八〕卷九（大55/569b）。

〔九〕卷四（大54/231c）。

〔一〇〕同上（大54/233b）。

〔一一〕Takakusu：RBR.p.210，n.2。

〔一二〕卷十三（大55/870b）。

〔一三〕同上（大55/871a）。

〔一四〕同上（大55/871c）

〔一五〕昭3/1421c。

〔一六〕《中國佛教史籍概論》卷二，中華書局，一九六二年版，頁42。

〔一七〕中華書局點校本，4/993。

〔一八〕張説一例，即見《陳寅恪先生編年事輯》，上海古籍出版社，一九八一年版，頁112。

四、主要引用書目

（一）中、日文部分

《大唐西域記》
《法顯傳》
《大慈恩寺三藏法師傳》
《玄奘法師行狀》
《往五天竺國傳》
《悟空入竺記》
《繼業西域行程》
《唐大和上東征記》
《高僧傳》
《續高僧傳》
《宋高僧傳》
《景德傳燈録》

《續古今譯經圖記》
《釋迦方志》
《南海寄歸内法傳》
《廣弘明集》
《彦悰：集沙門不應拜俗等事》
《阿育王傳》
《佛祖統紀》
《大周刊定一切衆經目録》
《開元釋教録》
《貞元新定釋教目録》
《續貞元釋教目録》
《北本大般涅槃經》
《南本大般涅槃經》
《佛本行集經》
《修行本起經》

《妙法蓮華經》
《維摩經》
《彌勒上生經》
《彌勒下生經》
《無量壽經》
《賢愚經》
《梵網經》
《摩訶僧祇律》
《四分律》
《根本説一切有部毗奈耶破僧事》
《根本説一切有部毗奈耶雜事》
《根本説一切有部百一羯磨》
《根本薩婆多部律攝》
《薩婆多毘尼毘婆沙》
《四分律删繁補闕行事鈔》

《大毗婆沙論》
《大智度論》
《阿毗達磨俱舍論》
《阿毗達磨集論》
《瑜伽師地論》
《中觀論》
《百論》
《辯中邊論》
《大乘成業論》
《理趣釋》
《大乘義章》
《法華玄贊》
《法華文句》
《諸經要集》
《法苑珠林》

《往生要集》
《法門名義集》
《釋氏要覽》
《翻譯名義集》
《梵語千字文》
《慧琳：一切經音義》
《希麟：續一切經音義》（以上《大正新脩大藏經》本）
《玄應：一切經音義》
《慧苑：新譯大方廣佛華嚴經音義》（以上《弘教藏》本）
《祖庭事苑》
《法華三大部補注》（以上《續藏經》本）
《閱藏知津》
《大周新翻聖教序》
《唐中宗聖教序》（以上《昭和法寶總目録》本）
《史記》

《漢書》
《後漢書》
《三國志》
《晉書》
《宋書》
《南齊書》
《梁書》
《南史》
《隋書》
《舊唐書》
《新唐書》
《元史》
《資治通鑑》（以上中華書局標點本）
《通典》，《萬有文庫》本
《唐六典》，廣雅書局本

《唐會要》，中華書局一九五五年版
《册府元龜》，中華書局影印明本，一九六〇年版
《華陽國志》，《四部叢刊》本
《三輔黄圖》，《經訓堂叢書》本
《元和郡縣圖志》，《叢書集成初編》本
《長安志》，《經訓堂叢書》本
《輿地紀勝》，道光二十九年刻文選樓影宋鈔本
《讀史方輿紀要》，中華書局一九五五年版
《羊城古鈔》，清刻本
《古今注》，《四部叢刊》本
《水經注》，《四部叢刊》本
《酉陽雜俎》，中華書局一九八一年版
《嶺表録異》，武英殿聚珍本
《蠻書》，向達校注清樣本
《萍洲可談》，《守山閣叢書》本

《諸蕃志》，馮承鈞校注本，中華書局一九五六年版
《島夷誌略》，中華書局一九八一年版
《長春真人西遊記》，《叢書集成》本
《西遊録》，向達校注本，中華書局一九八一年版
《瀛涯勝覽》，中華書局一九五五年版
《尚書》，《四部備要》本
《周易》，《四部備要》本
《詩經》，《四部備要》本
《論語》，《諸子集成》本
《禮記》，《四部備要》本
《老子》，《四部叢刊》本
《莊子》，《諸子集成》本
《吕氏春秋》，《諸子集成》本
《淮南子》，《諸子集成》本
《世説新語》，《諸子集成》本

《孔子家語》，《四部叢刊》本
《事物紀原》，《叢書集成》本
《營造法式》，商務一九五四年重印版
《文選》，中華書局影印清胡克家刻本
《全唐文》，清刻本
《全唐詩》，中華書局一九六〇年版
《金石萃編》，清刻本
《白氏六帖》，蒞圃影印傅增湘藏宋本
《太平御覽》，中華書局一九六〇年影宋本
《錦繡萬花谷》，明錫山秦氏刻本
《説郛》，宛委山堂本
《段注説文解字》，掃葉山房本
《説文通訓定聲》，清刻本
張星烺：《中西交通史資料匯編》，中華書局一九七九年版
馮承鈞：《歷代求法翻經録》，商務一九三四年版

同上：《西域南海史地考證譯叢》，商務一九三四年版

同上：《西域南海史地考證匯輯》，中華書局一九五七年版

同上：《西域地名》，中華書局一九八〇年版

藤田丰八：《中國南海古代交通叢考》，何健民中譯，商務一九三六年版

陳垣：《中國佛教史籍概論》，中華書局一九六二年版

吕澂：《印度佛學源流略講》，上海人民出版社一九七九年版

足立喜六譯注：《大唐西域求法高僧傳》，東京，岩波書店，一九四二年

水谷真成譯注：《大唐西域記》，東京，平凡社，第二版，一九七九年

（二）西文部分

Bagchi, P.C.: *India and China*, reprinted, Calcutta, 1981

Beal, S.: *The Life of Hiuen Tsiang by the Shaman Hwui Li*, with an introduction containing an account of the works of I-Tsing, London, 1911

Chavannes, Ed.: *Mémoire composé à l'époque de la grande dynastie T'ang sur les religieux éminents qui allèrent chercher la loi dans les pays d'Occident*, Paris,

1894

Coedès, G.: *The Indianized States of Southeast Asia*, English ed., Canberra, 1975

Cunningham, A.: *The Ancient Geography of India*, reprinted, Delhi, 1979

Dey, N.L.: *The Geographical Dictionary of Ancient and Mediaeval India*, 3rd ed., New Delhi, 1971

Dutt, S.: *Buddhist Monks and Monasteries of India*, London, 1962

Ghosh, A.: *A Guide to Nālandā*, Delhi, 1946

Hall, D.G.E.: *The History of Southeast Asia*, 3rd ed., New York and London, 1968

Joshi, L.M.: *Studies in the Buddhist Culture of India during the7th and8th Centuries A.D.*, 2nd ed., Dehli, 1977

Law, B.C.: *Historical Geography of Ancient India*, New Delhi, reprinted, 1976

Majumdar, R.C.: *An Advanced History of India*, Part I, Ancient India, London, 1951

Majumdar, R.C.: *The History and Culture of the Indian People*, Vol.III, The

Classical Age, Bombay, 1954

Monier-Williams, M.: *A Sanskṛit-English Dictionary*, New ed., Oxford, 1979

Petech, L.: *Northern India according to the Shui-Ching-Chu*, Roma, 1950

Raychaudhuri, H.: *Political History of Ancient India*, 6th ed., Calcutta, 1953

Regmi, D.R.: *Ancient Nepal*, Calcutta, 1960

Regmi, D.R.: *Ancient and Medieval Nepal*, Kathamandu, 1952

Sastri, K.A.N.: *History of Srivijaya*, Madras, 1949

Shrestha, D.B.: *The History of Ancient and Medieval Nepal*, 2nd ed., Kathamandu, 1976

Smith, V.: *The Early History of India*, 4th ed., Oxford, 1924

Soothill, W.E.: *A Dictionary of Chinese Buddhist Terms*, reprinted, Delhi, 1977

Sven Hedin: *Transhimalaja*, Leipzig, 1909

Takakusu: *A Record of the Buddhist Religion as Practised in India and the Malay Archipelago*, translated, Oxford, 1896

Wheatley, P.: *The Golden Khersonese*, Kuala Lumpur, 1966

五、評王邦維《大唐西域求法高僧傳校注》

（德國）Max Deeg（寧梵夫）

現存的有關印度歷史的文獻資料不多，因此，對於中國求法高僧法顯和玄奘的遊記重要性，不僅每一位學習印度佛教的學生，也包括那些研究印度的一般歷史的學生也都知道。除此之外，當然還包括宋雲及其同伴僧慧以半官方名義出使的行記，以及義浄對於佛教僧團的描述；同樣重要的還有公元八世紀左右新羅僧人慧超和悟空的遊記。然而，这些旅行者的行記与歷史上曾有過的求法高僧的數量相比，不過只是一座冰山突出的峰頂，这些求法僧们爲了尋求他们的宗教的本源、積累善業，跋山涉水，從一個中國前往另一個「中國」（即中央之國，梵文爲Madhyadeśa，指北印度），蒐集原典，学習新的教義，停留在他们認爲一个更好的學習佛法的地方，甚至最終在那裏圓寂。

唯一一種詳盡記述這些求法高僧事蹟的史料便是義浄的《大唐西域求法高僧傳》，它也是爲唐代這一特定歷史時期求法僧人立傳的唯一史料[一]。儘管我們也會考慮到其傳記的寫作当然会深受護法意圖和聖僧傳記模式的影響，但作爲資料彙編，該書確實意義重大。正是這些簡短的傳記證實了歷盡千辛萬苦、前往印度的中國僧人不僅是出於實際需要而追求知識、探尋經典〔二〕，從宗教意義上説，他們也是一群真正的朝聖者。也就是説，他們的印度之行決不只是爲了追尋個人解脱〔三〕。

中國學者王邦維是北京大學教授，對於包括印度學、佛教學、漢學、中亞學在内的廣闊領域都有所涉獵。他於一九八八年在中國出版的校注本是對研究這一重要文獻的一個貢獻〔四〕。儘管此前我們已經看到了兩種不同年代和質量的西文譯本〔五〕，此外，還有一種日譯本〔六〕，但王邦維的專著依然深受歡迎。作爲注釋本，它不僅吸取了東西方研究的精華，而且補充了很多王邦維個人研究義浄的成果。

本書的前言写作有條不紊，先對西行求法的中國僧人做了一般性的介紹，進而深入探討了義浄的《大唐西域求法高僧傳》及其與其他史料的關係，尤其是它與玄奘《大唐西域記》的區别和導致這些區别的不同歷史背景〔七〕，接下來討論求法僧西行的路徑，以及中國歷史文獻中有關經印尼群島到达印度的海路和經中亞（西藏，尼泊爾，雲南——緬甸）到达印度的陸路的記載，後者的開闢始自唐代。最後，本書除概略描述義浄的生平和他的著譯外〔八〕，還提到了早期的法譯本（CHAVANNES沙畹譯）〔九〕和日譯本（足立喜六譯），並記有書名的變化沿革狀況和本書參考的幾種刻本〔一〇〕。

附録一爲《求法僧一覽表》，臚列出《大唐西域求法高僧傳》中所記僧人的在家姓名、離開中國的時間和行程中的重要信息。附録二爲《義浄生平編年》，不幸的是，筆者手頭現有的書（一九八八年版）缺失從263頁（公元七〇〇年之後的義浄生平年表）至278頁（參考書目中《莊子》之前的部分）。

這裏，我只想以「會寧傳」爲例來説明本書在注釋方面的細緻與詳盡。在論及會寧所譯佛經時，王邦維指出了《大乘涅槃》和最初見於《阿笈摩》的《大般涅槃經後分》之間的區別，他充分利用了過去未被重視的佛經——會寧與南海訶陵國譯師若那跋陀羅合譯的《大般涅槃經後分》（見T.377）——以及中國經録（見第88—89頁的注〔四〕—〔七〕；第90—91頁的注〔一一〕），而後者讓我們得以窺見目前已經失傳或各版本中譯名不同的的佛經内容，同時也有助於説明義浄等人譯經的具體情况。

另一個极好的文本互校的例子是有關運期生平的考證：根據《磧砂藏》的説法，運期「年可三十」〔二二〕，但王邦維通過比較分析慧寧和運期行年事蹟，證實作爲《大正藏》底本的《高麗藏》的有關記載才是正確的。

在任何一本類似的書中，如果所述問題同樣關涉到一般意義上的歷史、宗教史、歷史地理，同時還涉及對印度語言如梵文、巴利文、其他各種俗語、漢語以及藏文的語言學研究，那麽，我們不可避免地需要對其中一些細節問題作進一步探討。

例如，王邦維完全正確地指出了確切探明玄照赴印行程的困難（見第23頁注〔二〇〕）。以義浄爲例，這種困難在於地理概念上的混亂。如「香池」這一地名，王邦維認爲它指的是佛教文獻中的著名湖泊「無熱惱池」（Anavatapta），此池位於大雪山之北，而「雪山」也未必就是興都庫什山脈（The Hindukush）〔三〕。再如「睹貨羅」等等，歸根結底，也許是因爲義浄從未親歷過上述這些地方，才導致了地理概念的混亂。

第21頁，注〔一四〕：應當給出「三有」對應的梵文（tri-）bhava。

第25頁，注〔二五〕：《阿毗達磨集論》的梵文AbhidharmasaṅgītiŚāstra應當改爲Abhidharmasamuccaya（「外文專名索引」中該條目的梵文也應該做同樣的改正）。

第37頁，注〔五二〕：據義浄記載，如來頂骨（uṣṇīṣa）在迦畢試國（Kāpiśī）。但事實上，準確地說該遺骨分別保藏在那揭羅曷（Nagarahāra）和醯羅城（Haḍḍa），這一點得到了法顯、玄奘和慧超的證實。這裏，義浄再次顯示出他的地理知識的弱點，但是考慮到當時迦畢試國王統治著那揭羅曷地區，他的觀點又不能説全錯。

第43頁，注〔七〕：應當給出沙畹文章的全部文獻信息：É.CHAVANNES, Les inscriptions chinoises de Bodh-Gayā，載於：*Révue de'histoire des religions*（《宗教史評論》），一八九六年版，第1—56頁。

第52—53頁，注〔二〕：對「婆魯師」名稱和地域的考證詳見伯希和（P.PELLIOT）的著作：*Notes on Marco Polo*（Ouvrage Posthume），巴黎：一九五六/一九六三年版，第661頁有關FANSUR的部分，以及第725頁有關FERLEC的部分，此處應加上這些信息。同樣，對「末羅瑜」和「昆侖」的討論則分别見該書第771頁和第599頁有關MALAIUR和ÇANGHIBAR的部分。

第68頁，注〔七〕：義浄書中未明確指出尊足山（Gurupādagiri）的具體位置〔三〕：它可能在菩提迦耶（Bodhgayā，今Kurkihār庫爾基哈爾）附近，也可能位於王舍城（Rājagṛha）周圍的山脈中，後者與義浄記載的地理次序相合（見224頁的注釋部分）；我認爲地理位置的差異很可能是因爲人們將兩座山脈混爲一談，説成大迦葉（Mahākāśyapa）在其中等待彌勒（Maitreya）下世。實際這兩座山脈一個叫Kukkuṭapādagiri，即「雞足山」，在菩提迦耶附近；另一個叫Gurupādagiri，即「尊足山」，靠近王舍城〔四〕。

第77頁：後人經常從《大唐西域求法高僧傳》中引用僧明遠在師子洲（SrīLaṅkā，今斯里蘭卡）密取佛牙一事，但奇怪的是，就錫蘭編年史而言，無論是在《小史》（Cūlavaṃsa）還是在晚出的《佛牙史》（Dāṭhavaṃsa）相關章節中都未發現有關此事的任何綫索，這一點尤其值得强調。

第85頁，注〔一〇〕：Ilaṅgāśōka在戈岱司（COEDÈS）書中作Ilangāśogam，見所引著作第143頁；還應補充一點：伯希和與藤田豐八一樣，認定Langkasuka（lĕngkasuka）在「北大年」（Patani，見*Notes on Marco Polo*，第767頁）〔一五〕；此外，在提及Kitāb al-Minhāj al-fākhirfī'ilm al-baḥr al-zākhir時，應注明時間（十六世紀上半葉）和參考書目（WHEATLEY, *The Golden Khersonese*，第233和240頁），尤其因爲該書作爲手稿收藏在巴黎國家圖書館，所以無法在相關的史地經典中找到〔一六〕。

第102頁，注〔五〕：應當給出「八難」的對應梵文aṣṭa akṣaṇāni；並且「四輪」（見注〔六〕）最好解釋爲《翻譯名義大集》（Mahāvyutpatti, no.1603-1607）中的四輪：catvāri devamanusyānāmcakrāṇi（漢譯：四眷屬名目、人天四輪名目）〔一七〕，按照沙畹譯本（第70頁注4）的解釋，這部分可釋爲：「（大乘燈Mahāyānapradīpa）希望能摧毁八種『不幸的存在狀態』，而明確求得（人天）四種『滿意的存在狀態』。」

第104頁，注〔一三〕：「般涅槃寺」的梵文不是Parinirvāṇacaitya，在伽西亞村（Kāsiā），即過去的俱尸（Kuśinagara）發現的與之完全對應的銘文是（Mahā）parinirvāṇa（mahā）vihāra〔一八〕。

第107頁，注〔六〕和190頁，注〔一一〕：Avalokiteśvara中的「自在」義部分〔一九〕也許可以追溯到Avalokita-svara這一形式，svara通常譯作漢語的「音」，而經印度「古典」詞源學家解釋，它來自sva，即「自」〔二〇〕。

第119頁，注〔五〕：「室利笈多大王（Śrī Gupta Mahārāja）」是歷史闡釋學循環的一個極好例證。將此稱號歸於生活在三世紀的笈多王朝（Gupta）第一位君主室利笈多（Śrī Gupta）名下，能説明兩點：第一、這位君主的王國已經越過摩揭陀（Magadha）邊境，延伸至該寺的所在地西孟加拉〔二一〕；第二、在公元三世紀，已經有多達二十名中國南方求法僧接受了中印度君王賞賜的寺廟〔二二〕。無庸置疑的是，在義淨的時代，笈多王朝早期的某位君主按照那爛陀寺（Nālandā）的建制修建支那寺（Cīnavihāra）是符合傳統的，儘管如此，我們仍應對這則記載的真實性有所保留，而且義淨似乎也暗示道：「古老相傳云……」〔二三〕。對其產生背景的最合理解釋是：此一説其實是爲宣揚中國僧團的悠久歷史而虚構——這在印度是司空見慣的。其表現就是假託一位名不見經傳的東印度國君提婆跋摩（Devavarman）來講述此事：只要有更多的中國僧人前來，他就會將原來的二十四所村封還給寺廟，而當時，這些村封已減少到三所。這則記載除了抱怨西行求法僧人數之少外，還欲激勵中國僧人前往印度。説它是虚構還因爲這一段的結構佈局十分巧妙：來自三方〔二四〕的求法僧人所住寺廟均靠近佛陀悟道處（大覺寺Mahābodhi），從北方（迦畢施Kāpīśi）來的僧人住在窶拏折里多寺（Guṇacarita-vihāra），從南方來的僧人住在屈録迦寺（Cālukya-vihāra ?），來自師子洲的僧人則住在僧伽羅國王建造的金剛座大覺寺（Vajrāsana-mahābodhi-vihāra）。因此義浄似乎旨在批評唯有代表東方的中國僧人與之無緣，即使他們享受到了優渥的待遇。

第133—134頁，注〔一〕至〔三〕（那爛陀寺的建造）：除了考古學上的證據能爲那爛陀寺斷代外〔二五〕，從散見的雕刻物上也能發現一些間接的證據〔二六〕，從而進一步證明那爛陀寺始建于笈多王朝衰落之前〔二七〕。至於最初接受帝日王（ŚrīŚakrāditya），即鳩摩羅笈多一世（Kumāragupta I）賜予那爛陀寺的「曷羅社槃社」，沙畹還原此名爲Rāja-vamśa。從歷史語音學的角度來看，他的還原只對該詞的後半部分有效〔二八〕，因爲我們無法設想義浄使用「社」一詞代表印度兩個不同的音節（ja和śa），所以我認爲「槃社」是vāñcha（-ā）（願望，欲望）一詞的音譯，誠然，這也只不過是一種重構〔二九〕。

第139頁，注〔一八〕：義浄對《中方録》的引用很有意思，稱其記述了那爛陀寺的僧徒儀軌，這可能表明義浄除《南海寄歸内法傳》外，還著有另一部有關中國（Madhya-deśa）的書。

第140頁，注〔一二五〕：在法顯的記述（《大正藏》編號2085，第861頁下）中已經提及九十六外道（教義）（「外道：九十六部」），確實可以追溯至王邦維引用的《薩婆多毘尼毘婆沙》（Sarvāstivāda-vinaya-vibhāṣā）。

第141頁，注〔二九〕：義浄在這裏提到了「漏水」及其對中國唐代佛教譯述者的重要性。有關討論應參考富安敦（Antonino FORTE）的著作，見*Mingtang and Buddhist Utopias in the History of the Astronomical Clock.The Tower,Statue and Armillary Sphere Constructed by Empress Wu*，巴黎：一九八八年版，第46頁。

一些佛教術語對應的梵文名稱可能還有待商榷，但因它們皆來自經典性的解釋，因此即便作者未能深究其原形，人們也不應對他进行指責，如：「世尊」是梵文Bhagavat一詞的早期譯法，但它最初並不是對「Lokajyestha（Lokanātha）」的翻譯，而很有可能來自對某個以「vand」〔三〇〕（vand詞根有「尊敬，敬重」義）結尾的俗語辭彙的誤譯（見第142頁的注〔三七〕和索引第21頁）〔三一〕；再如「沙門」一詞也是一種古老的佛教譯法，與其説它和某個（晚期的）中亞辭彙有關，還不如説它指代了俗語中的samaṇo（見第16頁的注〔一〕和索引第23頁）〔三二〕。

第142頁，注〔三五〕：根據義浄的説法，「那爛陀（Nālandā）」的名稱起源於一條叫「那伽爛陀（Nāgalanda, nāga Landa？）」的龍〔三三〕，這種解釋理應出現在一個相對較晚的時期，那時，這所偉大的寺院大学早已盛名卓著。雖然《儀軌經》（Kalpasūtra）、《大事》（Mahāvastu）和《本生故事》（Jātaka）均提及此名〔三四〕，但仍不足以證實在西元前四、五世紀，即佛陀生活的時代，就有某地以此爲名。即使有，也很可能和後來的「那爛陀」寺廟群分屬兩地。

第143頁，注〔四一〕：應注明犍陀羅（Gandhāra）著名的迦膩色迦大塔（Kaṇiṣka-stūpa）亦以「雀離浮圖」爲名，對Shāh-Jī-Kī-Dherī遺址的考古發現可證實這點〔三五〕。而位於那爛陀的小塔則同貴霜（Kuṣāṇa）統治者修造的大塔没有絲毫關係。很可能因爲義淨在玄奘的記述中得知小塔來源——據我所知，此事未見於其他任何佛教文獻——故而張冠李戴，將這座印度西北部著名建築的名字歸在那爛陀附近的小塔名下〔三六〕。

第190頁，注〔一三〕：沙畹、羅希瑞（LAHIRI）、足立喜六和其他一些學者認爲「十八部」就是「小乘十八部」〔三七〕，與這種觀點相左，王邦維認爲「十八部經」指的是吉藏《百論疏》（見T.1827；公元六世紀下半葉）中列舉的「十八大經」，包括吠陀、吠陀支及各種論，這不能説没有道理。但吉藏書中的某些内容和相關考證也存在問題（考慮到印度文獻大量缺失和同一文獻可能有不同名稱，所以吉藏列舉的也不一定就錯）；這裏僅試舉幾例：爲什麼將最初論述語音學的「式叉論（Sikṣā）」翻譯爲「六十四能法」〔三八〕

（譯者按：原文如此。吉藏原文是「釋六十四能法」，不是「譯六十四能法」）；爲什麼「僧佉論（Sāmkhya）」是對「二十五諦」的解釋[三九]；「那邪毘薩多」真的就是Nayavistara麼？被王邦維視爲Kaiṭabha的「肩亡婆」是什麼[四〇]？依據歷史音韻學，「課伽」可能不是Garga, Gargya[四一]；此外，應當給出Āyur的詞幹形式āyus。

第213頁，第十一行以下：「如來疊衣石」，誠如玄奘所説，指的是如來曬袈裟（kāṣaya）處，其衣紋仍留在磐石上[四二]；如果這裏加上一个注，提到第182頁的注〔三五〕，就會更有幫助。不過這裏重點要談的是此處距提婆達多（Devadatta）遙擲擊佛處不遠，所以義净的詩中的次序確實符合地理的形勢。

第217頁，注〔二〕：誠如王邦維所説，「春女花」的確是對印度某種植物名稱的翻譯，並且就是指玄奘記載的「羯尼迦」，梵文kanaka或*kanika，由該梵文詞的本義「金」我們也可得知。但義净的翻譯看来似乎是來自對kanika的另一種詞源學解釋，即將它與kanyakā（年輕女子）聯繫起來[四三]。尤其是因爲kanaka和kanyakā這兩個詞的第二个意思是也都是指植物[四四]。因爲他們的特徵與義净和玄奘的描述相符，所以該植物應該就是所謂的「森林火焰」（學名Butea monosperma）[四五]。

第217頁，注〔三〕：王邦維認爲「祇山頂」一名尚存疑。沙畹將「祇」譯爲Jeta（因爲在舊譯中，Jetavana常譯作「祇園」等等），但這是不可能的。因爲誠如王邦維所説，祇園不在王舍城，城中亦無任何山峰。而義浄全詩對王舍城周圍主要佛教聖地的描述曲折隱晦，甚至用不同時期中國佛教術語中的不同名稱記述同一地點〔四六〕，因此，按照王邦維的觀點，它很可能指的是王舍城周圍名爲gṛdhrakūṭa（耆闍崛山）的聖山。這裏，我想加入一點個人的推測：它可能與該城附近名爲Caitya（：Zhi/*tʂiă/tʂi）的山有關〔四七〕，暗指「Caitya之峰」，且此名很可能就是鷲嶺、鷲峰的别稱〔四八〕，或是第一次結集之洞窟的别稱，根據法顯及《摩訶僧祇律》（Mahāsāṃghika-Vinaya見《大正藏》編號1425，第490頁下）的説法，它分别是「車帝石室」和「刹帝山窟」。考慮到下文將此山全稱爲「祇陀」（見第213頁〔四九〕和第225頁的注〔三一〕），故而這種推測就顯得更加合理，這裏的「祇陀」並非祇園之「祇」，反而*Ceta或*Caita很明顯和Caitya有關〔五〇〕。

第218頁，注〔五〕：對不熟悉中國佛教「命名學」的人來説，倘若瞭解「影堅」是對Bimbisāra的翻譯，而其中，bimba-有「影像」之義，sāra則有「精華、力量」之義，那將是十分有趣的。

第220頁，注〔一〇〕：從尼祿多（Nairukta）詞源學的傳統來看，「能仁」這個早期譯名並不是很糟，至少對我來説它沒有「誤譯」：「能」代表了Śākya-，來自詞根√śak，有

「能夠、有能力」之義，而「仁」代表了muni一詞，有「賢者、智者」之義〔五一〕。

第224頁，注〔二四〕至〔三七〕：儘管義浄提到了距王舍城西南50公里的菩提樹（文中作「道樹」，見第225頁的注〔三〇〕），但在我看來，此處義浄仍是立足於耆闍崛山而環顧四周，且下文對山周圍的錯落景致也有所描述。但文中「女巒」（woman-peak）一詞頗顯神秘，字裏行間對我們考證該詞無有裨益，同時還因爲在名山鷲嶺以東似乎並無佛教聖地〔五二〕；有關尊（足）嶺（注〔二七〕）的問題見上文對第68頁的注釋的評論；我認爲文中提到的「穴」的確是指大迦葉住的石隙，因爲這是有關尊足嶺的主要傳説：大迦葉曾入此山中以待未來佛彌勒下世，並將釋迦牟尼佛的袈裟（saṅghāṭī或kāṣāya）傳給他。

第225頁，注〔三二〕：有關天授（Devadatta）及其宗教團體的歷史，參見M.DEEG的文章The Saṅgha of Devadatta: Fiction and History of a Heresy in the Buddhist Tradition，載於*Journal of the International College for Advanced Buddhist Studies*（《國際佛教學大學院大學研究紀要2》），一九九九年出版，第183—218頁。本文作者試圖指出分裂僧團的天授信衆並非活動於佛陀生前至七世紀之間，該團體的興起相對較晚，大約在公元前一、二世紀左右。

第243頁，注〔三〕：「驅烏」一詞專指15歲以下的沙彌（śrāmaṇera），在巴利律中對應的是kākuṭṭepaka〔五三〕，即「驅逐烏鴉者」（Mahāvagga I.51）。據此看來，只要年齡較小的男孩能成爲「驅烏人」，佛陀便可收其爲弟子。

第257頁，注〔五三〕：「童真」對應的梵文是kumārabhūta，在上下文中意指「沙彌」，它似乎從原來佛和菩薩〔五四〕的稱號變得含義更加寬泛。（成爲「童子」，也就是學生及修習者？）

第269頁，第八行：這裏有必要對最後一段的隱喻進行補充説明，因爲它關係到義浄所著傳記的結尾——義浄的《南海寄歸内法傳》最後也有類似表述〔五五〕——某種程度上也關係到他的救世思想：「龍華初會」反映了義浄的彌勒信仰。這種救世理想以未來佛下生和龍華樹（nāgavṛkṣa）〔五六〕下説法爲標誌，與上文「麟喻」中表達的「獨覺」（pratyekabuddha）理想完全相悖，270頁的注〔一二〕對此解釋得非常清楚。

此外，還有必要對音譯材料作進一步分析，如第27頁的注〔三三〕：沙畹和足立喜六分别將「苫部」*çyamh-bɔ〔五七〕這一國王名稱還原爲Jambu和Champu，而王邦維對此的質疑是合理的。根據其漢語形式推斷，該詞的第一個音節應爲噝音，故可還原爲śambhu〔五八〕，具有「產生幸福的；賜予繁榮的；濕婆、梵天和毗濕奴的稱號」〔五九〕等「吉祥

（maṅgala-）」的含義，因此這對一位王國被稱爲「菴摩羅跋（Amaravata）」（*ʔa-ma-la-bat，即「不死者」）的國王來説不啻是個好名字〔六〇〕。當我們考證一位名爲Sambhu——可能是一個皇家稱號——的國王時，他很可能指的是設賞迦（Sasāṅka）死後我們未知的某位國王，也許是來自此後波羅王朝（Pāla-dynasty）家族的某位早期君主〔六一〕。

第28頁，注〔三四〕：同樣位於菴摩羅跋的「信者寺」，其梵文可還原爲Śraddhādhi-mukta-vihāra〔六二〕。

第43頁，注〔五〕：認爲「輸婆伴娜」這一地名的梵文是Sub-hadra可能會造成一些語音學上的問題，從純粹還原的角度來看，它更有可能是對Śubhavarṇa的音譯〔六三〕。

第66頁，注〔四〕：此處應補注上「末田地那」的對應梵文*Madhyam-dina。

第67頁，注〔六〕：「木真」是對Mucilinda的完整譯名「目真鄰陀」的簡寫。其中，「木」和「目」在漢語中同音，都發*mu/əwk-（tçin）音。如果我們參照慧琳的《一切經音義》（《大正藏》編號2128，第447頁中）中有關此名的解釋，將更容易理解這個譯名的構成〔六四〕，並由此可以推斷出*mucin這一形式。

第76頁，注〔二〕：「犍陀衛」是對Gandhāvatī的音譯，而非Gandhāra。

第112頁，注〔一〕：《攝大乘論》（Mahāyānasamparigrahaśāstra）的梵文更有可能

是Mahāyānasaṃgraha（-śāstra）。

第115頁，注〔四〕： Gandhāra-c（h）anda意爲「犍陀羅的喜悦」〔六五〕，儘管對於一座專爲西北部僧人而建的寺廟來説，這的確是個不錯的名字，但它有没有可能不是「犍陀羅山荼」這一寺名的對應梵文？

第118頁，注〔二〕：比定南印度王國「屈録伽（*khut-luawk-gia）」還可以加上另一種可能，那就是，它是「遮婁其」（Chālukya）王朝名稱的音譯〔六六〕，儘管首字「屈（*khut）」和梵文中的第一個齶音音節並不相符。當時在位的很有可能是戒日王（Harṣa）的宿敵補羅稽舍二世（Pulakeśin II）。遮婁其人雖然信仰印度教，但卻奉行宗教寬容政策，正像後來的笈多統治者日軍王（Ādityasena）一樣，後者曾在屈録伽這座南印度寺廟近旁建造一新寺。不過，由於史料極爲有限，没有歷史學家能夠準確無疑地比定這個名字。

第190頁，注〔八〕：認爲「曷羅社跋吒（*ɣat-la-dzia'-bat-trɛ）」是指Khaḍga國王Rāja（rāja）bhaṭa當然無可置疑，這與沙畹和比爾（S.BEAL）未經證實的Harṣabhaṭa一説完全相悖〔六七〕，二人在還原時引入了一個摩擦音。其中，音譯名的第一個音節「曷」頗令人費解，法國學者由此進行了還原〔六八〕，然而實際上它也曾出現在玄奘的譯名中〔六九〕。例如他將Rāhula譯作「曷羅怙羅」，Rājapura譯作「曷羅闍補羅」，Rājagṛha譯作「曷羅闍姑利吗」，Rājavardhana譯作「曷羅闍伐彈那」，Rāhu譯作「曷羅胡」，Raurakа譯作「曷榮落迦」，因此「曷」很可能代表音節ra的發音〔七〇〕。

第258頁，注〔五八〕：漢譯的「布薩（*pɔh-sat）」屬於一種早期術語，並且確有可能追溯到某種原初形式，如阿育王時期的posatha〔七一〕。

此外，還應補注上羅希瑞的英譯本〔七二〕和上文提到的日譯本，因爲它們是與本書直接相關的文獻資料。而王邦維在著作出版之時一定還未見到羅希瑞譯本。儘管羅希瑞書中錯誤百出，很多注釋也毫無價值，但這麼做可以表明王邦維的專著巨細無遺，無可挑剔。

指出書中爲數不多的幾處印刷錯誤總是有些冒昧，这些印刷错误不自覺地竄入了一部認真的書中，但這麼做卻有可能對那些並不熟悉相關語言的讀者大有裨益。其中，第36頁注〔五一〕：Plinly應改作Pliny；第49頁注〔四〕：Ficas religiosa應改作Ficus religiosa；第80頁注〔九〕：Rāmayāna應改作Rāmāyaṇa；第81頁注〔一〇〕：Kautilya應改作Kauṭilya；第157頁注〔一二〕：Chittgaon應改作Chittagong；第210頁注〔一六〕：Iśvarasena應改作Īśvarase-na；第212頁注29：Tamasavana應改作Tāmasavana〔七三〕；第258頁注〔五七〕：samadhi應改作samādhi；第315頁：HistoricalGeograghy應改作

Historical Geography；第316頁：Histroy of Srivijaya應改作History of Srivijaya；第19頁：Anāthpiṇḍika應改作Anāthapiṇḍika（第176頁注〔一七〕也應該做同樣更正）；第22頁：Maheśvara（？），the templ of應改作Maheśvara（？），the temple of；第23頁：Saddharmapuṇḍrīkasūtra應改作Saddharmapuṇḍ-arīkasūtra；第24頁：stupa應改作stūpa；第25頁：Vijñāpatimā-trasid-dhivimśakārikāśāstra應改作Vijñāptimātrasiddhivi-mś-akārik-āśāstra；第19頁：Āryanāgārjuna最好應分開寫成Ārya Nāgārjuna；第20頁：與其説「犍稚（*kian-drih）」對應的梵文是ghaṇṭā，不如説它是gaṇḍī的音譯（第140頁注〔一二三〕也應該做同樣更正）〔七四〕。

不論對我們研究七世紀印度佛教的狀況，還是研究中國人對印度和佛教保持了濃厚興趣的那個時代來説，王邦維的書都是一部極好的工具書。因此筆者希望該書及其他有關中國西行求法僧的研究成果，能被西方同行遵循借鑒，從而使相關領域的專家，諸如考古學家、歷史學家、宗教史學家等等，也能充分利用這些成果。因爲他們通常不能閱讀日文注釋本，到目前爲止，他們还是不得不依靠主要是上個世紀翻譯的，已經過時的法譯本和英譯本。很清楚的是，對這些文獻，我們需要新的西方語言的譯本，这項工作已經由像王邦維這類博學的專著開闢和指示出了道路。

（原文爲英文，載《唐研究》第七卷，北京大學出版社，二〇〇一年，第466—486頁。于懷瑾翻譯）

【注釋】

〔一〕更早的求法僧的事蹟部分見于《高僧傳》或比《高僧傳》更早的《名僧傳》，而後者僅存於一種中世紀的日本人所做的節録本中。

〔二〕該觀點由荷蘭著名漢學家、佛教學者許理和（Erich ZÜRCHER）提出，見《佛教征服中國：佛教在中國中古早期的傳播與適應》，萊頓：一九七二年第二版，第61頁。文中提到：「在大部分情況下，並且對那些最傑出的僧人而言，意欲尋訪和瞻仰佛教聖地尚在其次；用朝聖者一詞指稱這些西行僧人就顯得極不恰當，因爲該詞暗含著强烈的崇拜、渴求和虔誠的意味，而按照漢語的傳統表述，這些僧人最初只爲『求法』而西行。」

〔三〕在菩提迦耶即佛陀悟道地發現的漢文銘文，可説明這一點。其中，在聖地朝聖的僧人將所獲「功德迴向」（puṇya-pariṇāma）給諸如中國帝王等便是鮮明的例證。此外，《大唐西域求法高僧傳》本身也提供了大量例證，説明確實存在「（爲救贖而）虔誠、崇拜和渴求」的現象，而這些在許理和看來，都是朝聖者的典型特徵。

〔四〕根據王邦維本人的説法（見第22頁），本書是以他在北京大學的碩士論文爲基礎，在中國著名學者季羡林的指導下完成的。正是由于季羡林等中國學者在編校方面的努力，我們才得以見到中文的玄奘《大唐西域記》的詳細校注本。

〔五〕最早的譯本是沙畹（Édouard CHAVANNES）的法文譯本：*Mémoire composé à l'époque de la grandedynastie T'ang sur les religieux éminents que allèrent chercher la loi dans les pays d'Occident par I-Tsing*，巴黎：一九八四年版；另一個是羅希瑞（Latika LAHIRI）的英文譯本：*Chinese Monks in India:Biography of Eminent Monks Who Went to the Western World in Search of the Law during the Great T'ang Dynasty,by-I-Ching*，德里（Motilal Banarsidass）：一九八六年版。該書作爲Buddhist Tradition（《佛教傳統》）系列叢書的第三卷出版發行。

〔六〕伊藤丈曾將之譯成現代日語，見《大唐西域求法高僧傳》，東京：一九九三年版（現代語譯一切經）。但通常人們並不將它視爲一部譯著，而僅只是對原著的釋義。另一種「譯本」收録在「國譯一切經」的翻譯叢書中，是按照日本學術傳統對中文原書的意譯。見高田修：《大唐西域求法高僧傳》，東京：一九六一年再版（一九四〇年初版）。

〔七〕這一段尤其應受到西方學者的重視，他們總是將這些行記史料混爲一類，而無視其間的差異。王邦維對該問題的討論儘管所占篇幅不長，但較之其他著述，如Nancy Elizabeth BOULTON有關此問題的專著，則顯得更加全面細緻。見N.E.BOULTON（著），*Early*

Chinese Buddhist Travel Records as a Literary Genre（二卷本），Ann Arbor：一九八三年版（该書是作者在Georgetown大學的博士論文）。

〔八〕（見前言第16頁）王邦維還指出四部記録印度和南海的已佚著作，很有可能也是義浄所作。這至少拓展了我們對歷史上曾出現的有關東亞、東南亞及南亞文獻的瞭解。

〔九〕（見第17頁）王邦維在這裏提到，比爾（BEAL）翻譯《慈恩傳》時，曾將它節譯成英文，與《慈恩傳》英譯本一起出版，見*The Life of Hiuen Tsiang by the Shaman Hwui Li, with an introduction containing an account of the works of I-Tsing*，倫敦：一九一一年版，XXVII-XLIII原書。然而實際上，這僅僅是對《大唐西域求法高僧傳》中48位求法僧（原書中包括56位）傳記的概述。

〔一〇〕王邦維採用的底本是《影印宋磧砂藏經》（西元十三世紀上半葉），但卻提供了所有其他刻本，並在每種刻本後都附上重要的注解説明，與之相比，羅希瑞譯本（見下）僅採用了《大正藏》本。因此這對我們來説，確實是一部前所未有的重要校注本，我們應當將它譯成西文。在注釋中引用《大正藏》時，筆者個人更喜歡注明文本編號，而非卷次，或者二者皆給出説明。

〔一一〕沙畹的翻譯依據的是這些刻本（沙畹本第64頁）。

〔一二〕在漢語文獻中，該名稱似乎是指帕米爾高原（The Pamir）和喀喇昆侖山（Kara-korum）

中間的山地。

〔一三〕參見É.LAMOTTE（著）,*Le traité de la grande vertue de sagesse de Nāgārjuna*（Mahāprajñā-pāramitā-śāstra）、卷1、Louvain:一九四四年版,第192頁,注1。

〔一四〕細節問題留待筆者專文探討,此處不宜討論。

〔一五〕我無法確切找到85頁所提的阿拉伯文獻Kitāb al-Minhāj al-fākhir fī, ilm al-baḥr al-zākhir。希望作者能提供更詳細的參考文獻信息。

〔一六〕必須承認,之所以這樣説是因爲當我試圖查找經典參考文獻時,卻只在WHEATLEY的著作中發現了這部書的蹤跡。

〔一七〕它們是pratirūpadeśavāsaḥ（漢譯：居順境、生中國）、satpuruṣāpāśrayam（漢譯：依賢士、近善人）、ātmanaḥ samyakpraṇidhānam（漢譯：誠祝願、修正願）、pūrvakṛtapuṇyatā（漢譯：先作福、植善輪）。

〔一八〕參見靜谷正雄（著）:《印度佛教碑銘目録》,京都:一九七九年版,第173頁,80號。

〔一九〕對Avalokiteśvara/Avalokitasvara漢譯問題的詳細討論,見辛島靜志（著）:《法華經の文獻學的研究》之二《觀音の語意解釈》,載於《創価大學國際佛教學高等研究所年報》,東京:一九九九年版,第39—66頁。

〔二〇〕這是所謂的大衆民族詞源學家——儘管这是一種误解——在尼祿多（Nairuk-ta）傳統

(Yāska的Nirukta《尼録多》)中發現的解釋途徑。這一點可以通過中國佛教譯名這個間接證據，以及佛教學術圈内使用的巴利文注釋來説明。比如在《廣林奥義書》(*Bṛhadāraṇyaka Upaniṣad*) 1.3.25中svara就被釋爲sva，即「自」。見M.DEEG(著) *Die altindische Etymologie nach dem Verständnis Yāska,s und seiner Vorgänger*, Dettelbach:一九九五年版，第392頁。從公元六世紀起，「自在」一詞就已經出現在「觀世自在」的形式中。而《西域記》中將該名拆分爲「avalokita-(觀)」和「-īśvara(自在)」兩部分，則純屬一種經院派的分析方法，因爲「自在」無論如何在語義上也不能與梵文的īśvara對應。

〔二一〕這僅見於義净的記載，在王邦維書所引MAJUMDAR著作的第2頁有云：「我們也許由此可以推斷室利笈多的王國包含了孟加拉的一部分。」

〔二二〕我認爲，似乎不可能有如此衆多的僧人西行印度而未見諸任何漢語史料，也很難想像如文中所言一群僧人能夠受到這樣的厚賜。至少法顯並未提及在他旅行的時代，笈多統治者或貴族階層曾有如此慷慨的舉措。

〔二三〕儘管義净的記載矛盾重重，並將室利笈多的年代提早了500年，但這個純屬虚構的日期卻也是個極好的佛教數字，因此我們不必在此問題上争論太久。

〔二四〕文中以菩提迦耶作爲三方的中心，據此看來，義净對幾個主要方向的敍述難免形式化之虞。

〔二五〕見山本智教書中的概述：《インド美術史大觀》，東京：一九九〇年版，第374頁。

〔二六〕見Debjani PAUL（著），*The Art of Nālandā. Development of Buddhist Sculpture AD600-1200*，德里：一九九五年版，第3頁。

〔二七〕當然，也有可能在笈多時代之前就已經在那爛陀出現了一座寺廟建築。見桑山正進（著），How Xuanzang Learned about Nālandā，載于富安敦（編），Tang China and Beyond，京都：一九八八年版（ISEAS「義大利東方學研究所」文集第一卷），第7頁。但是這也無法否認，四世紀初法顯在求法和學習的過程中，對一所他絕不應錯過的佛教學術機構渾然無知。

〔二八〕見以下對王邦維書第190頁注〔八〕的討論。

〔二九〕清爆破音「-ch-」以相應於梵語中「-j-」的音值来与漢語的弱輔音相比對仍然是一個問題。漢語中對這個詞並没有一個語義上的解釋可以表明義浄没有充分理解這個名字，也許這種「傳訛」有可能源於爲義浄提供語料者的地方口音。

〔三〇〕對應梵文的強語幹-vant（-aḥ, -am等等），而它實際上是該詞轉化成俗語中元音詞幹的基礎（bhagavanda-）。

〔三一〕應當注意的是「lokajyeṣṭha」並未出現在經文中，而只見于《翻譯名義大集》（no.13）。

「世尊」這個譯名屬於佛教漢譯的最早階段，且原文中應有bhaga-vat一詞，因此它通常和其他常用術語一道指代佛陀。當然，這個問題還需另外詳加討論。

〔三二〕中國早期的佛教音譯術語體系及其隱含的語言也是一個值得我們重新考慮的主題。就「沙門」一詞來説，我更願意推想它的形式類似sa-mənə，在最後的漢語音節結尾處帶一個弱母音，儘管在漢語音譯的初創期（即後漢，已經出現在安世高的翻譯中）它的發音就依然很輕。

〔三三〕「-landa」或「Landa」應指什麽？注釋並没有作出回答，這説明告訴義浄這個典故的人本身就有點昏昏然。若論敘述的簡明清晰，當推玄奘的解釋更令人信服：那爛陀即「na+alam+dā-」（施無厭），儘管這種「詞源學」的解釋看似有點生拼硬湊。

〔三四〕同時還出現在其他一些經典的巴利文文獻中，見G.P.MALALASEKERA（著），Dictionary of Pāli Proper Names，卷二，第56頁相關部分。

〔三五〕有關此塔，見桑山正進（著），*The Main Stūpa of Shāh-Jī-Kī-Dherī.A Chronological Outlook*，京都：一九九七年版。

〔三六〕見我即將在*Buddhist Studies Review*（《佛教研究評論》）上發表的有關迦膩色迦大塔的文章。

〔三七〕相關討論見沙畹著作第130頁的注1，書中指出要確認「傳説的」十八（部派）是多麽困難。另見André BAREAU（著），*Les sects bouddhiques du petit véhicule*，西貢：一九九五年版，第15頁。同時我們仍然要問「十八部經」究竟應指什麼，因爲各部派尼迦耶（Nikāyas）經典之間，尤其是與《阿笈摩》（Āgama）之間也許没有什麼顯著差異，而後者正是「經」可能指涉的主要内容。

〔三八〕這部分内容應屬於被稱爲「音聲法」的毘伽羅論，即「語法學」的範疇。

〔三九〕這是否是簡化了的數論派（Sāmkhya）二十五諦？

〔四〇〕根據《翻譯名義大集》，5052。

〔四一〕ke課/*khwah不應該代表印度人发音的ga-。

〔四二〕見《西域記》卷第九：「精舍東北石澗中，有大磐石，是如來曬袈裟之處，衣文明澈，皎如彫刻。」（季羡林校注本，第728頁）

〔四三〕「春女」在古典詞語中用来指初次懷春的少女：見《漢語大詞典》第五冊，第639頁。

〔四四〕參見O.BÖHTLINGK和R.ROTH（著），*Sanskrit-Wörterbuch*（PW），卷二，第51頁kanaka詞條義項二，以及第58頁kanyakā詞條義項三。

〔四五〕見Ethelbert BLATTER和Walter Samuel MILLARD（著），*Some Beautiful Indian Trees*，孟買：一九五四年版，第12頁；其第14頁中有這樣的描述：「花芽呈黑色，於一月間在裸枝上萌發，從一月初到三月末，該樹橙黃色火焰般的花朵驀然怒放，絢麗奪目，預示著夏季的來臨。」漢語中的「春」就是指一年（陰曆）中的前幾個月，因此，這種樹最初開的花確實合乎「春」的意象。

〔四六〕例如用「王城」和「舍城」共同指代Rājagṛha，用「鷲嶺」「靈鎮」和「耆山」共同指代Gṛdhrakūṭa。

〔四七〕這一點能在《摩訶婆羅多》（2.21.814）中找到，其城亦被稱爲Caityaka（2.21.799），參見S.SÖRENSEN, *An Index to the Names of the Mahābhārata*，倫敦：一九〇四年版（印度重印版，德里：一九六三年），第171頁。

〔四八〕參見沙畹書中第155頁注1。

〔四九〕文中指出登上山后便可進入建於平地上的寺廟，更似暗示此情此景有如舍衛城（Srāvastī）中的祇園（Jetavana）：「揚錫指山阿，攜步上祇陀。」

〔五〇〕認爲「祇陀」在這裏指王舍城附近的名山其實還另有原因，因爲下文提到的「如來疊衣」和「提婆達多遙擲擊佛」的具體位置也在這裏，並且因爲在這部分詩中，相關詩行的音節數或字數（如3-3；7-7；5-5；7-7等）表明它們在內容上相互照應。

〔五一〕muni的詞源可以追溯至√man-，意思是「想起、關心（某人）」，在《歌者奧義書》（Chāndogya-Upaniṣad）8.5.2（mauna）和Ujjvaladatta的《溫那地經》（Uṇādi-sūtrāṇi）注釋本4.122中已有記載，從這個意義上講，它與漢語中「仁」的概念相配並不算太糟。

〔五二〕玄奘書中僅記有一則故事，其中被玄奘稱爲「少女」的女主角住在一座魔窟中，受到來此習定誦呪的比丘打擾。（見季注本《西域記》卷第九，第730頁）但故事的發生地應在西面的毗布羅山（Vaipulagiri），而與義净詩中所寫不相吻合。

〔五三〕對不同律藏中該術語的討論參見佐藤密雄（著），*A Study of the Early Buddhist Order in the Vinaya Piṭaka*，東京：一九五六年版（一九九三年再版），第232頁。漢文本和《翻譯名義大集》9310（Kākotthāpana-samarthaḥ）能表明其梵文爲*kākotthāpaka。

〔五四〕參見EDGERTON《佛教混合梵語文法與辭典》第187頁的有關解釋：「依然年輕的；保持年輕的；對文殊師利菩薩（Mañjuśrī）的通稱；……也指其他，尤指菩薩（Bodhisattvas）……」。

〔五五〕「冀龍華之初會，聽慈氏之玄漪」，參見王邦維《南海寄歸内法傳校注》，第240頁和第241頁注2。

〔五六〕見《翻譯名義大集》4224：「Nāga-vṛkṣaḥ, Klu-çiṅ，龍樹」。在僧伽羅語的《未來史説示》（Anāgatavamśa-deśanā）中，該樹被稱爲「NāgaŚrīMahābodhi」：參見Udaya MEDDEGAMA（譯），John HOLT（校訂）：*Anāgatavamśa Deśanā. The Sermon of the Chronicle-to-be*，德里：一九九三年版（佛教傳統叢書，卷二十一），第42、47頁。「龍華樹」集中體現爲東亞佛教救世學説中的一個重要概念。有關内容特别參見A.SPONBERG和

H.HARDACRE（主編），*Maitreya,the Future Buddha*，劍橋：一九八八年版。其中，歐大年（OVERMYER）對中國的論述見第117頁後，LANCASTER對韓國的論述見第147頁，Ho TAI有關越南的文章見第156頁後，宮田登對日本的論述見第178頁。

〔五七〕此前，蒲立本（PULLEYBLANK）已如是進行了還原，見其*Lexicon of Reconstructed Pronunciation in Early Middle Chinese,Late Middle Chinese,and Early Mandarin*，温哥華：一九九一年版。這種還原主要是爲了實踐應用；筆者深知還没有一種體系受到普遍認同，能够還原漢語發展的歷史進程，因此這裏應提到李方桂、周法高、柯蔚南（South COBLIN）等人的名字。

〔五八〕陽性詞Śambhu-七世紀初在皇族中較爲流行。從Māna家族統治者Śambhuyaśas的例子中就可見一斑（見R.C.MAJUMDAR（編），*The History and Culture of the Indian People,The Classical Age*，孟買：一九五四年版，第93頁），此外在印度化的東南亞，它還廣泛流傳於各類名稱中，如占婆王朝（Champa）的Śambhuvarman，柬埔寨的都城Sambhupura（見戈岱司（著），*The Indianized States of Southeast Asia*，檀香山：一九六八年版，第70頁和第85頁後）。

〔五九〕或是相同意義上的śamba。

〔六〇〕注意柯蔚南也指出，對於七世紀的中國西北部漢語來説，「跋」代表梵文的-vat（如在闍那崛多 Jñānagupta 的譯文中）：見 A Compendium of Phonetics in Northwest Chinese，載於 *Journal of Chinese Linguistics*（《中國語言學報》）專題論文卷七，一九九四年，第314頁。此外它的全稱是 Amaravat-pura 嗎？通常城市名稱都是陰性的（如 Amarāvatī, Puṣkalāvatī），但這個隱含的詞也可能像 Puru-ṣa-pura 那樣構詞。

〔六一〕波羅王朝第一代君主瞿波羅（Gopāla）的祖父被稱爲 Dayitaviṣṇu，對一位以毗濕奴派爲國教，但又資助甚至興建佛教廟宇（正如義浄所提道希與師鞭相見時居住的王寺/Rājavihāra）的統治者而言，用 Śambhu 來稱呼他或族系中的其他君王，應該是非常適用的——在中世紀的印度，宗教多元化的景象隨處可見。

〔六二〕有關「信者」的内容見平川彰（著），《漢梵大辭典》，東京：一九九七年版，第134頁。《翻譯名義大集》（阪木编）將該術語釋爲如來（Tathāgata）的名號（no.381）或者他的「聽眾」的名號（聲聞，no.1023）。

〔六三〕第一個字「輪」的初音並非一個齒擦音，而「伴娜」也不可能對應 bhadra（俗語 -bhadda）。在伽西亞村發現的銘文提到了一座大寺（Mahāvihāra）及其寺主（vihārasvāmin）：見静谷正雄（著），《インド佛教碑銘目録》，京都：一九七九年版，第173頁，80號；第230頁，G198號和 G78號。該名稱與其中之一有關嗎？這裏我們又對正文中插入注釋（「在涅槃處寺名也」）的真實性和可靠性產生了質疑，如義浄还將「雞貴」解釋對應成梵文的

「Kukku ṭeśvara/矩矩吒醫説羅」，並認爲是指高麗（見王邦維校注本，第45和47頁，注〔四〕）。

〔六四〕「目真，或曰牟真，此云解脱，是龍名也。鄰陀，此云處也。」然而我不知道將「鄰陀」這部分解釋成「處」時，它對應的梵文是什麽。

〔六五〕最後兩個字不一定包含卷舌音群（cha）ṇḍ（a）；而確認「山」指代什麽並不容易，因爲它在中國佛教語言中不是個常見的音譯詞。

〔六六〕羅希瑞也持此觀點，見上面所引著作的第48頁。但是她並没有探討這些語音上的難題。對這個朝代名稱傳統的解釋認爲該名稱源於culuka，即「一抔水，水盆」，故而很有可能正是憑藉於此，才使得其中含有初音chu-或chau-；見R.C.MAJUMDAR（編），*The History and Culture of the Indian People: The Classical Age*，孟買：一九五四年版，第227頁。

〔六七〕但是必須説明的是沙畹本人（在第128頁注3）也指出該名的前半部分可能是Rāja-。

〔六八〕也許是受玄奘將Harṣavardhana譯成「曷利沙伐彈那」的影響。

〔六九〕參見《西域記》季羡林等校注本索引，第1096頁。

〔七〇〕*γera-。

〔七一〕有關該術語討論參見胡海燕，Das Poṣadhavastu. Vorschriften für die buddhistische Beichtfeier im Vinaya der Mūlasarvāstivādins, Reinbek：一九九四年（*Studien zur Indologie und Iranistik*《印度學和伊朗學研究》，專著13），第1頁。

〔七二〕根據羅希瑞序言中的説法，她的英譯本手稿於一九五八或一九五九年在季羡林和馮承鈞（譯者按：原文如此。羅希瑞五十年代曾經留學北大，她的書中提到一位退休的馮教授對她幫助很大。這位馮教授曾經在東京大學學習過印度哲學。這不可能是馮承鈞。馮承鈞一九四六年即已去世）的指導下完成。而王邦維没能利用羅希瑞譯本進行研究，表明當今从印度到中國信息傳播的能力已經不如唐代，這令人遺憾。（譯者按：王書實際完成於一九八二年，羅希瑞書首次出版於一九八六年。王不可能參考羅希瑞書。）此外，追溯起來，羅希瑞譯本還對S.DUTT的著作産生了影響：見S.DUTT（著），*Buddhist Monks and Monasteries of India. Their History and their Contribution to Indian Culture*，倫敦：一九六二年版。其附録題爲*On I-tsing's "Account of Fifty-one Monks"*（第311頁），王邦維對此也略有提及（第19頁）。S.DUTT指出他書中的翻譯得益于此前羅希瑞的工作（第311頁，注2）。十分有趣的是，這兩本書的封面插圖相同，都繪有那爛陀寺主塔的景象。

〔七三〕該複合詞中的第一個陽性詞應該是tamas，即「黑暗」的三合（vṛddhi）形式。

〔七四〕參見胡海燕，Das Anschlagen der Gaṇḍin buddhistischen Klöstern-über einige einschlägige Vinaya-Termini，載於李錚、蔣忠新（主編），《季羨林教授八十華誕紀念論文集》，卷二，江西：一九九一年版，第736頁。

二〇〇九年重印後記

本書書稿完成於一九八二年，一九八八年由中華書局出版，二〇〇〇年重印。時日荏苒，從這本書第一次印出到現在，已經二十多年。這次重印，在不影響版面的前提下，再次對過去校對中没有發現的錯誤做了一些改正，同時收入了一篇書評。書評的作者 Max Deeg（寧梵夫）是一位德國教授。書評涉及的方面頗廣，大部分討論書中的注釋的内容，他的意見，有的可以作爲研究的參考，有的還可以做進一步的討論。作者很認真地讀過原書，才可能寫出這樣的書評。作者的意見大多中肯。這是把這篇書評同時收入重印書中的最主要原因。書評用英文寫成，由北京大學的研究生于懷瑾翻譯爲中文，爲此我要同時感謝寧梵夫先生和于懷瑾。

在書再次重印之時，我首先想到的是本書最早的責任編輯，中華書局的謝方先生。我與謝方先生的交往，開始是因爲編撰《大唐西域記校注》，然後是這本書，然後是《南海寄歸内法傳校注》。我從他那裏學習到的，不祇是編書出書，更多的是他的學術品位和認真樸實的人品。

本書最初是我一九八二年完成的碩士論文，論文的指導老師是季羡林先生。季先生現在醫院，他知道書能夠重印，十分高興。

當然，我最後還應該感謝這本書新的責任編輯孫文穎和中華書局現在的領導。

王邦維

二〇〇九年五月十日於北京大學東方文學研究中心

一　中文專名索引

說明：本索引收入《大唐西域求法高僧傳》原書中的專名及少數詞語。所有條目按首字音序排列。條目後數字表示該條專名出現在本書中的頁碼，帶括弧的數字則表示其注釋條所在頁碼。

C

D

H

J

K

L

M

N

P

T

W

X

Y

Z

二　專名譯名對照

說明：本對照將《大唐西域求法高僧傳》原書中經還原後的外文專名（絶大多數爲梵文，亦有少數其它外文）編入，並同時列出原書中所使用的中文譯名。爲方便一般讀者，所有外文專名均按拉丁字母順序排列。

A

Abhidharmakośaśāstra　俱舍（論）

abhidharmapiṭaka　對法藏

Abhidharmasamuccaya　對法（論）

ācārya　闍梨

Ādityasena, king　日軍王

Āgamasūtra　阿笈摩經

Āmārakuva（?）　菴摩羅割波城

Āmaravana　菴園

Amarāvatī（?）　菴摩羅跋國

Amitābha（Amitāyus）　彌陀（佛）

Ānanda　阿難陀，歡喜

Anāthapiṇḍika　給孤

Anavatapta　香池

Arhat, five hundred　五百羅漢

Āryanāgārjuna　阿離野那伽曷樹那，龍樹

Āryavarman　阿離耶跋摩

Aśoka, tree　無憂樹

Avalokiteśvara　觀音，觀自在菩薩

B

Baktra　縛渴羅（國）

Bālāditya, king　幼日王

Barus　婆魯師國

Bimbisāra, king　影堅（王）

bnam 跋南國，扶南

Bodhidruma 菩提樹，覺樹

Buddha, the teeth of 佛牙

Buddhadeva 佛陀提婆，覺天

Buddhadharma 佛陀達摩

C

caitya 制底

Campā (in Indochina) 占波，瞻波，林邑國

Candradeva 旃達羅提婆，月天

caṅkrama 經行

cikitsāvidyā 醫明

Cīna 支那

Cintādeva 振多提婆，思天

Citradeva 質呾囉提婆

Cittavarman 質多跋摩

D

dāna 檀捨

dānapati 檀主

dantakāṣṭha, the tree of 佛齒木樹

Devadatta 天授（人名）

Devaputra 提婆佛呾羅，天子

Devavarman, king 提婆跋摩（東印度王）

dhāraṇī 禁呪

Dharmadeva 達磨提婆，法天

Dharmakīrti 法稱

dhūta 杜多

Dignāga 陳那

Dvārapatī 杜和羅鉢底國

G

Gandhāra 健陀羅國

Gandhārachaṇḍa（？） 健陀羅山茶

Gaṅgā 弶伽河

Gaṇḍī 犍稚

Gṛdhrakūṭa 鷲峯（山），鷲嶺，耆闍崛，耆山，靈鎮

Guṇacarita, the temple 窶拏折里多，德行（寺）

Guṇaprabha 德光

Gurupādagiri 尊足山，尊足嶺，尊嶺

H

Harikela 訶利雞羅國
hasta 肘
hetuvidyā 因明
Hīnayāna 小乘,小教
Hiraṇyavatī 金河

J

Jālandhara 闍蘭陀國
Jambu(?), king 苫部(王)
Jambudvīpa 贍部洲
Jetavana 祇園,祇洹,祇樹,祇山,祇陀
Jinaprabha 勝光
Jñānabhadra 若那跋陀羅,智賢

K

Kaliṅga (? in Indonesia) 訶陵國,訶陵洲
Kanika(Kanaka) 春女花
Kapiśa 迦畢試國,迦畢施國
karmadāna 羯磨陀那,授事,維那
Kāśmīra 羯濕彌羅(囉)
Kedah, Kaḍa(?) 羯荼(國)
khakkhara 杖錫
Kukkuṭapādagiri 雞峯,雞嶺
Kukkuṭeśvara 矩矩吒醫説羅,雞貴
kulapati 俱攞鉢底,家主
Kuluka(?) 屈録迦(國)
Kumāra, king 童子王
Kuśīnārā(Kuśīnagara) 俱尸國,拘尸

L

Langkasuka 郎迦,郎迦戍
Laṭa 羅荼國
loha 盧呵,鐵
Lokāditya 盧迦溢多
Lokajyeṣṭha(Lokanātha) 世尊

M

Madhyadeśa 中國,中土,中方,中天,中印度

Mādhyamikaśāstra　中(論),
中觀(論)

Madhyāntika　末田地

Mahābodhisaṅghārāma　莫訶菩提(寺),菩提寺,菩提院,大覺寺

Mahācīna　莫訶支那

Mahāparinirvāṇasūtra　大乘涅槃(經)

Mahāprajñāpāramitāsūtra
大般若(經),般若(經)

Mahāyāna　大乘

Mahāyānapradīpa　莫訶夜那鉢地已波,大乘燈

Mahāyānasaṃparigrahaśāstra
攝論,梁論

Maheśvara(?),the temple of
天王寺

Maitreya　慈氏

Malāyu　末羅瑜國

maṇḍala　靈壇,壇場

Matisiṃha　末底僧訶,師子惠

Mokṣadeva　木叉提婆,解脱天

Mṛgadāva　鹿苑,鹿園,鹿林,僊苑

Mṛgasthāpana　蜜栗伽悉他鉢娜寺,鹿園寺

Mucilinda,the lake of
木真池

Mūlagandhakuṭī　慕攞健陀俱胝,根本香殿,根本塔

Mūlasarvāstivādavinayasaṅgraha　薩婆多部律攝

N

Nāga , the lake of　龍池

Nāgalanda　那伽爛陀

Nāgapatana　那伽鉢亶那

Nāgārjuna　龍樹

Nairañjanānadī　龍河,祥河

Nālandā　那爛陀

Nanda　難陀

Navavihāra　納婆毗訶羅,新寺

Nepāla　泥波羅國

P

pañcabhojanīya　五正

pañcavidyā　五明大論

Pāṅinisūtra 聲論

Parinirvāṅacaitya 般涅槃寺

Pembuan(?) 渤盆國

Persia,the merchant of 波斯舶主

poṣatha 布薩

Prakāśamati 般迦舍末底,昭慧

Prajñādeva 般若提婆,惠天

Prajñādeva 般若提婆,(靈運)

Prajñādeva 般若提婆,慧天

Prajñāvarman 般若跋摩,慧甲

R

Rājarājabhaṭa(Rājabhaṭa),King 曷羅社跋吒(王)

Rājagṛha 王城,王舍城,舍城

Rājavaṃśa(?) 曷羅社槃社

rakṣas(rākṣasa) 羅刹

Ratnadvīpa 寶渚

Ratnasiṃha 寶師子

S

śabdavidyā 聲明

Saddharmapuṇḍarīkasūtra 法華(經)

Sahā, the land of 索訶

Śākyamuni 能仁,釋迦,釋父

Śālagupta 娑羅笈多,貞固

Śāmaṃ(Sanskrit:śramaṇa) 沙門

Samataṭa 三摩呾吒國

Samarkand 康國

Saṃskṛtam 梵語,梵文,梵言

Saṅghadeva 僧伽提婆

Saṅghavarman 僧伽跋摩

Sarvajñadeva 薩婆慎若提婆,一切智天

Sarvāstivādavinaya 一切有部律

Śataśāstra 百(論)

Śīlaprabha 尸羅鉢頗,戒光

Siṃhala 僧訶羅國,師子國,師子洲

Sindhu 信度國

Sinja（？），the temple 信者寺，信者道場

Śiṣya 室灑

Śloka 頌

Śraddhāvarman 設喇陀跋摩，信冑

Śrīdeva 室利提婆，吉祥天

Śrīgupta,King 室利笈多大王

Śrīnālandāmahāvihāra 室利那爛陀莫訶毗訶羅，吉祥神龍大住處

Śrīśakrāditya，King 室利鑠羯羅昳底（王）

Śrīvijaya 室利佛逝國，佛逝，尸利佛逝洲

sthavira 上座

stūpa 窣堵波

Subhavana，the temple 輸波伴娜（寺）

Sūlika 速利

sūtra 蘇呾羅

Suvarṇadvīpa 金洲

T

Tāmralipti 耽摩立底（國）

Tathāgata 如來

Tāzi（Tadjik） 多氐，大食國

Telāḍhaka，the temple 羝羅荼寺

triratna 三寶

Tukhāra 覩貨羅，覩貨

Tuṣita 覩史多天

U

Udrakarāmaputra 鬱藍

Udyāna 烏長那國，烏長

upādhyāya 鄔波馱耶

Upāli 鄔波離

upāsaka 鄔波索迦

uṣṇīṣa 烏率膩沙，佛頂骨，如來頂骨

V

Vaiśālī 薜舍離

Vajrāsana 金剛座，金剛御座

Veṇuvana 竹苑，竹園

vidyādharapiṭaka 毗睇陀羅必棏家，持明呪藏
vihāra 毗訶羅，住處，寺
vihārapāla 毗訶羅波羅，護寺
vihārasvāmin 毗訶羅沙弭，寺主
Vijñāptimātrasiddhiviṃśakārikāśāstra 唯識（論）
Vimalakīrtinirdeśasūtra 維摩（經）
vinaya 毗奈耶教
Vinayasūtra 律經
Vipārśvagiri 廣脇（山）
Viśākhā 毗舍女

Y

Yaṣṭivana 杖林
Yogācāryabhūmiśastra 瑜伽（論），瑜伽十七地
yojana 瑜繕那，驛